삼성의 CEO들은 무엇을 공부하는가

삼성의
CEO들은
무엇을
공부하는가

백강녕 · 안상희 · 강동철 지음

ALFRED

대한민국 경제를 책임지는
삼성의 힘

　　매주 수요일 오전 8시, 서울 서초동 삼성 사옥 39층. 40여 명의 삼성그룹 계열사 사장들이 한장소에 모인다. 삼성그룹 70여 개 계열사의 시가 총액은 한국 증시 시가 총액의 약 20%를 차지한다. 또 우리나라 전체 법인세의 약 15%가 삼성 계열사에서 나온다. 한국 경제의 15%를 책임지는 사람들이 매주 같은 시각 같은 장소에 모이는 것이다. 바로 삼성 수요 사장단 회의에 참석하기 위해서다.

　삼성그룹 사장들이 이 자리에서 하는 일은 '경청(傾聽)'이다. 고 이병철 삼성그룹 회장이 이건희 회장에게 그룹 통솔권을 넘길 때 준 액자에 들어 있는 글귀가 바로 '경청'이다. 삼성 사장단은 약 40분 동안 해당 분야에서 국내 최고란 평가를 듣는 전문가들의 강의를 듣는다. 이건희 회장은 '아무리 책을 많이 읽어도 그 분야 전문가들을 불러 직접 강의를 듣는 것만큼 효과적이지 않다'고 말했다.

　외부 전문가의 목소리를 듣는 것은 삼성그룹의 오랜 전통이다. 사장들이 수요일에 모이기 시작한 것은 이병철 선대 회장 때부터다. 삼성그룹

본사가 중구 태평로 빌딩이던 시절에도 삼성은 각 분야 전문가를 불러 사장들 앞에서 강의해 달라고 부탁했다. 그때도 삼성은 '최고의 전문가들을 불러 1등의 노하우를 CEO들에게 알려 주기 위한 자리'라고 설명했다.

1년 52주 중 신년 하례회가 있는 1월 첫째 주와 여름 휴가 기간, 휴일과 겹치는 날을 제외하면 예외 없이 회의와 강의가 열린다. 매년 12월에는 한 주를 택해 사장단 회의를 마치고 '쪽방촌' 봉사 활동에 나선다. 2004년부터 10여 년간 변함이 없다.

삼성 미래전략실 전략1팀이 강의 주제를 정하고 강사를 섭외한다. 강사는 미래전략실 멤버들이 회의를 거쳐 선정하고 2~3개월 전에 섭외한다. 삼성그룹이 직면한 경영 현안, 국내외 정치·경제·사회 이슈에서부터 역사·문화·예술·건강·에티켓 등 교양에 이르기까지 모든 것이 주제다. 초청 강사는 주로 교수지만 벤처 기업 사장, 언론인, 정치인, 작가, 연예인, 스포츠맨 등 분야를 가리지 않고 최고로 평가받는 전문가를 부른다. 수요 사장단 회의에서 강연하는 강사들은 해당 분야의 최고라는 인정을 받았다는 것을 중요하게 생각한다. 한 강사는 '주제에서 벗어난 시답지 않은 이야기를 하면 분위기가 금방 냉랭해졌고, 웬만한 유머에는 무반응이었다'고 말했다.

삼성 사장단이 어떤 사람에게 어떤 내용을 배웠는가를 한국 경제계 전체가 궁금해한다. 그 내용이 삼성의 전략에 영향을 미칠 수 있기 때문이다. 삼성전자는 대한민국 대표 기업을 넘어 이제 명실상부한 세계 초일류 기업이다. 해외 경쟁 기업들도 삼성 사장단이 무슨 생각을 하는지 알고 싶기는 마찬가지다.

이 책에는 매주 수요일 삼성 사장단 회의에서 열린 강의 내용이 담겨 있다. 고 이병철 회장 시절부터 시작된 수요일 사장단 회의를 강의 중심으로 재편한 것은 2011년이다. 그 전에도 사장단 회의에 각 분야 국내 최고 권위자를 초청해 강의를 했다. 그러나 2011년 이후 강의들이 좀 더 체계적이고, 강사 선정도 전략적이란 평가다. 삼성이 생각하고 지향하는 바를 강사 선정과 강의에 반영했다는 것이다. 이 책에는 2011년 이후 진행된 사장단 회의 250여 회 강의 가운데 30개를 선정해 넣었다.

이 책에 수록한 강의 내용 선정은 기본적으로 삼성그룹 사장단 의견을 반영한 것이다. 삼성 사장단 회의에 참석하는 삼성그룹 경영인 중 몇분에게 2011년 이후 최근까지 들은 것 중 인상 깊었던 강의를 꼽아 달라고 부탁했다. 삼성전자 권오현 부회장, 삼성전자 윤부근 사장, 삼성전자 김기남 사장, 삼성전자 홍원표 사장, 삼성디스플레이 박동건 사장, 삼성 SDS 전동수 사장, 제일기획 임대기 사장이 답을 줬다.

권오현 부회장은 삼성전자 대표 이사 가운데 한 사람으로 부품 부문 사장을 겸임하고 있다. 서울대 전기공학과를 나와 미국 스탠퍼드 대에서 전기공학 박사 학위를 받은 권 부회장은 삼성전자 반도체 사업의 산증인 가운데 한 사람이다. 1985년 삼성반도체연구소 연구원으로 삼성전자 반도체 사업에 참여한 그는 1988년 삼성전자 4메가 D램 개발의 주역 가운데하나다. 또 1992년 삼성전자가 세계 최초로 64메가 D램을 개발할 당시 64메가 D램 연구팀장이기도 했다.

조용하고 차분한 성격의 권 부회장은 흔히 말하는 '브라운 백(갈색 봉투)' 문화를 회사에 널리 퍼뜨린 인물로 통한다. 회의가 길어지거나 바쁘면 갈색 봉투에서 빵이나 햄버거를 꺼내 허기를 채우고 다시 일을 한다. 그가 대표 이사 자리에 오른 후 삼성전자 임원 회의 횟수와 참석 인원이 확 줄었다는 평가다. '경쟁력은 업무 시간과 비례하지 않는다. 열심히 일하지 말고 스마트하게 일하라'고 말하는 권 부회장은 말없이 행동으로 회사 조직 문화를 바꾼 인물이라 평가받는다.

윤부근 삼성전자 CE(소비자가전) 부문 사장은 삼성전자의 대표적인 스타 경영자 가운데 한 사람이다. 윤 사장이 지난 2009년 VD(영상디스플레이)사업부장 시절 출시한 LED TV는 그 전까지 대중적인 제품에 머물렀던 삼성 TV를 명품 반열에 올려놓았다. 삼성전자는 2006년 판매량 기준 세계 TV 시장 1위에 올랐다. 그러나 판매 가격에선 일본 소니를 따라가지 못했다. 이런 상황을 단번에 뒤집어 놓은 제품이 바로 LED TV다. 당시 LED TV는 일반 LCD TV보다 40% 이상 고가에 팔렸다. 이후 삼성전자 TV는 고가 TV의 대명사로 떠올랐다. 삼성전자 TV를 세상에서 가장 많이 팔리는 동시에 가장 비싼 가격에 팔리는 TV로 바꾸어 놓은 것이다.

삼성SDS 전동수 사장은 원래 반도체 전문가다. 반도체 기술 개발 공로를 인정받아 두 번이나 삼성그룹 기술 대상(IM DRAM 개발 · 1987년, 64메가 D램 개발 · 1992년)을 받았을 정도다. 또 2013년 그가 삼성전자 메모리사업부 부장 시절 발표했던 V낸드 플래시 메모리 기술은 기존 플래시 메모리 제작 기술이 가진 한계를 뛰어넘은 획기적인 신기술이다.

전 사장은 반도체 전문가인 동시에 미래 전략 기획에도 일가견이 있는 인물이다. 1990년대 말부터 2000년대 초반까지 삼성전자 경영기획실에서 미래전략그룹 임원, 경영기획팀장을 지냈다. 2013년 그가 삼성SDS를 맡았을 때 업계에선 삼성이 절묘한 선택을 했다는 평이 돌았다. 2014년 상장, 해외 진출 등 가장 극적인 변화를 겪을 삼성SDS를 끌고 가기 위해서는 기술과 전략, 기획 마인드를 겸비한 인물이 필요했기 때문이다.

삼성전자가 1990년대 중반 이후 20년간 세계 1위를 기록한 반도체 사업을 맡은 김기남 반도체 총괄 사장은 삼성의 기술을 대표하는 인물 가운데 하나다. 서울대 전자공학과 출신인 김 사장은 2012년 삼성종합기술원장(사장)을 역임했다. 삼성종합기술원은 삼성이 10년 후를 대비해 신기술을 개발하는 곳으로, 말하자면 삼성 기술의 미래를 책임지는 곳이다. 2014년 상반기까지 메모리사업부만 맡았던 김 사장은 2014년 하반기부터는 시스템LSI 사업을 포함해 삼성전자의 반도체 사업 전체를 총괄하고 있다. 시스템LSI는 컴퓨터 CPU처럼 생각하는 기능이 있는 반도체를 말한다.

삼성디스플레이 박동건 사장은 서강대에서 전자공학 학사·석사를 받고 삼성전자에 입사, 반도체 사업부에서 30년간 일해 온 반도체 전문가다. 그가 삼성전자 LCD 사업을 맡은 것은 2011년 삼성과 소니가 공동으로 설립한 LCD 업체 S-LCD 대표 이사에 임명되면서부터다. 이후 지금까지 박 사장은 삼성 디스플레이 사업 책임자로 일하고 있다. 삼성전자가 만드는 TV와 디스플레이 장치는 그의 손을 거친 제품들이다.

홍원표 삼성전자 글로벌마케팅실 사장은 서울대 전자공학과를 졸업하고 미국 미시간 대에서 전기공학 석사·박사를 받았다. 미국 벨연구소, KT를 거쳐 삼성전자에 합류한 홍 사장은 요즘 삼성전자 모바일 기기 전체를 묶어 새로운 생태계를 만드는 작업을 하고 있다.

성균관대 신문방송학과를 졸업한 임대기 제일기획 사장은 제일기획과 삼성그룹 홍보실을 거친 광고·홍보 전문가다. 요즘 그의 최대 목표는 제일기획의 세계화다. 한국 1위 광고 회사를 넘어 세계 1위 광고 회사로 만들겠다는 것이다.

CHAPTER 1

리더십
LEADERSHIP

위대한 리더는
시대를 탓하지
않는다

"바쁜 일정에도 사장단 특강에 빠지지 않는 이유는
뛰어난 통찰력과 전문성을 가진 강연자들에게
배울 점이 많기 때문이다."

장자에게서 배우는
변화와 혁신을 위한 리더십

김형철
연세대 철학과 교수

1978년 연세대 철학과를 졸업했고, 1988년 미국 시카고 대에서 철학 박사 학위를 취득했다. 1991년부터 연세대 철학과 교수로 재직하고 있다. 한국철학회 사무총장, 사회윤리학회 회장, 연세대 리더십센터 소장, 세계철학자대회 상임집행위원, 한국철학회 부회장, 연세대 국제캠퍼스 교육원장을 역임했다.

인문학과 철학을 가장 현실적으로, 그리고 가장 대중적으로 전달하는 교수법으로 유명하다. 연세대 학생들이 뽑은 '베스트 티처', 'SERI CEO 최우수 강사', 한국학술진흥원이 선정한 '국내 강의 실력 베스트 7'에 이름을 올렸고, '대한민국 최우수 인문학 강의 교수상'을 수상하기도 했다. 우리 사회에 꼭 필요한 인문학적인 내용을 바탕으로 다양한 강연 활동과 저술 활동을 펼치고 있다. 그동안 강연에서 가장 호응이 높았던 내용을 정리한 《철학의 힘》을 출간했다.

'이 세상의 모든 것은 변한다. 모든 것은 변한다는 사실만이 변하지 않을 뿐이다.'

그리스 철학자 헤라클레이토스의 말이다. 세상은 늘 변화하고 있다. 변화하는 세상에서 살아남기 위한 방법은 혁신뿐이다. 어떤 변화가 일어날지 정확히 예상할 수는 없다. 하지만 다양한 시나리오를 준비해 두고 변화가 닥쳤을 때 빠르게 대응할 수 있어야 한다. 그래야 살아남을 수 있다.

곤과 붕,
참새와 뱁새

2500년 전 중국의 철학자 장자는 그의 사상서 《장자》의 《소요유》 1장 1편에서 곤이라는 큰 물고기에 대한 이야기를 한다. 곤은 본래 물에서 살던 커다란 물고기였다. 그런 곤이 어느 날 '붕'이라는 큰 새로 변해 하늘로 올라갔다. 붕은 9만 리를 날아간 뒤에야 한 번의 휴식을 취했다. 9만 리는 약 3만 5000킬로미터로 거의 지구를 한 바퀴 도는 거리(4만 킬로미터)다. 본래 새였던 참새와 뱁새는 이런 붕을 이해하지 못한다.

'붕은 왜 저렇게 높이, 멀리 날아가고 나서야 쉬는 걸까? 나뭇가지 하나를 옮겨 다닐 때마다 쉬면 안 될까?'

여기서 두 가지 의문이 생긴다. 먼저, 곤은 왜 붕이라는 새로 변했을까? 거대한 물고기였던 곤은 물속을 지배하는 제왕이었다. 물속에 있을 때에도 아무런 어려움 없이 먹을거리를 찾을 수 있었다. 곤이 물을 버리고 하늘로 올라간 이유는 자신이 몸집을 키울수록 물고기를 다 잡아먹게 되고, 먹이가 사라지면 자신도 결국 죽을 수밖에 없다는 것을 깨달았기 때문이다. 주어진 환경에 적응하면서 안이한 생각을 하는 순간 죽는다는 사실을 알았던 곤은 생존을 위해 새로 변한 것이다.

물에서만 살던 곤은 하늘로 올라가면서 자신이 할 수 없던 일을 할 수 있게 됐다. 물과 땅의 경계를 넘어 더 넓은 세상을 볼 수 있게 된 것이다. 높은 곳에서 내려다보면 먹을거리도 훨씬 더 잘 찾을 수 있다. 곤이 붕으로 변한 것은 환경의 변화를 극복하기 위한 '혁신'이었다.

참새와 뱁새는 붕의 높은 뜻을 이해했을까? 장자는 참새와 뱁새가 붕의 뜻을 절대로 이해할 수 없다고 여겼다. 붕과 참새, 뱁새는 서로 언어도 다르고 관점도 다르다. 붕은 9만 리를 날아다니지만 참새와 뱁새는 자신의 영역을 벗어날 수 없다. 사람을 비롯한 모든 생물은 자신이 바라보는 관점에서만 이해할 수 있다. 독일의 철학자 니체가 '관점주의'를 주장하면서 했던 '사실이란 것은 없고 존재하는 것은 해석뿐이다'라는 말과도 일맥상통한다.

그렇다면 붕과 참새, 뱁새는 영원히 서로를 이해할 수 없을까? 그렇지 않다. 붕은 참새, 뱁새와 자신을 연결하기 위해 기러기를 육성해야 한다. 기러기는 붕처럼 한 번에 9만 리를 날 수는 없지만 매년 겨울을 따뜻한 곳에서 나기 위해 6000킬로미터를 왕복한다. 멀리 날아가야 하는 붕의 뜻을 이해한다는 의미다. 또 계절이 바뀌기 전까지는 자신의 영역에서 생활하기도 해서 참새와 뱁새의 마음도 안다. 붕의 큰 뜻을 참새와 뱁새에게 알려 주는 메신저 역할을 기러기가 할 수 있는 의미다.

장자의 이야기가 주는 교훈은 현대 기업의 조직에도 접목시킬 수 있다. 붕은 높은 곳을 보고 큰 목표를 세워야 하는 최상위 리더, 오너, CEO라고 할 수 있다. 참새와 뱁새는 자신의 업무 안에서 일하는 실무 직원이다. 예를 들어 삼성의 CEO는 모든 분야를 담당하지만 하위 개발 직원은 자신이 담당하는 부품이나 제품에 대해서만 관심을 둔다. 당연히 두 사람은 서로의 처지를 이해하기 어렵다. 바라보는 관점이 다르기 때문이다.

조직에서도 이 두 존재를 모두 이해하는 기러기가 필요하다. 중간 간부나 임원들이 이 역할을 맡는다. 이들이 CEO와 실무 직원을 연결해 주고 서로의 의견을 전달해 주는 역할을 해야 조직이 제대로 돌아갈 수 있다. 물론 CEO는 이런 중간 간부 및 임원을 제대로 육성해야 올바른 리더십을 발휘할 수 있다.

기러기가
필요한 이유

기러기가 필요한 진짜 이유는 혁신을 위해서다. 마키아벨리는 《군주론》에서 '혁신은 실패하기 쉽다'고 주장했다. 그의 설명은 이렇다. 혁신이란 새로운 제도를 도입하는 것인데 그러면 구 제도에 의해서 받던 혜택은 즉각 중지된다. 하지만 새로운 제도에서 얻는 혜택은 바로 오지 않는다. 혁신이 진행되는 동안 불이익은 즉각 발생하고 이익이 발생하기까지는 시간이 걸린다는 의미다. 리더는 이런 과도기를 혁신 기러기와 함께 버텨야 한다.

혁신을 행하는 주체는 '붕(CEO)'이다. CEO가 의지를 가지고 혁신을 행하더라도 일반 직원들 사이에서는 즉각 없어지는 불이익에 대한 불만이 터져 나오기 마련이다. 대표적인 것이 '시기상조'라는 말이다. '우리 실정에는 잘 맞지 않는 것 같다', '지금 하는 것은 의미가 없는 듯싶다'는 식의 불만이 아래에서부터 터져 나오고, 이는 위로 올라갈수록 증폭된다. 이때 중간 간부(기러기)가 혁신을 추진하지 않고 이런 불만을 CEO에게 전달하는 순간 혁신은 불가능해진다. 한번 거둬들인 혁신은 처음부터 하지 않은 것만 못하다. 세월이 지난 다음 신입 사원이 들어와서 그와 유사한 아이디어를 이야기하면, "아, 그거 예전에 해 봤는데 안 되더라! 우리 별거 다 해 봤어! 여기서는 그냥 이렇게 하는 거야!"라는 핀잔이나 듣게 될 것이다.

그렇다면 이런 혁신 기러기는 어떻게 키울 수 있을까? 더 많은 권한과 책임을 주고 오랫동안 혁신 활동을 펼칠 수 있도록 뒷받침해 줘야 한다. 미국의 GE 같은 대기업은 이사회에서 한 CEO를 10년 이상 지지해 주는 경우가 많다. 이런 CEO는 단기간 업적에 치중하는 게 아니라 장기적인 안목으로 혁신을 이뤄 낼 수 있다. 단기적인 손해를 감수하면서도 혁신을 추진할 수 있게끔 오랫동안 신뢰를 주고 권한을 주는 게 중요하다는 것이다. 또한 하지 말아야 할 것도 명확히 지시해야 한다. 본래 사람이란 완장을 차게 되면 생사람을 잡는 경우도 있다. 이를 막기 위해서는 해야 할 일과 하지 말아야 할 일을 명확히 구분해 주는 것이 필요하다. 그렇지 않으면 자신도 모르게 월권을 행사하기 때문이다.

변화에는 반응이 아닌 대응이 필요

혁신은 변화하는 환경에 대응하는 것이다. 대응은 반응과는 비슷하지만 다른 개념이다. 변화하는 환경에는 반응하는 것이 아니라 대응해야 한다. 반응과 대응은 무엇이 다를까? 그리고 왜 대응해야 하는 것일까.

반응이란 외부의 자극을 받았을 때 본능적으로 나오는 것이다. 예를 들어 뒤통수를 맞았을 때 고개가 앞으로 숙여지고 고춧가루 냄새를 맡았을 때 재채기가 나오는 등의 행동을 말한다. 반면 대응은 외부 충격을 받기 전에 미리 예상하고 다양한 시나리오를 준비하는 것이다. 그리고 실제로 충격이 가해지면 준비했던 시나리오 중 가장 적절한 것을 내놓는 것이다.

최근 산업 환경은 급속도로 변하고 있다. 기존에도 변화가 없었던 것은 아니지만 최근처럼 빠르게 변화한 적은 없었다. 기업이 살아남기 위해서는 다양한 변화에 대한 대비책을 미리 마련해 놔야 한다. 그것도 하나가 아니라 여러 개를 마련해 둬야 한다. 하나만 마련했다고 안심했다가 예상치 못한 변화에 큰 타격을 입을 수도 있다.

과거 한 국가에서 쓰나미가 발생해 5000여 명이 사망한 일이 있었다.

정부는 쓰나미에 대한 피해를 줄이기 위해 엄청난 예산을 들여 인공 방파제를 쌓았다. 몇 년 뒤 다시 한 번 쓰나미가 발생했다. 이전 쓰나미와 비슷한 규모이고 인공 방파제까지 쌓았지만 피해는 훨씬 컸다. 사망자만 5만 명에 달했다. 왜 이런 결과가 벌어진 걸까? 더 많은 사람이 방파제를 믿고 해변에 더 가까이 살기 시작한 것이다. 방파제를 넘어온 쓰나미는 방파제 외에는 아무런 대비책을 마련하지 않은 많은 사람의 목숨을 앗아가고 말았다. 예상할 수 없는 것을 예상해야 한다. 완벽한 대비를 했다고 생각하는 순간이 가장 위험할 때이다.

당나라 태종이 나라를 세우고 신료들에게 "창업이 어려우냐, 수성이 어려우냐"고 물은 적이 있다. 신료들은 하나같이 나라를 세운 황제의 업적을 칭송하기 위해 창업이 훨씬 더 어렵다고 답했다. 하지만 위징이라는 신하는 수성이 훨씬 어렵다고 답했다. 당 태종이 그 이유를 묻자 위징이 이렇게 말했다.

"창업에 성공하면 교만해지기 마련이고, 교만해지면 방심하기 때문에 결국 무너질 수 있습니다. 이를 막기 위해서는 결코 방심하지 말아야 하는데 이를 유지하는 것이 어렵습니다."

두 사례만 보더라도 계속 변화하는 세상에서 살아남기 위해 혁신을 통해 대응하는 것이 얼마나 어려운 일인지 알 수 있다.

뒤를 돌아볼 줄 알아야 한다

장자가 이야기한 우화 중에는 사마귀와 관련된 것도 있다. 장자가 길을 가다 보니 사마귀 한 마리가 눈에 띄었다. 사마귀는 매미를 잡아먹으려고 숨도 쉬지 않은 채 노려보고 있었다. 그런데 사마귀 뒤에는 참새가 사마귀를 잡아먹으려고 노려보고 있고, 그 뒤에는 사냥꾼이, 사냥꾼 뒤에는 과수원 주인이 몽둥이를 들고 노려보고 있었다. 장자가 이 우화에서 하고 싶었던 말은 무엇일까?

앞에 놓인 먹을 것에만 집중하고 뒤를 돌아보지 않으면 한 방에 훅 갈 수 있다. 조직 구성원들은 자신에게 이익이 되는 것이 무엇인지 찾고 그것만 쳐다보고 있는 경우가 많다. 하지만 현명한 리더는 뒤를 돌아볼 줄 알아야 한다. 우리 조직의 위기 요인이 무엇인지, 조직에 불이익이 생기는 상황이 언제 닥칠지를 고민해야 한다.

좋은 리더는 상식을 벗어날 줄도 알아야 한다. 모두가 쓸모없다고 생각하는 것에서도 쓰임새를 찾을 수 있어야 한다는 의미다.

장자의 우화 중에는 이런 이야기도 있다.

한 나그네가 엄동설한에 마을로 들어섰다. 이 마을에는 빨래방이 여럿 있었는데, 그중 한 집에만 많은 사람이 몰려 있었다. 나그네가 주인에게 그 이유를 물어보자 주인이 이렇게 말했다.

"우리 집에는 손이 트지 않는 비법이 있어서 일꾼들이 걱정 없이 빨래를 할 수 있기 때문입니다."

나그네는 주인에게 500냥을 주고 이 비법을 샀다. 이후 그는 궁궐로 달려가 왕에게 다급하게 말했다.

"지금 당장 이웃 나라를 쳐야 합니다."

"이 추운 엄동설한에 병사들을 움직이면 손이 다 터서 창도 잡지 못할 것 아니냐."

왕이 이렇게 꾸짖자 그는 빨래방 주인으로부터 받은 비법을 선보였다. 왕은 이 비법을 이용해 병사들의 고통을 없애 줬고, 결국 이웃 나라를 정복했다. 나그네는 왕으로부터 5만 냥을 받았다. 500냥을 주고 산 비법을 백 배 불린 셈이다.

이처럼 사물의 쓰임새는 그것에 내재된 속성이 결코 아니다. 그것을 어떻게 쓰는지에 따라 달라진다. 사용처를 아는 사람에겐 쓸모가 있고 모르는 사람에겐 쓸모가 없을 뿐이다.

이는 고민하지 않으면 결코 깨달을 수 없다. 조직의 리더는 항상 새로운 사업 영역이 있는지, 다른 비법이 있는지를 고민하고 실행해야 한다. 생각하지 않는 리더는 절대 변화와 혁신의 시대에 살아남을 수 없다.

리더는 변화하는 환경에서 살아남기 위해 항상 높은 곳을 보며 멀리 날 줄 알아야 한다. 그리고 일반 직원들과 이런 목표를 공유하기 위해 중간 리더를 육성해야 한다. 서로의 관점과 이상이 다르면 조직은 무너질 수밖에 없다. 소통을 통해 항상 새로운 변화에 대응하고 대비할 수 있는 시나리오도 마련해야 한다. 또 이런 대비책을 마련하는 과정에서 기존에 있던 것을 새롭게 들여다보고, 뒤를 돌아보며 위기에도 대응할 수 있는 리더가 바로 변화와 혁신의 시대를 맞이하는 진정한 리더다.

삼성은 현재 급변하는 상황에 놓여 있다. 스마트폰 산업은 성숙기에 접어들어 더 이상 혁신적인 성장을 하기 어려운 상황이고, 경영권 승계라는 큰 이슈를 눈앞에 두고 있다. 이런 변화 속에서 리더십을 발휘하기 위해서는 결국 혁신의 자세를 갖추는 것만이 해답이다.

1. 철학의 힘

김형철 지음 | 위즈덤하우스 | 2015

만족하지 못하는 삶을 사는 사람들이 꼭 물어야 할 스물한 가지 질문에 대한 답을 찾는다. '인생은 왜 짧은가?'라는 첫 질문에서 저자는 시니어 임원일수록 장기 프로젝트를 수립하는 데 더 적합하다며 그 이유를 들려준다. 삶의 불공평성, 죽음에 대한 올바른 대처 방법도 제시한다.

2. 장자

장자 지음 | 현암 | 1999

장자는 세상을 절대 자유의 관점에서 바라본다. 사람들은 전부 자신의 관점에서 말을 하고 소통하려고 한다. 그러나 이 세상은 '너와 나'가 절대적으로 구분될 수 있는 곳이 아니다. 최고의 낚시꾼은 물고기의 마음을 알고, 더 나아가 미끼도 될 수 있는 사람이다.

3. 자유론

존 스튜어트 밀 지음 | 김형철 옮김 | 서광사 | 2008

소수의 목소리에 귀를 기울이면 조직에 분란이 일어나지 않는다. 99명이 옳아도 한 사람의 목소리를 끝까지 들어야 한다. 조직이 개인의 사생활을 옥죄면 생산성은 떨어질 수밖에 없다. 개인이 행복해야 사회도 건강해진다.

최고의 팀워크를
이끌어 내는
마에스트로 리더십

서희태
밀레니엄 심포니 오케스트라 상임 지휘자

부산대 음악과를 졸업하고 오스트리아 빈의 시립 콘서바토리와 헝가리의 부다페스트 리스트 음악원에서 성악, 성악 교육, 오페라, 교회 음악을 공부했다. 이후 러시아 그네신 음악원과 이탈리아 도니체티 아카데미에서 오페라 지휘와 오케스트라 지휘를 공부했다. 빈에서 공부할 당시 세계 3대 오페라 극장 중 하나인 빈 국립 오페라 극장에서 연구 단원으로 활동했다. 귀국 후 서라벌대 음악과 전임 교수, 서울 내셔널 심포니 오케스트라 수석 지휘자를 역임했다. 그는 2008년 MBC 인기 드라마 〈베토벤 바이러스〉의 주인공 강마에의 모델로도 유명하며 해당 드라마의 예술 감독을 맡기도 했다. 방송 직후 한국표준협회 요청을 받아 '오케스트라 경영'을 주제로 학생이 아닌 경영자들을 대상으로 생애 첫 강연을 했다. 2010년 《클래식 경영 콘서트 : 대한민국 CEO를 위한 클래식 아트 경영》을 저술했으며, 클래식과 경영, 리더십을 접목한 명강연으로 SERI CEO, 전경련, 대한상공회의소, 한국표준협회, 한국능률협회 등 수많은 CEO들의 모임과 기업에서 강연 활동을 하고 있다. 2011년에는 김연아 선수의 세계 피겨 선수권 대회 쇼트 프로그램인 〈HOMAGE TO KOREA(아리랑)〉를 직접 지휘하는 등 한국 음악의 세계화를 위한 많은 노력을 하고 있다. 대표 저서로는 《서희태의 클래식토크 : 베토벤 바이러스》, 《클래식 경영 콘서트》, 《오케스트라처럼 경영하라》, 《어린이를 위한 클래식 음악 수업 100》 등이 있다. 현재는 놀라온 오케스트라 음악 감독, 밀레니엄 심포니 오케스트라 음악 감독 겸 상임 지휘자, 한국표준협회 좋은 기업 심의 위원, 동북아평화연대 홍보 대사, 한국사회복지협의회 행복나눔N캠페인 홍보 대사, 〈조선일보〉, 〈머니투데이〉, 《엑설런스 코리아》, 《리더피아》 칼럼니스트 등 다양한 방면에서 클래식 전도사로 활동하고 있다.

미래 기업이
나아가야 할 상

고대 그리스에서 극장은 객석과 무대로 구성되어 있는데 그 사이에 무용수가 노래하고 춤추고 연주자가 악기를 연주하는 원형 공간이 있었다. 이를 '오르케스트라'라고 했다. 여기서 유래한 오케스트라는 오늘날 바이올린과 같은 현악기, 플루트와 같은 목관 악기, 호른과 같은 금관 악기, 심벌즈 같은 타악기, 피아노와 같은 건반 악기 등 서로 다른 30개 이상의 악기가 한데 모여 연주하는 것을 말한다. 규모에 따라 연주 인원은 다르지만 작은 경우 40여 명, 규모가 큰 경우에는 100명 정도로 구성된다. 단원 개개인의 기량도 중요하지만 이들이 서로 조화를 이루어 연주를 하는 것이 공연의 성패를 결정한다. 사소한 부분이라도 어긋나면 그날의 공연은 망치게 된다. 따라서 이들을 이끄는 지휘자의 역할이 매우 중요하다.

현대 기업도 마찬가지이다. 기업도 서로 다른 생각을 지닌 사람들이 모여서 일을 한다. 개개인의 업무 능력도 중요하지만, 결국 모두가 힘을 모아 '이윤 창출'이라는 공통의 목표를 향해 나아가야 한다. 사소한 부분이라도 어긋나면 이윤 창출은커녕 심할 경우 기업의 존립 자체가 위험해질 수 있다. 따라서 이들을 이끄는 리더의 역할이 매우 중요하다. 이런 특징을 잘 포착한 경영학자이자 미래학자인 피터 드러커는 '미래 기업은 심포니 오케스트라 같은 조직을 닮아 간다'고 했다.

서희태 지휘자는 지휘자의 역할을 네 가지로 정의했다. 첫째, 공연을 하는 데 있어서 절대적인 영향력을 행사한다. 둘째, 연주할 단원을 선택할 수 있고, 그 선택에 책임을 져야 한다. 셋째, 자신이 선택한 연주자의 상태를 파악하고 필요에 따라 배려를 해야 한다. 넷째, 본인이 선택한 연주자를 믿어야 한다. 기업 최고 경영자는 막대한 책임을 지고 있고, 함께 일할 사람을 선택할 수 있으며, 선택한 사람들을 이끌고 조직을 운영해야 한다는 점에서 오케스트라 지휘자와 닮은 점이 많다.

삼성 사장단 강연에서 '마에스트로 리더십'을 주제로 이야기한 서희태 지휘자는 삼성 사장들에게 5명의 오케스트라 지휘자를 소개하고 그들의 리더십을 기업 경영에 접목해 보라고 권했다. 그는 2008년에 방영된 인기 드라마 〈베토벤 바이러스〉에서 김명민 씨가 연기한 강마에의 모델이기도 하다.

주빈 메타, 배려의 리더십

주빈 메타는 인도 출신의 지휘자로 몬트리올 심포니 오케스트라 음악 감독을 했고, 1962년부터 1978년까지 로스앤젤레스 필하모닉 오케스트라의 지휘자로 활동하면서 이를 세계적인 수준으로 끌어올렸다. 1978년에는 세계적 명성의 뉴욕 필하모닉 상임 지휘자가 되어 1991년까지 활동했다. 일본의 오자와 세이지와 함께 동양 출신의 세계적인 지휘자로 극찬받는 사람이다.

메타는 연주자들을 편안하게 배려하는 리더다. 그는 단원들과 연습할 때 절대 화를 안 내고 짜증도 내지 않는다. 늘 연주자를 향해 웃고 끊임없이 말을 건넨다.

서 지휘자가 오스트리아 빈에서 유학하며 빈 국립 오페라 극장에서 연구 단원으로 활동할 때 일이다.

15세기 에스파냐 지방을 배경으로 2대에 걸친 복수와 사랑을 다룬 베르디의 오페라 〈일 트로바토레〉를 공연하고 있었다. 이 오페라에서는 주인공 만리코 장군을 테너가 맡는데 일반적으로 테너의 목소리가 가늘다. 하지만 이 오페라에서 테너는 장군다운 위엄 있는 목소리를 내야 하기 때문에 드라마틱 테너라는 영웅적인 소리를 가진 테너가 이 역할을 맡는다. 그런데 하필 당시 만리코 장군 역을 맡은 테너가 감기에 걸려 컨디션이 무척 안 좋았다. 당연히 연습하는 동안 소리를 제대로 못 냈다. 그러나 메타는 그에게 짜증 한 번 내지 않았다.

　　이 공연 3막 2장에는 만리코 장군이 부르는 아리아 〈사랑스러운 그대여(Ah Si Ben Mio)〉와 〈저 무서운 불꽃을 보라(Di Quella Pira)〉를 연이어 부르는 부분이 있는데 노래의 마지막 즈음에 '높은 도(하이 C)' 음정까지 소리를 높이는 데가 이 오페라에서 가장 극적인 부분이다. 높은 도는 테너가 공연에서 내는 음정 중 가장 높고 어려운 음정이다. 감기에 걸린 테너 주인공은 연주하는 날까지도 상태가 좋지 않았다.

　　마침내 3막 2장 부분이 다가왔고 메타는 그 테너를 바라보면서 계속 눈으로 신호를 보냈다. 높은 도는 음 이탈이 잦아 정상급 테너들도 부담스러워하는 음정으로 소리를 제대로 내려면 목 상태가 최상이어야만 한다. 메타는 긴장하고 있는 테너에게 높은 도를 낼 수 있겠느냐고 재차 확인했다. 테너는 마지막 고음을 내기 직전에 메타에게 할 수 있다며 고개를 끄덕였다. 그 순간 메타는 오케스트라의 반주를 중단시켰다. 극장에는 오직 테너의 높은 도 음만이 울려 퍼졌다. 악보에는 테너와 오케스트라가 함께 다이내믹하게 마지막 클라이막스를 연주하도록 되어 있었다. 서 지휘자는 이를 이렇게 풀이했다.

"목 상태가 좋지 않은 테너를 배려해 준 겁니다. 평소처럼 오케스트라가 연주를 했으면 컨디션이 나쁜 테너 목소리가 오케스트라 소리에 묻혀 관객들에게 잘 전달되기 어렵다고 생각한 것입니다. 메타는 거장답게 그 상황에서 파격적인 승부수를 던진 겁니다. 만약 테너가 그 순간 실수를 했다면 공연은 엉망이 되었겠죠. 하지만 메타는 공연 도중 계속해서 테너의 상태를 확인했고 그를 전적으로 신뢰했던 거죠. 결국 그의 판단은 옳았고, 어느 때보다 훌륭한 공연을 할 수 있었습니다. 메타는 오케스트라뿐만 아니라 성악가의 당일 컨디션까지 배려하여 그에 맞는 연주를 만들어 낸 것입니다."

서 지휘자 본인도 메타의 배려를 받고 감동한 적이 있다. 앞서 말했듯이 서 지휘자는 당시 연구 단원이었는데 말이 연구 단원이지 회사로 치면 인턴사원 정도였다. 메타는 이미 세계적인 거장 마에스트로이고 빈 필하모닉 오케스트라는 세계 3대 오케스트라에 속하는 최고의 악단이기 때문에 기업으로 치면 글로벌 초일류 기업 가운데 하나로 볼 수 있다. 당연히 그런 오케스트라를 지휘하는 지휘자는 글로벌 초일류 기업의 CEO 정도로 표현할 수 있다. 어느 날, 서 지휘자가 메타와 복도에서 마주친 일이 있었다.

"메타가 지나가도록 복도 가장자리로 잠시 비켜섰습니다. 우리나라에서는 어른을 만나면 늘 그렇게 해 왔으니까요. 그런데 갑자기 그가 발걸음을 멈추고 저에게 다가와 어느 나라에서 왔느냐 묻고는, 마침 커피를 마시러 가는 길인데 같이 가지 않겠느냐고 물었습니다. 저는 정말 깜짝 놀랐습니다. 대기업 회장님이 인턴사원에게 커피 마시러 가자고 하는 셈이었으니까요."

이때 그는 세계적인 마에스트로에 대한 선입견이 완전히 깨졌다고 한다. 그리고 차를 마시면서 나눈 이야기는 더욱 감동적이었다고 한다.

"처음에는 놀랍고 영광스러운 자리여서 그저 떨리기만 했는데 커피 마시면서 이런저런 이야기를 하니 긴장이 풀렸지요. 그런데 이야기가 끝날 때쯤 더욱 놀랐습니다. 메타가 본인에게 앞으로는 '두(Du : 너)'라고 말하라고 한 것이지요. 제가 너무 놀라서 왜 그러느냐고 묻자 그는 '최고의 음악가가 되고 싶지? 앞으로 너는 수천 명의 관객 앞에 서서 감동을 주어야 하는데, 그렇게 자존감이 없어서는 관객들에게 감동을 주지 못한다. 이제 너는 내 친구가 되는 거야. 그리고 앞으로 만나는 세계적인 음악가들과도 친구가 되어야 해……'라고 말했습니다. 지금도 저는 단원, 제자, 팬을 대할 때면 메타를 생각합니다."

아르투로 토스카니니, 완벽함과 치열함으로 최고를 이끌어 내는 리더

아르투로 토스카니니는 이탈리아 출신의 지휘자이다. '무대 위의 독재자'라 불린 그는 20세기 전반 세계 최고의 지휘자로 평가받으며, 리카르도 무티, 헤르베르트 폰 카라얀 등 세계적인 지휘자들에게 큰 영향을 끼쳤다. 그는 지휘자로서도 뛰어났으나 오페라 자체를 혁신한 인물이다. 토스카니니가 활동하던 19세기 후반부터 20세기 초반까지는 오페라 공연 중간에 관객들이 오페라 가수에게 앙코르를 외치는 것이 일반적이었다. 그는 이것이 공연에 방해가 된다면서 금지시켰다. 또한 공연이 시작된 후에는 관객들의 공연장 입장을 금지했다. 이런 조치들을 통해 오페라 극장을 현대적인 모습으로 탈바꿈시켰다.

원래 토스카니니는 유명한 첼리스트가 되는 것이 꿈이었다. 그러나 지독하게 가난한 집에서 태어난 탓에 제대로 된 음악 교육을 받기 어려웠다. 다행히 음악적 재능 덕분에 아홉 살 때 파르마 왕립 음악원에 입학해서 음악을 공부할 수 있었는데 이외에 다른 음악 교육은 받지 못했다. 게다가 그는 한 가지 치명적인 단점이 있었다. 근시가 심해 악보를 보고 연주하는 게 힘들었던 것이다. 그래서 연주를 하기 전 악보를 모두 외웠다. 오케스트라에서 연주할 때는 본인 파트 외에 30개가 넘는 악기들의 파트 악보도 몽땅 외웠다. 이처럼 남들보다 불리한 조건을 극복하기 위해 피나는 노력을 했고, 이것이 그의 음악에 반영되어 정확한 리듬과 박자, 한 치의 과장도 없는 표정, 엄격한 음악의 법칙에 따라 완벽에 가까운 연주를 할 수 있었다.

토스카니니는 자신에게뿐 아니라 단원들에게도 완벽함을 요구했는데 리허설을 할 때 오케스트라 단원들의 연주가 조금이라도 마음에 들지 않으면 악보를 찢어 던지거나 지휘봉, 윗옷, 자신이 차고 있는 시계나 주변의 집기들을 집어 던졌다. 그의 단골 멘트는 '노(No)'였는데 조금이라도 마음에 들지 않으면 '노'라고 외치는 통에 '토스카노노'라는 별명을 얻기도 했다. 그의 엄격함과 비타협적인 성격은 오케스트라 단원들은 물론 오페라 가수들과도 끊임없는 마찰을 불러일으켰다. 그러나 그의 지도를 받은 오케스트라 단원과 가수 모두 비약적으로 성장했기에 사람들은 불만을 품으면서도 그를 인정하고 따랐다.

토스카니니는 열아홉 살에 파르마 음악원을 우수한 성적으로 졸업한 후 연극이나 음악 공연으로 돈을 버는 클라우디오 롯시라는 흥행사가 조직한 오케스트라에서 첼리스트로 활동을 하게 되었다. 그러던 어느 날 베르디의 오페라 〈아이다〉 공연을 위해 브라질로 향했다.

그런데 공연에 문제가 생겼다. 지휘자가 공연 직전 주최 측과 다투고 떠나 버린 것이다. 지금처럼 교통과 통신이 발달한 시대였으면 가까운 곳에 있는 다른 지휘자에게 전화를 걸어 상황을 수습할 수 있었겠지만, 당시에는 그것이 불가능했다. 게다가 불러 온다고 해도 3시간 30분짜리 오페라를 연습 없이 지휘할 수 있는 사람은 없었다. 어쩔 수 없이 표 값을 환불하고 공연을 취소하려던 찰나 오케스트라 단원 한 사람이 "우리 단원 중 악보를 다 외우는 아르투로 토스카니니란 사람이 있습니다. 평소에 연습을 같이한 그가 앞에서 이끌어 주고 단원들이 집중해서 한다면 연주가 가능할 것 같습니다"라는 제안을 했다.

대안이 없던 관계자들은 모험을 하기로 했다. 결국 지휘 경험이 전혀 없던 열아홉 살짜리 토스카니니가 무대 위에 올랐다. 그러자 관객들이 야유를 퍼붓기 시작했다. 지휘대에 올라선 토스카니니는 악보를 덮어 버렸다. 야유를 보내던 관객들은 당황해서 웅성거렸다. 이윽고 공연이 시작되었다. 그는 평소에 암기해 둔 악보들을 떠올리며 거침없이 지휘를 했다. 청중들은 그의 지휘 실력에 압도되어 전체 4막 중 1막이 끝났을 뿐인데 모두 기립 박수를 쳤다.

지휘자는 직접적으로 악기를 다루지는 않지만 여러 악기와 사람들을 하나로 이끌어야 하기 때문에 모든 악기에 대한 전반적인 지식과 감각을 익혀야 한다. 그래서 지휘자 데뷔에 나이 제한은 없으나 서른 살에 데뷔를 해도 굉장한 이슈가 될 정도로 많은 시간이 필요한 직업이다. 그런데 지휘 경험이 전혀 없던 토스카니니가 열아홉 살에 단 한 번의 리허설도 없이 3시간 30분짜리 공연을 완벽하게 소화한 것이다. 이는 곧 세계적인 뉴스가 됐다.

이후 토스카니니는 다른 삶을 살았다. 그는 라 스칼라 오페라단 상임 지휘자와 뉴욕 필하모닉 오케스트라 상임 지휘자로 활동했으며, 미국 NBC 방송국에서 그를 위한 오케스트라를 조직해서 헌정했는데 그것이 바로 NBC 심포니 오케스트라이다. 어느 한 지휘자를 위해서 오케스트라를 창단하는 것은 전례가 없던 일이다. 그리고 그는 NBC 심포니 오케스트라도 세계적인 수준으로 올려놓았다.

불같은 성격에 강박에 가까울 정도로 완벽을 추구하는 토스카니니는 리더로 적합해 보이지 않을 수도 있다. 그와 관련된 일화들을 보아도 단원들의 스트레스가 얼마나 심했는지 짐작할 수 있다. 그럼에도 단원들은 그를 따랐고, 심지어 그가 은퇴한 후에는 '토스카니니 없는 NBC 심포니 오케스트라는 더 이상 존재할 이유가 없다'며 스스로 해체했다고 한다. 그는 단원들에게 바라는 것 이상으로 준비하고 노력했다. 모든 파트의 악보를 외우고 정확하고 깔끔한 지휘를 하는 그에게 누가 반기를 들 수 있었을까. 이처럼 리더는 최고 이상을 보여 주려는 노력을 해야 한다.

헤르베르트 폰 카라얀, 믿음 리더십

오스트리아 지휘자 헤르베르트 폰 카라얀은 20세기 지휘자 중 가장 위대한 사람 중 하나다. 그는 런던 필하모닉 수석 지휘자와 베를린 필하모닉 오케스트라 종신 지휘자를 역임했으며, 베르디, 푸치니 등 주요 이탈리아 작곡가 작품의 초연이 열린, 세계의 오페라 극장 중에서도 가장 유명한 밀라노 라 스칼라 오페라 극장 수석 객원 지휘자 등을 역임했다. 또한 그는 생전에 900장가량의 음반을 녹음했는데 지휘자 중 이보다 많은 음반을 녹음한 한 사람은 없다. 그의 음반은 2억 장 이상 팔린 것으로 추정되며, 이는 세계 최고의 클래식 음반 회사인 도이치 그라모폰 매출에서 3분의 1에 해당하는 판매량이다. 카라얀이 사망한 지 20여 년이 지났지만 아직도 많은 사람이 그의 음악을 들으며 클래식 음악에 입문한다.

그는 지휘하는 폼이 독특한 것으로 유명하다. 지휘자들은 보통 지휘할 때 박자마다 손이 지나가는 지점이 있다. 그것을 '사운딩 포인트'라고 한다. '사운딩 포인트는 지휘자의 생명'이라고 불릴 정도로 중요하다. 연주자가 연주 중에 잠시 악보를 놓쳤을 때 지휘자가 사운딩 포인트를 정확하게 지휘하면 바로 다음 박자에 정확하게 연주할 수 있기 때문이다. 하지만 카라얀은 사운딩 포인트가 불분명한 흐느적거리는 지휘로 유명했다. 마치 춤을 추듯이 말이다. 당연히 연주자들은 흐느적거리는 지휘를 보며 정확하게 연주하기가 힘들었다.

베를린 필하모닉에서 지휘하던 어느 날 한 신입 단원이 당돌하게 카라얀에게 대들었다.

"마에스트로, 도대체 사운딩 포인트가 어디입니까? 사운딩 포인트가 불분명하니 언제 연주해야 할지 모르겠습니다. 언제 연주하면 될까요?"

카라얀의 답은 단순했다.

"참다 참다 못 참을 때 하시면 됩니다."

대책 없는 답변처럼 들리지만 이 말 속에는 카라얀의 특별한 리더십이 들어 있다. 바로 단원들의 능력을 인정하는 리더십이다. 연주할 때 지휘자를 계속 보는 연주자는 없다. 단원들이 연주할 때 지휘자를 계속 보고 있을 것 같지만, 사실 대부분은 악보를 보면서 연주한다. 한 번의 연주를 위해 하는 오케스트라의 연습 시간은 그리 길지 않다. 서 지휘자도 2시간 공연을 위해 연습하는 시간은 그때그때 다르지만, 최대 9시간 정도다. 연습을 전혀 하지 않을 때도 있다. 단원들은 어릴 때부터 수많은 시간을 연습에 쏟아부었기 때문에 대부분의 프로 연주자들은 악보를 보면 바로 연주할 수 있다. 그런 단원들이 지휘자만 보면서 연주한다면 정확하게 연주할 수 없다.

서 지휘자는 이렇게 말했다.

"연주자들은 대부분의 시간을 악보를 보면서 연주하다가 자신의 필요에 따라 아주 짧은 순간 잠시 지휘자를 보고 연주합니다."

오히려 지휘자보다는 악보를 보고 해야 더 정확한 연주를 할 수 있다. 그렇다면 지휘자가 없어도 되지 않을까 생각하겠지만 오케스트라에 지휘자가 없어서는 안 된다.

오스트리아 출신으로 19세기 당시 위대한 작곡가이자 오케스트라 지휘자로 칭송받은 구스타프 말러는 '음악에 가장 중요한 것은 악보에 없다'라는 말을 남겼다.

악보에는 음표, 박자, 강약, 빠르기 등 그 곡을 연주하는 데 필요한 모든 것이 들어 있다. 하지만 음악을 표현하는 데 가장 중요한 '얼마큼'이 없다. 얼마큼 빠르게 할지 얼마큼 강하게 할지에 따라 음악의 해석이 달라지기 때문이다. 연주자들은 지휘자가 그 '얼마큼'을 표현할 때 지휘자를 보게 되는 것이다. 연주자는 제2의 창조자다.

서 지휘자는 이어서 말했다.

"좋은 지휘자는 항상 자신을 보고 연주하라는 사람이 아니라, 단원들이 각자 자기 자리에서 자기가 맡은 부분을 잘 연주하다가 지휘자의 지휘가 필요해 그를 바라봤을 때 그 자리를 지키고 정확하게 이끌어 주는 사람입니다."

서 지휘자는 이렇게 덧붙였다.

"좋은 리더는 항상 자기만 보고 일하라고 하는 사람이 아니라, 직원들이 각자 자기 자리에서 자신의 역량을 잘 발휘하다가 리더의 리더십을 필요로 할 때 그 자리를 지키고 정확하게 이끌어 주는 사람입니다."

카라얀은 정확한 사운딩 포인트를 지휘할 줄 몰라서 흐느적거렸던 것이 아니다. 그는 베를린 필하모닉에 들어오는 단원은 모두 알아서 연주할 수 있다고 믿어 주었던 것이다. 그는 오케스트라 전체가 표현해 내야 하는 느낌만 지휘해 주면 단원들이 악보를 통해 정확하게 연주할 수 있을 거라고 단원들의 능력을 인정한 리더였다.

참고로 카라얀은 베를린 필하모닉 오케스트라를 1955년부터 1989년까지 35년간 지휘한 종신 지휘자였다. 그보다 더 오래 베를린 필하모닉 오케스트라를 이끈 지휘자는 없었다.

레너드 번스타인, 칭찬 리더십

레너드 번스타인은 미국에서 음악 교육을 받은 사람 중 최초로 세계적인 지휘자의 명성을 얻었으며, 세계적으로 유명한 뉴욕 필하모닉 오케스트라에서 오랫동안 상임 지휘자로 활동했다. '구대륙(유럽)에 카라얀이 있다면 신대륙(미국)에는 번스타인이 있다'는 찬사를 얻을 정도로 완벽한 음악가로 평가받는 그는 지휘자 외에도 작곡가, 피아니스트, 그리고 음악 교육자로서도 세계 최고라는 평가를 받았다. 번스타인은 한마디로 칭찬형 리더인데, 그가 단원을 칭찬하는 방식은 다소 독특하다. 흔히 칭찬에는 세 가지 법칙이 있다고 한다. 첫째는 공개적으로 할 것, 둘째는 구체적으로 할 것, 셋째는 즉시 할 것.

공연이 끝나면 지휘자는 커튼콜에서 중요한 멜로디를 연주한 단원을 지목해 박수를 받게 한다. 이를 '솔로 바우(Solo Bow)'라고 하는데 그런 행동을 통해 연주에 중요한 역할을 한 단원들을 공개적으로, 그리고 구체적으로 칭찬하는 것이다. 하지만 칭찬의 마지막 법칙인 연주 중에 즉시 칭찬하기는 쉽지 않다. 번스타인의 장기는 바로 즉시 칭찬하는 것이었다.

번스타인은 연주 내내 중요한 멜로디를 연주하는 단원과 눈을 마주친다. 그러면서 그 연주자에게 미소를 보내고 고개를 끄덕여 주는 등 칭찬과 교감을 한다. 지휘자가 연주자에게 끊임없는 애정을 보내면 연주자는 당연히 신이 난다. 이 때문에 연주자들은 번스타인과 연주를 할 때는 늘 알아서 충분한 준비를 하고 좋은 연주로 그 칭찬에 보답했다.

"번스타인과 연주하는 단원들의 준비 상태는 늘 좋았습니다. 누구나 인정받고 칭찬받고 교감하고 싶어 합니다. 연주자들이 알아서 최선을 다해 준비하니 번스타인의 연주는 항상 좋을 수밖에 없었습니다."

번스타인은 빈 필하모닉 오케스트라에서 지휘할 때 때로는 전혀 손을 쓰지 않기도 했다. 눈빛과 미소만으로도 단원들과 이야기할 수 있었던 것이다.

"눈빛만 봐도 서로 마음을 알 수 있을 만큼 깊은 교감이 가능한 리더……. 이처럼 최고의 성과를 내기 위해서는 리더들도 직원과의 교감이 필요합니다."

번스타인은 서희태로 하여금 지휘자를 꿈꾸게 한 사람이자 서 지휘자가 가장 존경하는 지휘자다.

리카르도 무티, 최고의 자리에서도 변화할 수 있는 리더

서 지휘자는 반대로 최고의 자리에서 위기를 겪은 후 더욱 높은 경지에 오른 리더도 소개했다. 그는 바로 리카르도 무티이다. 무티는 밀라노 라 스칼라 극장에서 1986년부터 2005년까지 20년 동안 음악 감독으로 활동했다. 라 스칼라 극장에서 그보다 오랫동안 음악 감독을 한 지휘자는 20세기 최고의 오페라 지휘자로 불리는 빅토르 데 사바타뿐이다. 앞서 소개한 아르투로 토스카니니도 18년밖에 하지 못했다. 이처럼 세계적인 극장에서 20년간 음악 감독을 했다는 것은 그의 능력이 세계적이란 사실을 보여 준다. 무티는 실제로 라 스칼라 오케스트라를 세계적인 수준으로 끌어올렸으며, 그는 '이탈리아의 자존심'으로 여겨졌다.

그런데 2005년 어느 날, 그는 당시 단원과 합창단 800여 명 가운데 700여 명의 사인이 담긴 편지 한 통을 받았다. 편지를 열어 보니 탄원서였다. 탄원서의 내용은 대략 다음과 같았다.

'당신은 훌륭한 지휘자입니다. 그러나 함께 일하고 싶지 않습니다. 왜냐고요? 당신은 우리가 발전하도록 하지 않습니다. 당신은 우리를 동료가 아니라 그저 악기로 생각합니다. 우리에게서 음악을 하는 기쁨을 빼앗

아 갑니다.'

사임해 달라는 편지였다. 수년 혹은 10년 이상을 같이해 온 단원들이 세계적인 거장 무티가 물러나길 원하다니, 무슨 일이 있었던 것일까?

무티에게는 크게 두 가지의 문제가 있었다. 첫째, 그는 연주 내내 자기만 돋보여야 한다고 생각했다. 예를 들어 협주곡을 연주할 때 독주 연주자가 즉흥적으로 연주하는 부분이 있는데 이를 '카덴차(Cadenza)'라고 한다. 쉽게 말하면 '애드리브(Ad Lib)'와 같은 부분이다. 이 부분에서 지휘자와 오케스트라 단원들은 독주 연주자의 연주가 돋보이도록 아무것도 하지 않고 가만히 기다려야 한다.

"무티는 연주자에게 카덴차를 하지 못하게 했습니다. 카덴차는 지휘자도 지휘를 멈추고 독주 연주자가 자신의 기량을 뽐내도록 하는 부분입니다. 그렇기에 연주자는 혼신의 힘을 다해 자신의 기량을 마구 뽐내게 되지요. 그 순간 자연스럽게 관객의 시선은 독주 연주자에게 쏠립니다. 그런데 무티는 독주자들에게 카덴차를 못하게 한 것입니다."

둘째, 무티는 과장된 지휘로 많은 사람에게 불만을 샀다. 지휘자가 과장되게 행동을 하면 관객 시선은 당연히 지휘자한테 간다.

"오케스트라에서 유일하게 소리를 안 내는 사람이 지휘자입니다. 지휘자의 악기가 뭐냐고 물으면 흔히 지휘봉을 말합니다. 하지만 지휘봉은 소리가 나지 않으니 악기라 할 수 없습니다. 지휘자의 악기는 오케스트라 그 자체입니다. 그러나 무티는 오케스트라라는 악기를 연주하는 것보다 자신을 돋보이게 하는 데 더 치중한 것이죠."

700여 명이 탄원서를 제출하는 초유의 사태가 벌어지자 결국 극장은 무티에 대한 신임 투표를 실시했다. 700명 단원 가운데 단 2명만이 무티를 지지했다.

"결국 무티는 사임했습니다. 그는 음악적으로는 두말할 필요 없는 천재였지만 성격이 불같고 비타협적이었습니다. 그야말로 드라마 〈베토벤 바이러스〉의 강마에 같은 사람입니다."

무티는 혼자 돋보이길 좋아한 지휘자였다. 지휘자는 돋보이려고 노력하지 않아도 돋보일 수밖에 없다. 정중앙 가장 앞에 서 있는 지휘자는 어느 곳에서 봐도 한눈에 들어온다. 그런데도 그는 관객의 관심을 다른 연주자와 나누려 하지 않았다.

무티는 그 후 2010년 미국 시카고 심포니 오케스트라 상임 지휘자로 취임했다.

"무티의 최근 언론 인터뷰를 보면 그도 좀 달라진 것 같습니다. 그는 '연주자는 지휘자 생각을 따라야 한다'고 말했습니다. 그다운 주장입니다. 독재 스타일 리더죠. 하지만 그다음 말이 놀라웠습니다. '하지만 지휘자도 악단이 구축한 오래 전통을 존중해야 한다.' 결국 본인만 생각하던 무티도 힘든 일을 겪은 다음 생각이 바뀐 것입니다. 그의 인터뷰 기사에는 '지금은 단원들과 좋은 관계를 유지하고 있다. 시카고 심포니 오케스트라는 약점이 없는 교향악단이다'라는 문구도 들어 있었습니다. 무티는 이제 완전히 다른 사람이 된 것 같습니다. 세월이 그를 변하게 했구나 싶었습니다. 2005년 악몽이 그를 좀 더 배려할 줄 아는 지휘자로 만든 것 같습니다."

실제로 무티는 지역 교도소를 방문해 연주하는 등 사회 봉사 활동에도 적극 참여하고 있으며, 무료 공연을 통해 클래식 대중화에도 나서고 있다. 그가 취임한 이후 시카고 심포니 오케스트라는 수입이 증가했다. 이에 대한 공로로 그의 연봉은 217만 달러(약 23억 원)로 책정되었는데 미국 〈LA타임스〉가 조사한 바에 따르면 세계에서 가장 많은 연봉을 받는 지휘자라고 한다.

리더는 결국 '실력'으로 증명하는 자리

서로 다른 지휘자들의 사례를 소개했지만 이들 모두 공통점이 있다. 바로 모두 자신만의 콘셉트가 확실한 리더라는 것이다. 주빈 메타는 배려의 리더십으로 최악의 상황에서 최고의 연주를 만들었고, 아르투로 토스카니니는 단원들이 열심히 할 수밖에 없게 만드는 완벽주의자였으며, 헤르베르트 폰 카라얀은 믿음의 리더십으로 단원들을 이끌었고, 레너드 번스타인은 칭찬과 교감으로 단원들의 잠재력을 끌어냈다. 마지막으로 리카르도 무티는 경력에 누가 되는 큰일을 겪었지만 자신의 위치에 연연하지 않고 최고의 자리에서 변화를 통해 위기를 극복했다.

그러나 이들에게는 더욱 중요한 또 한 가지 공통점이 있다. 모두 '실력'만큼은 최고라는 것이다. 메타의 배려는 단원 개개인의 상태까지 파악할 만큼 음악에 대한 뛰어난 실력과 자신감에서 나온 것이다. 메타의 일화가 감동적으로 다가오는 것은 그가 '최고'이기 때문이다. 만약 메타가 평범한 지휘자였다면 그의 배려는 빛이 바랬을 것이다. 주변 사람들과 끊임없이 마찰을 일으키던 토스카니니가 그저 독단적이기만 했다면 그는 지휘자는커녕 사회생활도 제대로 하기 힘들었을 것이다. 항상 단원들이 연습하는 것 이상의 노력과 실력을 보여 주었기에 사람들은 그에게 불만을 품긴 했어도 그의 리더십 자체를 의심하지 않았다. 카라얀의 단원들에 대한 믿음, 번스타인의 교감 또한 메타처럼 본인들이 주변을 모두 장악할 만큼 최고의 실력을 갖추었기에 가능한 것이었다. 무티 또한 지휘자로서 최고였기에 불명예스러운 일을 겪었어도 이를 극복하고 다시 세계 최고가 될 수 있었다.

리더는 조직의 변화와 발전을 위해 구성원들에게 끊임없이 비전을 제시하고, 때로는 변화에 필요한 능력까지 요구한다. 그러나 리더 스스로 실력과 비전을 갖추고 있지 못하면 그 리더십은 구호에 그치고 만다. 진정한 리더십은 구성원들에게 요구하는 것 이상의 능력을 보여 주는 것이다.

30대에
성공한 리더가
40대에
실패하는 이유

백기복
국민대 경영학부 교수

휴스턴 대 대학원에서 경영학 박사 학위를 받았다. 졸업 후 미국 버지니아 주 주립대 제임스 매디슨 대에서 경영학과 조교수를 지냈고. 현재는 국민대 경영대학 경영학부 교수로 재직 중이다.

국민대 교수회장, 한미경영학자협의회의 공동 의장, 한국윤리경영학회 회장, 한국인사조직학회 회장, 리더십학회 회장을 역임했다. 현재 국민대 생활협동조합 이사장, 대한리더십학회의 리더십연구 편집 위원장을 맡고 있다.

《대왕 세종》, 《사례로 배우는 리더십》, 《조직행동연구》, 《리더십리뷰》, 《리더십의 이해》(공저), 《박태준 사상, 미래를 열다》(공저) 등의 책을 썼고, 〈한국형리더십〉, 〈한국경영학계 리더십연구 30년 : 문헌검증 및 비판〉, 〈역사와 경영학의 만남〉, 〈박태준의 청암리더십〉 등 다수의 논문을 발표했다.

선택 받은 리더들이
실패하는 이유

2014년 한국경영자총협회에서 전국 219개 기업을 대상으로 신입 사원이 임원이 되는 비율과 기간을 조사했다. 그 결과 신입 사원 1000명 중 7.4명만 임원으로 승진할 수 있고, 임원이 되기까지 평균 22년이 소요되는 것으로 나타났다. 업종별로 차이는 있겠지만, 임원으로 승진하는 사람들은 30대에 회사에서 능력을 인정받은 경우가 많다. 그런데 1000명 중 선택받은 7.4명은 왜 임원이 되었을 때 기대만큼의 능력을 발휘하지 못하는 경우가 많을까? 팀장 때 잘나가던 사람이 왜 임원이 되면서 성과가 지지부진한 경우가 많을까? 30대에 성공한 리더가 왜 40~50대가 되면 존재도 없이 사라질까? 30년간 리더십을 연구한 백기복 국민대 경영학부 교수는 이렇게 말했다.

"준비를 안 했기 때문입니다."

백 교수는 삼성 사장단을 대상으로 한 '미래형 리더의 조건'이란 강의에서 "많은 사람이 리더십이 무엇인지 다 아는 것처럼 말하지만 실제 리더십을 발휘해야 할 때는 자기 성격대로 일을 수행하는 경우가 많다"고 지적했다.

"체계적이고 과학적으로 접근해야 효과적으로 리더십을 발휘할 수 있습니다. 노력이 필요합니다."

0.1%에 속하는 귀한 존재 리더, 현실에선 부정적 인식이 더 커

우리나라 리더의 수는 전체 인구의 0.1%인 5만 명이다. 대통령, 장관, 청장, 교장, 삼성전자 임원 등이 모두 포함된 수치다. 이들이 우리나라 사회를 이끌어 간다. 전 세계적으로 따져 봐도 리더는 약 0.1%다. 0.1%는 귀한 물건처럼 값비싼 존재다.

하지만 실상은 어떨까. KBS(1348명)·포스코(2000명) 설문 조사와 대기업 그룹사 경영층 개인별 리더십(3000명)을 분석한 결과, 우리나라 리더들은 기대에 크게 부응하고 있지 못했다. '평소 우리 사회에서 가장 많이 보고 들은 리더는 어떤 유형인가'라는 질문에 '자기만 좋다며 떼쓰는 리더'가 가장 많이 뽑혔다. 그다음은 '자신의 잘못은 다른 사람에게 전가하는 리더', '목표를 제시하고 밀어붙이는 리더'다. 모두 부정적이다.

백기복 교수는 한국의 성장과 발전을 일궈 낸 리더의 성향을 하면 된다는 '자기 긍정', 해야 한다는 '성취 열정', 나를 따르라는 '솔선수범', 상사를 모시는 '상향 적응', 모나지 않고 둥근 '수평 조화', 끌어 주고 밀어 주는 '하향 온정', 글로벌 기업으로 만드는 '미래 비전', 최신 유행에 민감하게 대처하는 '환경 변화' 등 여덟 가지로 정리했다.

"한국 리더들은 목표 달성, 윗사람과의 관계, 변화 대응은 잘합니다. 하지만 부하 직원들을 위하고 보호해 주는 행동이나 미래 비전을 제시해 이끌어 가는 기술은 상대적으로 취약합니다."

리더십을 연구할 때 많이 거론되는 사람이 대통령이다. 최상위층 리더이기 때문이다. 우리나라 역대 대통령의 리더십이 얼마나 효과적이었는가 하는 질문에 가장 높은 점수를 받은 인물은 박정희 전 대통령이었다. 노무현 전 대통령, 김대중 전 대통령이 그 뒤를 이었다. 이명박 전 대통령은 가장 낮은 점수를 받았다.

리더십을 결정하는 요소로 권력 욕구, 성취 욕구, 친화 욕구를 들 수 있다. 권력 욕구는 개인이 어떤 집단이나 상황에 개입해서 일을 자신이 원하는 방향으로 끌고 가고자 하는 욕구를 일컫는다. 또 성취 욕구는 특정한 과제를 해결하거나 어떤 아이디어를 고안하고 조정해서 목표에 되도록 빠르게 도달하려는 욕구를 의미한다. 마지막으로 친화 욕구는 타인과 긍정적인 관계를 맺고 유지하려는 것으로, 다른 사람이 자신을 한 인간으로 인정해 주기를 바라는 욕구를 뜻한다.

정치인은 성취 욕구가 높으면 실패하는 경우가 많은 반면, 권력 욕구가 높으면 좋은 평가를 얻는다. 기업인은 반대다. 성취 욕구가 높으면 호평을 받고 인정받지만, 권력 욕구가 높을 경우 좋지 않은 평가를 받는다. 기업에서 성공한 사람들이 정치인이 되면 실패할 가능성이 큰 이유다. 리처드 닉슨 전 미국 대통령과 이명박 전 대통령은 성취 욕구가 높았다고 평가받는다.

권력 욕구를 구성하는 것 가운데 하나가 반대편 사람도 자기편으로 만들려고 하는 욕구인데, 미국 전 레이건 대통령이 여기에 해당한다. 실제로 레이건은 자기를 비판하는 사람들에게 전화하는 데 주저함이 없었고, 전화로 많은 시간을 보냈다고 한다. 이러다 보니 반대편에 있던 사람도 마음을 열었다고 한다. 우리나라 역대 대통령 중에서는 권력 욕구가 두드러지게 나타나는 사람을 찾기 어렵다. 대통령을 제외하고 권력 욕구가 많은 사람으로는 쌍용그룹 창업주 고 김성곤 회장과 김종필 전 국무총리를 꼽을 수 있다.

친화 욕구가 높으면 좋은 점도 있지만 그로 인해 불미스러운 일에 휘말리는 경우가 생기기도 한다. 빌 클린턴 전 미국 대통령이 여기에 해당한다. 우리나라에선 노무현 전 대통령이 친화력이 높았다. 박근혜 대통령의 경우 취임사를 보면 성취 욕구는 높은 편이지만, 친화 욕구는 낮은 편이다. 권력 욕구는 보통이다.

백기복 교수는 이 세 가지를 모두 갖춘 사람이 있다고 한다.

"셋 다 높게 나온 사람은 바로 세종 대왕입니다. 그야말로 완벽한 리더로, 따라갈 사람이 없습니다."

눈앞 문제에 급급하기보다 균형을 찾아야

리더에게 중요한 것은 균형이다. 전략적 안목, 변화 주도 역량, 인간관계 능력, 과업에 대한 도전, 참여를 이끌어 내는 능력, 글로벌 리더십의 균형이 잘 맞아야 한다. 하지만 현실에서 대부분의 리더는 과업에 대한 도전에만 집중하고 나머지를 무시하는 경향이 있다.

"균형이 잘 잡힌 리더와 그렇지 않은 리더의 성과는 66% 차이가 난다고 합니다. 기업 CEO나 오너에게 자문을 해 줄 때 보면 문제는 대부분의 리더가 당장 눈앞의 문제만 생각하는 '문제 해결형'이라는 데 있습니다. 비전을 가져야 하는데 임기 내 성과를 내는 것에만 신경을 씁니다. 균형을 맞추는 연습이 필요하지요."

백 교수는 잘못된 리더 유형으로 A 제약 회사 공장장의 사례를 소개했다. A 제약 회사 공장장은 직원들이 모여 있다고 하면 어디든 달려가 술을 주고받는다. 술로 부하들을 다스리는 것이다. 뿐만 아니라 500명이 넘는 공장 직원들의 가정사를 일일이 챙긴다. 잇몸이 다 무너지는 병에 걸려 약을 먹으면서도 술자리에는 빠져 본 적이 없다. 전날 아무리 많이 마셔도 아침 6시면 반드시 출근해 공장을 돌아보고 운동까지 한 다음 업무를 시작한다. 백 교수는 A 제약 회사 공장장 같은 리더는 이 시대에 맞지 않는다고 평가했다.

"전형적인 잘못된 한국형 리더예요. 부하들과 형, 동생 하며 가족같이 지내자고 강조하면서 노사 관계 문제를 철저히 봉쇄하는 스타일입니다. 서로 정을 나눌 수는 있지만, 생각이 다른 500명이 모인 집단에서는 어떻게든 문제가 발생할 수밖에 없습니다. 중요한 것은 발생한 문제를 적절하게 해결하는 일인데, 부하 직원들이 문제를 제기하려고 하면 그동안의 정을 내세우면서 말을 못하게 하는 비합리적인 구조를 만든 것이지요. 이 사람이 그만두면 후임자가 고생을 합니다. 이 공장장같이 할 사람이 없기 때문입니다."

부하 직원들은 통제와 감시의 대상이며 확실한 징벌로 다스려야 한다고 믿는 B 전무 같은 경우도 한국형 리더에게서 흔히 나타나는 사례다. B 전무는 맡은 업무마다 눈부시게 좋은 성과를 낸다. 그래서 사장은 문제가 있을 때마다 B 전무를 파견해 문제를 해결한다. B 전무는 부하 직원들을 몰아세우는 스타일이다. 일을 못하는 부하 직원에게는 온갖 욕설과 협박을 퍼붓는다. 마음에 들지 않는 부하 직원들은 다른 사업부로 보내거나 사표를 내게 한다. 견디다 못한 직원들이 사장에게 탄원을 해도 사장은 B 전무의 문제 해결 능력이 필요하기 때문에 그를 계속 이용한다.

"단기적으로는 성과를 낼 수 있을 것입니다. 그러나 아무리 좋은 성과를 내도 이것은 바람직하지 않습니다. 결국 능력 있는 사람들은 모두 그 회사를 떠날 것입니다."

이처럼 한국의 리더들은 목표를 달성하기 위해 모든 것을 동원한다. A 공장장처럼 자기 자신을 과감히 희생하기도 하고 B 전무처럼 무리하게 몰아붙이기도 한다. 하지만 훌륭한 리더는 목표 중심으로 몰아붙이는 한 가지 행동만 보이는 것이 아니라 여러 가지 복합적 행동을 보여야 한다. 특히 조직원들로 하여금 목표에 집중하고 업무에 몰입해 지속적인 성과를 내게 하려면 배려하고 아끼고 위하는 등 인간 중심적 행동이 바탕이 되어야 한다. 리더십 실패의 80%는 인간관계 능력의 부족에서 발생하는 것으로 많은 연구에서 밝혀졌다.

리더는
사람을 버리지 않는다

먼저, 리더십의 출발은 사람을 선발하고 적절히 배치하는 인사 능력에서 출발한다. 직급이 낮을 때는 당장의 성과가 중요하고 같이 일하는 사람이 적기 때문에 사람을 보는 능력을 키우는 데 소홀한 경우가 많다. 그런 상태에서 임원이나 고위직으로 올라갔을 경우 문제가 발생한다. 사람을 보는 안목이 부족하면 높은 직위에 오르는 과정에서 도움을 받은 이들에게 보답을 해야겠다는 생각, 구성원의 능력을 객관적으로 보는 시각 등이 부족하기 때문에 당장 눈에 보이는 지표인 출신 지역과 출신 학교를 보면서 판단하게 된다.

두 번째는 과업과 배려의 균형을 맞추는 것이다. 리더의 특성상 단기적 목표를 달성하지 못하면 자리를 보전하기 힘들다는 생각 때문에 단기적 성과에 집착하고 목표 달성만을 강조하게 된다. 그러나 진정 효과적인 리더십을 발휘하려면 남다른 배려 행위를 보여 주어야 한다. 단순히 잘해 주는 것이 아니라 자기만의 독특한 배려 방식을 가져야 한다. 팀원의 직무와 관련 있는 신간 도서를 선물하거나 연말에 구성원들을 대형마켓에 데리고 가서 사고 싶은 물건을 사 주는 학원장이 대표적인 예이다. 이처럼 기억에 남는 독특한 배려는 좋은 이미지를 강화한다.

세 번째는 열정을 관리하는 것이다. 직급이 낮을 때는 열정이 곧 성과로 이어지는 경우가 많아서 크게 문제가 되지 않는다. 그러나 직급이 높아지면 리더의 태도나 마음가짐이 조직에 미치는 영향이 커진다. 그래서 생각지도 못한 결과에 맞닥뜨리는 경우가 많다. 따라서 자신의 열정이 합리적이고 정당한 과정을 거쳐 표출되도록 스스로를 항상 되돌아보아야

한다. 높은 직급으로 갈수록 자신의 열정이 예측하지 못한 부작용을 가져
오고 있지 않은지 항상 점검해야 한다.

마지막으로, 공동선을 추구해야 한다. 사람들은 자신이 주도적으로 참
여할 때 재미를 느끼며 일에 집중하게 되고 성과도 좋아지게 마련이다.
그러나 리더가 자신의 이익을 앞세우면 이런 업무 집중을 이끌어 낼 수
없다. 특히 '나는 이끈다, 너는 따라와라' 식의 태도는 매우 위험하다. 직
급이 낮을 때는 자신의 업적에 대한 어필이 중요하지만, 직급이 높아지면
나보다는 우리의 이익과 우리의 발전을 강조해야 한다.

▌비전이
▌없는 것이 문제다

"리더로서 중요한 것은 성공하는 것보다 실패하지 않는 것입니다. 부하
직원들에게 잘해 주는 것이 전부가 아니라는 것이죠. 이건희 삼성 회장,
고 정주영 현대 회장, 고 이병철 삼성 회장이 이를 잘합니다. 이재용 삼성
전자 부회장은 화합적인 형, 이부진 사장은 과업적인 스타일입니다. 완벽
한 리더가 되기는 어렵습니다. 얼마나 노력하느냐의 문제입니다."

조직은 달성해야 하는 목표가 있고, 그 목표를 위해 존재한다. 구성원
들이 성과를 낼 수 있게 잘해 주는 것도 중요하지만, 잘해 주고 부드러운
것만이 능사가 아니다. 리더는 잘해 주려는 노력을 하되 긴장감을 불어넣
어 주는 것도 놓치지 말아야 한다. 칭찬을 하기보다는 현재 상황에 불만
을 가져야 한다. 그리고 그 불만을 해소할 수 있는 대안으로 더 큰 미래를
제시해야 한다.

더 공부하고 싶을 때 읽어 볼 만한 책들

1. 성취형 리더의 7가지 행동 법칙

백기복 지음 | 이지북 | 2006

정주영, 이병철, 박태준 등 수년간 만난 CEO들과의 인터뷰와 수많은 사례 분석을 통해 얻은 리더들의 성공 핵심 기술 7가지를 소개했다. 새로운 리더십의 개념부터 성공 노하우까지 알기 쉽게 풀어 놓았다.

2. 대왕 세종

백기복 지음 | 크레듀하우 | 2007

최고의 리더로서 세종 대왕의 모습을 조명한 책. 《세종실록》, 《연려실기술》의 내용을 토대로 세종의 리더십, 인재관에서부터 인간적인 모습까지 담아 냈다.

3. 박태준 사상, 미래를 열다

송복 외 지음 | 아시아 | 2012

포항제철을 창업해 25년이란 짧은 기간에 세계 3위의 철강업체로 키운 대한민국 철강왕 포스코 명예회장 박태준의 인생과 사상을 연구한 책이다.

4. 말하지 말고 대화를 하라

백기복 지음 | 위즈덤하우스 | 2011

인간관계의 효율적인 소통 방식을 소개한 책. 소통의 문제를 기술적 문제로 생각하는 기존의 관점에서 벗어나 소통 지수(Communication Quotient)를 제시했다. 소통 지수를 구성하는 요소들을 분석해서 원활하게 소통할 수 있는 방법을 알려 준다.

퍼스트 클래스 CEO와 일반 CEO는 무엇이 다른가

고려대 심리학과 교수

고려대 심리학과에서 임상심리학으로 박사 학위를 받았으며, 삼성서울병원 정신과에서 임상 심리 레지던트 수련을 받았다. 세계 최초로 '감성 지능(EQ)'의 개념을 이론화한 예일 대 심리학과의 피터 샐로베이 교수 지도 아래 박사 후 연구원으로 정서 지능에 관한 연구를 수행하였다. 고려대 심리학과 교수로 부임한 후 고려대 학생상담센터장, 한국건강심리학회와 한국임상심리학회 학술 이사, 한국심리학회 총무 이사, 그리고 한국임상심리학회 부회장 등을 역임하였다. 현재 고려대 심리학과 학과장으로 재직 중이다. 고려대의 대표적인 강의 상 세 가지(고려대 학부 석탑강의상, 교육대학원 명강의상, 그리고 평생교육원 우수강의상)를 모두 수상했으며, 중앙공무원교육원, 지방행정연수원, 서울특별시 교육연수원 그리고 주요 대기업의 다양한 심리학 교육 프로그램에서 강사로 활약 중이다. 삼성서울병원과 멘탈휘트니스 연구소가 공동으로 추진한 '삼성-멘탈휘트니스 CEO 프로그램'의 연구 개발자이기도 하다. '삼성-멘탈휘트니스 CEO 프로그램'은 그랜트 스터디를 통해 성공적인 삶을 산 것으로 공인받은 사람들과 우리나라의 CEO들을 비교해 볼 수 있는 기회를 제공해 주는 '퍼스트 클래스 CEO(First Classs CEO)'를 위한 심리학적인 프로그램이다. 한국의 대표적인 경영 전문지인 《동아 비즈니스 리뷰(DBR)》와 한국의 대표적인 경제 신문인 〈매일경제신문〉에 심리학 칼럼을 연재 중이다. 주요 저서로는 《심리학적인 연금술》(공저), 《멘탈휘트니스 긍정심리 프로그램》(공저) 등이 있으며, 역서로는 《행복의 지도 : 하버드 성인발달 연구가 주는 선물》(공역)이 있다.

메타 인지란
무엇인가

세상에는 수많은 CEO가 있다. 하지만 CEO라고 다 같은 CEO가 아니다. 고영건 고려대 심리학과 교수는 2013년 6월 삼성 수요 사장단 강연에서 '생각을 달리하는 능력, 메타 인지(Meta Cognition)'를 주제로 강연을 했다. 그는 퍼스트 클래스 CEO가 되기 위해서는 좀 더 특별한 재능, 바로 '행복 메타 인지'가 필요하다고 말했다.

"경기가 좋을 땐 일류 CEO와 평범한 CEO의 차이가 드러나지 않습니다. 하지만 위기가 닥치면 차이가 나타납니다. 리더가 행복 메타 인지를 어떻게 관리하는지가 중요하죠."

메타 인지는 자신의 생각을 관리할 수 있는 능력을 뜻한다. 일류 CEO에게는 행복이 따라오도록 자신의 생각을 관리하는 능력이 있다는 것이 그의 이론이다.

일류 CEO는 분노 때문에
충동적 행동을 하지 않는다

"행복 메타 인지는 훈련을 통해 생길 수 있습니다. 일반 CEO와 퍼스트 클래스 CEO는 실적뿐만 아니라 생활 전체에서 차이가 납니다."

고 교수는 조직의 발전을 위해서는 CEO 본인도 행복해야겠지만, 조직의 구성원들도 행복을 느껴야 한다고 말했다. 따라서 리더는 자신이 행복해질 수 있는 능력과 남들을 행복하게 만드는 능력을 모두 갖추고 있어야 한다는 게 그의 논리다. 대부분의 사람들은 생각을 관리할 수 있다는 사실 자체를 깨닫지 못하고 있다. 그는 사람의 마음을 움직이려면 행복 메타 인지와 낙관성이 중요하다고 강조했다.

강연을 시작하기 전에 고 교수는 간단한 심리 검사를 진행했다. 다음 테스트를 해 본 후 글을 읽으면 자신의 성향이나 몰랐던 자기 마음을 알 수 있게 된다.

1. A4 용지를 가로 방향으로 준비한다.
2. 남자는 세모로 표시하고 여자는 네모로 표시한다.
3. 백지에 나를 나타내는 세모(남자) 혹은 네모(여자)를 그린다.
4. 3번까지 한 다음, 제한 시간 3분 동안 머릿속에 떠오르는 사람을 모두 종이에 그린다.
5. 3분이 지난 후 각각의 세모와 네모가 누구인지를 꼼꼼하게 적는다.

다소 간단해 보이는 이 심리 검사는 내가 다른 사람들을 어떻게 생각하는지 그림 형태로 보여 주는 대인 관계 기술 검사다. 주로 조직 구성원들의 심리 상태를 진단하는 데 쓰이는데, 이를 통해 구성원들은 자신의 문제점이 무엇인지를 깨닫고 현실을 알게 된다. 이 검사는 조직을 더욱 생산적이고 건강한 모습으로 바꾸는 데 활용된다.

3분 동안 이 그림에 담긴 사람은 좋든 싫든 특별한 의미가 있는 사람이다. 같은 3분 동안 100명을 그리는 사람이 있는 반면, 가족 4~5명만 그리는 사람도 있다. 100명을 그린 사람과 5명을 그린 사람의 리더십은 전혀 다르다는 것을 짐작할 수 있다. 예를 들어 100명의 부하 직원을 포함해 여러 명을 그림에 담아 낸 사람은 4~5명을 그린 사람보다 폭넓은 인간관계를 추구하는 스타일로 해석할 수 있다. 얼핏 보면 100명을 그린 사람이 4~5명을 그린 사람보다 더 뛰어난 리더십을 지닌 것처럼 생각된다. 그러나 고 교수는 아니라고 딱 잘라 말했다.

"많은 사람을 그리는 편이 좋아 보이겠지만, 어느 쪽이 더 좋다고는 할 수 없어요. 예를 들어 투자의 귀재 워런 버핏은 소수의 사람들과 깊은 인간관계를 맺는 유형입니다."

한편, 세모와 네모의 크기는 그것이 상징하는 사람의 중요도를 말한다. 이 검사는 부부가 함께 해 보는 것도 의미가 있다. 부부가 함께 할 때 자신과 배우자를 상징하는 네모와 세모를 겹쳐 그리는 사람이 있는 반면, 떨어뜨려 놓는 사람도 있는데, 그림에서 거리는 상대와 나의 심리적 거리를 의미한다. 겹친 것과 거리가 있는 것은 성향의 차이다. 고 교수는 이 경우에도 어떤 것이 좋다기보다는 부부가 각자 그린 그림이 얼마나 비슷한지가 중요하고 했다. 예를 들어 나는 평소에 배우자를 존중해서 자율성을 부여한다고 생각해 네모와 세모를 떨어뜨려 그렸는데, 정작 상대는 겹치게 그렸다면 문제라는 것이다. 이는 상대방이 실제로는 존중받고 있지 못하다고 느끼고 자율적으로 활동할 수 없다고 생각하는 것이라 해석하면 된다는 것이다. 직장에서는 상사와 부하가 서로를 어떻게 생각하는지 파악할 수 있다.

"보통 CEO는 부하 직원을 자기 아래 가까운 곳에 그립니다. 하지만 부하 직원이 그린 그림에는 CEO가 아예 등장하지 않거나 멀리 있는 경우가 많죠. 부하 직원 입장에서는 CEO가 함께 있을 때 행복한 경우가 거의 없다는 의미입니다. CEO는 부하 직원을 그림에 잔뜩 그렸는데, 부하 직원들은 아무도 CEO를 그리지 않았다면 서로가 같은 공간에서 일은 하지만 조직의 목표에 대한 공유가 전혀 이루어지지 않는 것입니다. 그리고 부하 직원은 조직에 헌신하려고 하지 않겠죠. 당연히 그런 조직은 위기 상황에 취약할 수밖에 없습니다."

선을 어떻게 그렸느냐에 따라 두 가지 유형으로 나눌 수도 있다. 비뚤 비뚤 그리는 사람이 있는가 하면, 자로 재서 그린 것같이 깔끔하게 그리 는 사람도 있다. 고 교수는 삼성처럼 질서 정연하고 조직적인 행동을 강 조하는 회사에서는 주로 자로 잰 것처럼 그리는 유형이 많다고 한다. 그 렇지만 삼성은 삼성전자, 삼성생명보험, 삼성중공업 등 다양한 업종의 계 열사를 보유하고 있다. 업종이 다른 만큼 요구되는 가치도 다르고 실제로 조직의 분위기도 다르다. 그래서 삼성전자 리더하고 삼성생명 리더하고 는 그리는 양상이 다르게 나타날 수 있다.

부부를 대상으로 한 검사처럼 조직원들을 대상으로 한 검사에서도 서 로의 그림이 얼마나 비슷한지, 즉 '코드가 맞는가'가 중요하다. 고 교수는 만약 코드가 맞지 않으면 타협점을 찾든가 아니면 조직을 재배치해야 한 다고 주장했다. 그렇지 않으면 불화가 끊이지 않기 때문이다.

"소비자가 행복하려면 리더가 직원과 함께 행복해야 합니다. 리더가 불행하다고 여기고 직원들이 불행하다고 느끼는데 소비자를 행복하게 할 수 있는 아이디어가 과연 나올까요. 그래서 리더에게 스스로 행복하다 고 느끼고 구성원들을 행복하게 만들 수 있는 행복 메타 인지 능력이 필 요합니다."

고 교수는 행복 메타 인지에 필요한 요소로 '낙관성'을 꼽았다. 다만 우 리가 생각하는 형태의 낙관성이 아닌 진정한 낙관성이다.

"하면 된다고 생각하는 것과는 차원이 다릅니다. 메타 인지가 중요합니다. 낙관적인 사람은 생각뿐만 아니라 그 생각을 현실화하고 행복한 일이 일어나게끔 스스로 행동하죠."

대다수의 사람은 스스로에 대해 비관적인 성격인지 낙관적인 성격인지를 말하라고 하면 대부분 낙관적이라고 답한다고 한다. 하지만 100명이 모인 자리에서 낙관성 검사를 하면 스스로를 낙관적이라고 말한 약 80명 중 진짜 낙관적이라고 나오는 사람은 약 10%밖에 안 된다.

진짜 낙관적인 사람은 단순히 생각뿐만이 아니라 행동에서부터 다른 사람들과 차이를 보인다. 예를 들어 선물을 받는 상황을 생각해 보자. 보통 사람들은 선물을 받을 때 단순히 '고마워'라는 반응을 보인다. 그러나 낙관적인 사람은 다음에 선물을 또 줄 수밖에 없게 반응한다. 매우 기쁜 표정을 짓고 크게 기뻐해 다음번에 비슷한 선물을 줄 수밖에 없게 하는 것이다.

"보통 낙관성 검사에서 80점을 받으면 낙관적인 성격이라고 봅니다. 그러나 낙관적인 CEO는 80점을 받아도 부족함을 느끼고 100점에 가까워지기 위해 노력합니다. 낙관성이 얼마나 소중한 가치인지 아는 것이죠. 하지만 비관적인 CEO는 본인이 비관적인지 모릅니다. 특별히 비관적이지 않으니 낙관적이라고 착각하는 것이죠. 평균이라는 것은 특별히 낙관적이지 않다는 이야기입니다. 보통 CEO 100명 중 80명은 비관적이라는 결과를 받죠."

고 교수는 비관적 CEO는 좀 더 낙관적으로 변화할 필요가 있다고 조언했다. 낙관성이 지나치면 안 좋다고 말하지만 이는 무모하고 비현실적인 기대를 낙관성과 혼동하는 데서 오는 생각이다. 그는 진정한 낙관성은 아무리 많아도 지나치지 않다고 강조했다.

낙관성은 때로 비즈니스의 성패를 좌우하기도 한다. 대표적인 사례는 여성들이 가장 선호하는 화장품 중 하나이자 흔히 '갈색병'이라 불리는 어드밴스드 나이트 리페어를 판매하는 화장품 회사 에스티 로더의 창업자 에스티 로더의 경우다. 에스티 로더 회사는 연 매출 100억 달러, 전 세계 150개 국가에 1만 8000개의 매장을 보유하고 있는 세계 10대 화장품 기업 중 하나이다.

에스티 로더는 1908년 미국 뉴욕에서 헝가리 이민자 출신의 부모에게서 태어났다. 로더의 어머니는 그녀를 낳기 전에 이미 전 남편과의 사이에서 다섯 아들과 딸 하나를 두고 있었다. 그리고 열 살 연하의 남자와 재혼한 상태였다. 나이 차이 때문에 항상 새 남편이 바람이 날까 두려워한 그녀는 나이 들어 보이는 것에 굉장히 민감했고, 조금이라도 어려 보이기 위해 하루 종일 자신을 가꾸는 데 시간을 보냈다. 아침에 일어나 눈을 뜨기 전부터 빗을 찾아 머리를 빗었고, 외출할 때는 햇볕에 노출되는 부위를 조금이라도 줄이고자 모나코의 왕비처럼 하얀 장갑을 끼고 골프 우산 크기만 한 검은 양산을 쓰고 다녔으며 언제나 짙은 화장을 했다. 외출시 그녀의 어머니는 항상 주목 대상이었다.

보통 사람들은 자신의 어머니가 과도하게 치장하고 길거리를 다니면서 사람들의 시선을 받는다면 부끄럽게 생각할 것이다. 그리고 그런 어머니와의 관계는 어린 시절의 콤플렉스로 남았을 수도 있다. 그러나 메타 인지 수준이 높은 사람은 부정적인 상황에서도 긍정적인 요소를 발견하고 성공으로 가는 실마리를 찾아낸다. 로더는 어머니의 모습을 부끄러워하는 대신에 어머니의 행동에 집중했다. 그녀는 어머니의 눈에 튀는 행동은 결국 예뻐지고 싶은 여성의 욕구에서 나온 것임을 깨달았다. 그리고 1946

년 사업을 시작하면서 어머니의 노하우를 화장품 사업에 접목시켰다. 로더는 어머니의 독특한 화장법 중에서 보통 사람들도 쉽게 따라 할 수 있는 것들을 골라 사람들 앞에서 시연 행사를 개최했다. 지금은 화장품 매장에서 고객들에게 화장 시연 행사를 하는 것이 일상적인 풍경이지만, 1950년대에는 아무도 생각하지 못한 마케팅 방식이었다. 로더는 남들의 시선을 끄는 유별난 어머니의 모습에서 성공의 실마리를 찾은 것이다.

고 교수는 '낙관성'과 함께 몰랐던 문제점을 파악하고 해결하는 훈련을 강조했다. 그는 간단한 예로 방 안의 코끼리 사례를 소개했다.

큰 강의실 안에 엄청 큰 코끼리와 여러 사람이 있다고 가정하자. 그런데 강의실이 매우 커서 코끼리가 있어도 활동하는 데 별로 불편하지 않다. 그러나 사람들은 불편하지만 않을 뿐 코끼리가 있다는 것은 인지한다. 하지만 코끼리가 강의실을 나가지 않고 계속 있는다면 상황은 바뀐다. 처음에는 코끼리가 강의실에 있는 것이 어쩔 수 없다고 생각해 가만히 있는다. 그러다 코끼리가 있다는 것에 익숙해진 후에는 별로 의미 없어 보이는 문제점이기 때문에 무시하는 단계가 된다. 마치 코끼리가 없는 듯 행동하는 것이다.

"퍼스트 클래스 CEO와 그냥 CEO의 차이는 방 안의 코끼리 문제를 드러내고 다뤄 나가는 방법을 아느냐 모르느냐의 차이입니다. 일반적인 CEO와 그의 조직은 이러한 형태의 문제를 발견하기 위한 노력을 하지 않습니다. 마치 아무런 문제도 없다는 착각에 빠지죠. 하지만 이 둘의 차이는 위기 상황에서 극명하게 나타납니다. 행복한 조직의 리더는 코끼리 문제를 드러내고 다루는 것처럼 구성원들의 숨구멍을 터 주는 역할을 합니다. 조직원은 리더가 숨구멍을 열어 주지 않으면 힘든 문제를 이야기하지 않죠. 리더가 명백히 보이는 문제를 기술적으로 다루는 것이 행복 메타 인지입니다."

한편 이날 강연에서는 삼성생명 임원이 경험하는 보험 회사의 고민에 대해서도 이야기를 나누었다.

보험 회사의 경우 영업 사원을 선발하면 대체로 우수한 인재가 뽑히는데, 입사 당시에는 회사에 뼈를 묻을 것처럼 하지만 3년이 지나면 80%가 나간다고 한다. 이건 보험 업계 영업 사원의 특징이다. 아무리 업의 특징이라고 하지만, 회사 입장에서는 교육에 투자했는데 직원이 나가는 것에 대해 고민할 수밖에 없다.

고 교수는 미국 메트라이프 생명 보험 사례를 소개했다. 메트라이프 생명 보험도 다른 보험 회사처럼 높은 퇴사율이 골칫거리였다. 매년 6만여 명의 지원자 중 심층 면접, 인성 검사, 집중 교육을 통해 약 5000명의 직원을 채용했는데 채용 과정에 드는 비용만 1인당 3만 달러였다. 그러나 채용된 사람들은 1년 이내 50%, 3년 안에 70~80%가 퇴사했다. 1982년 CEO였던 크리돈은 긍정 심리학의 창시자인 마틴 셀리그만 교수에게 이런 고충을 이야기했다. 셀리그만은 왜 이런 문제가 발생하는지 면밀히 관찰한 후 다음과 같이 말했다.

"아무리 뛰어난 영업 사원이라도 하루에 수차례씩 사람들한테 거절당합니다. 보험 사원으로 산다는 것은 하루를 시작할 때 이미 그 사원의 제안을 거절하는 사람들이 줄을 서 있는 것과 같은 거죠. 거절받는 상황이 지속되면 아무리 뛰어난 사람이라도 의욕이 안 생깁니다. 따라서 매일 고객을 만나고 수도 없이 거절당하더라도 좌절하지 않는 사람을 채용해야 합니다."

크리돈은 이 말에 동의했고, 높은 퇴사율을 해결할 방법을 찾기 위해 셀리그만에게 300만 달러의 비용을 투자해 새로운 채용 방식을 개발하도록 했다. 셀리그만은 낙관성 척도를 측정하는 검사를 개발했고 메트라이프는 이를 기존 채용 방식에 추가했다. 비교를 위해 회사가 원래 선발하던 기준으로 뽑은 사람들 1000명 외에 기준에는 도달하지 못했지만 낙관성 척도에서 높은 점수를 받은 129명을 추가로 채용했다. 시간이 지난 후 어떻게 됐을까. 기존의 채용 방식으로 뽑은 1000명 가운데 60%는 1년 만에 퇴사했지만, 129명은 1년이 지나도, 2년이 지나도 퇴사하지 않았다. 게다가 실적을 비교해 보니 129명이 1000명보다 실적이 27% 이상 더 높게 나왔다. 이 결과를 바탕으로 메트라이프는 능력이 아무리 뛰어나고 채용 기준 이상을 보여 주는 지원자가 있어도 낙관적이지 않은 사람은 채용하지 않았으며, 기준에 못 미쳐도 낙관성에서 좋은 점수를 받으면 직원으로 채용했다. 이후 메트라이프는 영업 사원들의 이직률이 감소했으며, 시장 점유율도 50% 성장할 수 있었다.

자신이 하는 일의 특성을 정확히 파악해야 한다는 것

강연 후 삼성생명 임원은 그렇다면 실제 채용 현장에서 활용할 수 있는 방법이 무엇이 있는지를 문의했다.

고 교수는 이렇게 답했다.

"낙관성 검사는 공개된 검사여서 사람들이 이를 이용할 수 있습니다. 이것을 채용 방식이나 조직 내에서 사용하기에는 무리입니다. 메트라이

프처럼 삼성생명만의 검사를 개발해야죠."

　고 교수는 무엇보다 자신이 하는 일, 조직에 대한 정확한 특성을 파악하는 것이 중요하다고 말했다. 에스티 로더가 성공할 수 있었던 것은 행복 메타 인지 덕분이지만, 만약에 화장품이 아닌 다른 곳에서 방법을 찾으려고 했다면 그녀의 성공은 어려웠을 것이다. 메트라이프가 낙관성 검사를 개발하고 채용 기준에 적용함으로써 이직률 감소와 시장 점유율 상승이라는 결과를 얻었지만, 보험 업계에서는 긍정적인 성격이 중요하기 때문에 이런 결과가 가능했던 것이다.

더 공부하고 싶을 때 읽어 볼 만한 책들

1. 마틴 셀리그만의 낙관성 학습

마틴 셀리그만 지음 | 우문식 · 최호영 옮김 | 물푸레 | 2012

세계적으로 저명한 긍정 심리학자 마틴 셀리그만은 30년 이상 낙관적인 사람들과 비관적인 사람들의 차이를 연구했다. 이 책에서 그는 학습된 무기력과 사건에 대한 귀인 양식의 문제를 중심으로 메타 인지가 삶에서 얼마나 중요한 역할을 할 수 있는지를 소개한다. 셀리그만은 긍정 심리학과 관계된 다양한 심리학 연구와 실제 사례들을 통해 바꿀 수 있는 것과 바꿀 수 없는 것의 차이를 지혜롭게 구분하는 방법을 제시한다.

2. 삶에 단비가 필요하다면

고영건 지음 | 박영북스 | 2012

대표적인 장기-종단 연구인 하버드 대의 그랜트 스터디(Grant Study)는 행복한 CEO와 불행한 CEO의 차이에 관해서 중요한 시사점을 준다. 비록 그랜트 스터디의 원래 목적이 CEO들의 특성을 연구하고자 했던 것은 아닐지라도, 그 연구 결과는 행복한 CEO와 불행한 CEO의 차이를 이해할 수 있는 안목을 선사해 준다. 행복한 CEO와 불행한 CEO를 가장 잘 구분해 줄 수 있는 심리적인 지표는 '적응 기제(Adaptive Mechanism)'에서의 차이이다. 적응 기제는 문제 상황에서 사람들이 스스로를 돌보기 위해 사용하는 심리학적인 대처 방법을 말한다. 행복한 CEO라고 해서 고통스러운 사건을 안 겪는 것은 아니다. 다만 불행한 CEO들의 삶에서 갖가지 스트레스는 '광기'의 형태로 발산되는 반면에 행복한 CEO들의 삶에서 스트레스는 '신의 은총'의 형태로 발현된다. 그렇기 때문에 행복한 CEO와 불행한 CEO의 차이는 일상적인 상황보다는 스트레스 상황 아래에서 훨씬 더 두드러지는 양상을 보인다. 이 책에서는 하버드 대의 그랜트 스터디에 기초해 다양한 역사적 인물들의 적응 기제를 분석한 결과 및 성숙한 적응 기제를 사용하는 데 도움을 주기 위한 심리학적인 조언을 제시한다.

3. 행복의 지도

조지 베일런트 지음 | 고영건 · 김진영 옮김 | 학지사 | 2013

1937년 미국 하버드 대에서는 전인미답의 기념비적인 심리학 연구가 시작됐다. 인간의 삶에 대한 과학적인 연구로서 그랜트 스터디는 매우 독특한 특징을 가지고 있다. 그것은 세계적인 명문대 하버드 대 학생들 중에서도 가장 우수하다고 생각되는 학생들을 선발한 다음에 그들의 실제 삶을 70년 이상 추적 조사했다는 점이다. 사람들은 흔히 인생에서 성공한 사람들의 성공 비결로 높은 지능, 사교적인 성격, 부유한 가정, 뛰어난 외모 등을 지목하는 경향이 있다. 그래서 사람들은 머리가 좋고 사교적이며 외모가 출중한 부유한 명문가 자제가 성공한다면, 그것은 당연한 일이고 만에 하나 실패한다면 그것은 그 자체로서 신문 기삿거리가 될 만한 아주 예외적인 사건이라고 생각한다. 하지만 놀랍게도 하버드 대의 그랜트 스터디 결과는 그러한 믿음이 사실이 아니며 성공적인 삶을 살기 위해서는 그보다 훨씬 더 중요한 요소가 있음을 보여 주고 있다.

살아 있다는 것은
아직 실패하지
않았다는 것이다

엄홍길
대장

1988년 에베레스트(8850미터)를 시작으로 세계에서 여덟 번째로 초오유(8201미터), 시샤팡마(8027미터), 마칼루(8463미터), 브로드피크(8047미터) 등 지구상에서 해발 8000미터가 넘는 14개 봉우리를 모두 올랐으며, 14좌 외에 8000미터가 넘으면서도 주봉과 산줄기가 같아 위성봉으로 분류되는 얄룽캉(8505미터)과 로체샤르(8400미터)를 각각 2004년과 2007년 등정에 성공하면서 세계 최초로 히말라야 8000미터급 16좌를 완등한 사람이 되었다. 에베레스트 등정 성공으로 사람들에게 귀감이 되고 체육계의 발전에 대한 공로를 인정받아 1989년에 국가에서 수여하는 체육훈장인 거상장, 1996년에는 맹호장, 2001년에는 체육인이 받을 수 있는 가장 최고의 훈장인 청룡장을 수상했다. 1996년 올해의 산악인상, 2000년에는 한국유네스코서울협회에서 올해의 인물로 선정, 2012년에는 동아일보 '10년 뒤 한국을 빛낼 100인'에 선정되기도 했다. 또한 소방방재청 국민안전정책 자문 위원, 국민생활체육회 이사, 대한산악연맹 자문 위원 등 활발한 대외 활동을 하고 있다. 특히 2008년 엄홍길휴먼재단을 설립해 현재 재단 상임 이사로 활동 중이다. 이 재단 활동으로 그는 네팔 오지 마을에 학교 16개 건립을 추진하고 있으며, 네팔 외에도 여러 개발 도상국을 대상으로 교육 및 의료 지원 사업, 환경 보호 활동을 하고 있다. 대표 저서로는 《8000미터의 희망과 고독》, 《내 가슴에 묻은 별》, 《꿈을 향해 거침없이 도전하라》, 《불멸의 도전》, 《오직 희망만을 말하라》 등이 있다.

살아 있다는 것은
끊임없이 도전한다는 것이다

엄홍길 대장과 산은 떼려야 뗄 수 없는 사이이다. 그는 경남 고성에서 태어났으나 세 살 때 부모님이 원도봉산 산골짜기에 집을 지어 이사를 했다. 어머니는 등산객을 상대로 음식 파는 일을 했다. 집은 차가 다니는 길과 멀리 떨어져 있었다. 차에서 내린 뒤 생필품을 이고 지고 20분 걸어야 집에 갈 수 있었다. 등하굣길이 그냥 등산길이었다. 산 아래에 사는 또래 아이들은 숨바꼭질이나 공차기 놀이를 하며 지냈는데 엄 대장은 집이 산자락에 있었기 때문에 어쩔 수 없이 산을 놀이터 삼아 뛰어다녀야 했다. 운동이 따로 필요 없었다. 하체 근육과 균형 감각 등 자연스럽게 몸이 등산에 가장 적합한 형태로 발달했다. 그러나 어린 시절 마음대로 놀지도 못하는 처지가 싫어서 부모님을 많이 원망했다고 한다.

그런데 중학교 2학년 때부터 산을 바라보는 시각이 달라졌다. 힘들기만 하던 산길이 언젠가부터 정겹고, 온몸이 땀에 범벅이 되고 녹초가 되어도 기분이 좋아진 것이다. 게다가 부모님이 등산객을 상대로 장사를 했기 때문에 집 근처 암벽을 찾아온 등반가들과 자연스럽게 친해졌다. 이때 등산 장비 사용법도 배웠다고 한다.

"암벽 등반하는 모습이 신기하고 좋았어요."

어린 시절부터 산에서 살았기 때문에 등산에 최적화된 몸이었던 엄 대장은 남들보다 빠른 속도로 암벽 타는 실력을 쌓았다. 남들이 1에서 시작할 때 엄 대장은 50에서 시작한 셈이었다.

"그때부터는 부모님과 산에 감사하는 마음을 지니게 되었습니다. 사람에게는 생활 환경이 중요하더군요."

도봉산을 아장아장 걷던 아기 엄홍길은 이후 지리산, 한라산, 설악산 능선 위를 달리기 시작했다. 어느 순간 국내에 있는 1000미터대 산에 오르는 것으로 만족할 수가 없었다. 우리나라에서 오를 수 있는 산은 다 오르자 산이 시시해지기 시작했다. 고등학교를 졸업할 때에는 자신감이 절정에 달했고 어디든 도전하고 싶은 마음이 차올랐다고 한다.

군대도 그냥 다녀오지 않았다. 산 다음 바다에 도전해야겠다고 생각해 해군을 지원했다. 갑판병 보직을 받았다가 배를 타면서 취사병 일을 하게 되었는데 적성에 맞지 않았다. 결국 해군 특수 부대 UDT(Underwater Demolition Team)에 자원했다. 훈련은 소문 이상으로 혹독했다. 보호 장비 없이 맨몸으로 바다에서 3.6킬로미터 수영을 해야 했고, 오리발 수영은 그 두 배인 7.2킬로미터를 했다. 턱걸이는 40개 이상, 구보는 40킬로미터 이상을 기본으로 해야 했다. 참고로 대한민국 남성의 평균 턱걸이 개수는 3개다.

"5개월간의 UDT 훈련은 상상 그 이상이었어요. 훈련도 훈련이지만 '지옥주'가 가장 기억에 납니다. 일주일 동안 잠을 한숨도 못 자고 고무보트 조정 훈련, 갯벌 훈련, 구보를 했습니다. 인간의 한계를 경험했지요. 하지만 더 큰 산에 도전하기 위해 이겨 내야 한다고 생각하고 버텼습니다."

군 생활을 끝냈을 때 그는 땅도 바다도 두려울 것이 없었다.

중간에 주저앉았으면 오늘날 엄홍길은 없다

1984년 제대 후 그는 세상에서 가장 높고 험한 히말라야를 바라보기 시작했다. 그리고 1985년 세계 최고봉인 히말라야 에베레스트(8850미터)에 첫발을 내디뎠다. 지금은 여러 단체의 후원을 얻을 수 있는 길이 많지만 당시는 해외여행조차 마음대로 다니기 어려운 시절이었다. 후원은커녕 예산 부족으로 출발부터 힘들었다. 장비가 부족한 데다 가지고 있는 것도 낡은 것이어서 현지 장비 판매점에서 외국인들이 팔고 간 중고 장비를 샀고, 등반하는 데 꼭 필요한 셰르파도 최소로 쓸 수밖에 없었다. 게다가 추운 겨울에 산을 오르게 되었는데, 다운재킷을 입고 차라도 한잔하려고 하면 곧바로 살얼음이 되어 버리는 환경이 엄 대장에게 공포로 다가왔다. 결국 첫 도전은 실패로 끝났다.

다음 해인 1986년 만반의 준비를 하고 두 번째 도전에 나섰다. 그러나 등반 도중 7000미터 지점 절벽에서 술딤 도르지 셰르파가 추락사로 세상을 뜨고 말았다. 엄 대장의 부탁으로 산소통과 식량을 가지고 올라오던 중 사고를 당한 것이다. 엄 대장은 등반을 포기하고 내려올 수밖에 없었다. 두 번째 실패이기도 했고, 죄책감에 무척 힘들었다고 한다. 술딤 도르지는 당시 스무 살이었고, 열여섯 살의 어린 신부와 결혼한 지 겨우 4개월밖에 되지 않은 상태였다. 엄 대장은 그런 그를 죽음으로 몰아넣었다는 죄책감이 밀려오면서 극복하기 힘든 고통에 시달려야 했다.

"당시 충격은 말로 표현할 수 없습니다. 처음에는 모든 것을 포기하려고 했습니다만, 생각을 고쳐먹었습니다. 사실 산이 쉽게 나를 놓아주지 않았습니다."

주저앉을 뻔했던 엄 대장은 다시 일어나 1988년 세 번째 도전에 나섰다. 그리고 마침내 에베레스트 정상에 섰다. 동료를 잃은 충격은 컸지만 어떤 의미에선 그것이 그를 더욱 성장시켜 줬다.

"만약 에베레스트를 한 번에 성공했으면 히말라야 8000미터급 16좌 완등이라는 기록을 만들지 못했을 것입니다. 성공은 생각대로, 바라는 대로, 뜻하는 대로, 원하는 대로 호락호락 얻을 수 없습니다. 큰 성공을 거두기 위해서는 엄청난 고통, 시련, 좌절을 인내로 극복해야 합니다. 삶과 죽음의 경계를 뛰어넘은 경험이 나를 강하게 만들었습니다."

엄 대장도 등반 도중 여러 번 죽음과 마주쳤다. 히말라야 시샤팡마(8027미터), 낭가파르바트(8125미터)를 다녀온 후에는 동상으로 발가락 일부를 잘라 내기도 했다.

"고산 지대는 산소가 희박해 혈액 순환이 안 됩니다. 고도가 높아지면 손끝, 발끝, 귀끝, 코끝이 동상에 걸리기 쉽습니다. 먼저 마비 증상이 오고, 감각이 사라지고, 물집이 생깁니다."

4전5기 끝에 성공한 안나푸르나 등반은 말 그대로 사투였다. 일화도 소개했다. 1998년 5월 네 번째 도전했을 때 7600미터 지점에서 셰르파 다와 따망이 추락했다. 엄 대장은 그를 살리려고 그 친구 몸에 묶여 있던 줄을 잡아당겼다. 하지만 그 줄이 엄 대장의 발목을 감아 20여 미터를 함께 떨어져 눈 속에 처박히게 됐다. 정신을 차려 보니 엄 대장 오른쪽 발목이 180도 돌아가 있었다. 그는 결국 골절된 다리로 다른 한쪽 발에 의지하며 4500미터까지 2박3일 만에 내려와 구조 헬리콥터로 후송됐다. 당시 그는 너무 힘들어 차라리 죽기를 바랐다고 한다. 그럼에도 그는 도전을 멈추지 않았다. 1999년 봄 결국 다섯 번째로 안나푸르나에 도전해 성공했다.

"힘들 때 주저앉았다면 오늘날 엄홍길은 없습니다. 수많은 시련과 고통, 위기가 나를 강하게 만들었습니다. 실패, 고통, 눈물을 경험하며 강해지지 않았으면 이미 나는 눈 속에서 냉동 인간이 됐을 겁니다."

산은 독불장군에게
길을 열지 않는다

산은 혼자 오르는 게 아니라 '우리'가 함께 오르는 것이라고 엄 대장은 강조했다.

"8000미터짜리 산 원정을 가려면 절대 혼자만 잘해서는 안 됩니다. 독불장군은 있을 수 없죠. 치밀한 준비와 팀워크가 매우 중요합니다."

사람들은 헬기를 타고 4000~5000미터 지점에 있는 베이스캠프로 이동해 시작하면 원정이 수월하지 않느냐고 생각할지도 모른다. 그러나 낮은 지대에서 바로 고도가 높은 해발 4000~5000미터 이상의 고지대로 이동할 경우 산소가 희박해지면서 나타나는 고산병에 걸릴 수 있다. 따라서 저지대에서 천천히 올라가야 한다. 등산에 필요한 각종 장비와 등반 기간에 먹을 식량도 준비해야 한다. 그리고 짐을 옮겨 주는 포터와 길을 안내해 주는 셰르파가 있어야 한다. 음식을 담당하는 주방팀도 필요하다. 이 모든 사람이 먹을 식량과 사용해야 하는 장비 무게만 3~5톤이 나간다. 준비 기간만 최소 1년이 걸리며 예산만 몇 억이 들어가는 엄청난 프로젝트인 것이다. 그렇기 때문에 대장으로서 작은 실수도 용납이 안 된다. 조그마한 실수가 사고로 이어지고 등반이 어그러지기도 하지만 더 큰 문제는 생명이 위협받는 일이다.

"이기주의나 무사안일주의가 만연한 조직은 결코 좋은 성과를 낼 수 없습니다."

준비를 철저히 해도 실패하는 경우가 많다. 항상 예상하지 못한 곳에서 문제가 발생한다. 현장에서는 사고가 한번 발생하면 걷잡을 수 없다. 그러나 엄 대장은 위급한 순간마다 목표와 꿈을 이루기 위해 살아 돌아가야 한다고 다짐했다.

"목숨을 걸어야 합니다. 내가 죽든, 동료가 죽든 죽을 수도 있어요. 내 실수 때문에 나만 피해 보는 게 아니라 전체가 불행해집니다. 팀일 때는 우리는 할 수 있다는 신념과 의지를 가지고 도전해야 합니다. 기업은 더할 것으로 생각합니다. 수많은 사람이 모인 기업은 여러 명이 우리라는 생각을 가지고 한몸처럼 움직이지 않으면 살아남고 승리하기 힘들 것입니다."

물론 사람은 실패하면 의기소침해지고 자포자기 상태에 빠지는 경우가 많다. 의욕은 사라지고 재수가 없다고 남의 탓을 하거나 자책한다.

"자책하는 사람은 절대 앞으로 나아갈 수 없습니다. 세상에 실패 안 해본 사람이 어디 있습니까. 실패를 받아들이고 자신을 믿고 다시 도전해야 합니다. 그게 목표를 향한 지름길입니다. 나도 포기하고 싶은 순간이 많았습니다. 감당하기 힘들 정도로 두렵고 고통스러운 순간 포기하고 싶은 생각이 듭니다. 등반 중 잃어버린 동료를 생각하면 때로는 살아 있다는 것 자체로 죄책감을 갖기도 합니다. 하지만 내가 멈추면 동료들이 더 슬퍼할 것이라 믿고 지금까지 계속 전진했습니다. 덕분에 히말라야 16좌 완등 기록을 낼 수 있었습니다."

그러나 엄 대장은 이뤄야겠다는 정신력이 지나쳐 욕심이 되는 것은 경계했다. 불가능한 상황에서는 포기할 줄 아는 겸허함을 강조했다. 산을 오르다 보면 그동안에 들였던 시간과 노력, 비용이 아까울 때가 많다. 상황이 안 좋아서 무조건 하산해야 함에도 올라가야 하지 않을까라는 생각이 수도 없이 들었다고 한다. 그러나 상황이 좋지 않은데도 무리하게 등반을 하다 보면 나뿐만 아니라 주변 사람들의 목숨까지 위협할 수 있기 때문에 정상을 두고 몇 번이나 포기했다고 한다.

기업 경영에서도 마찬가지다. 아무리 탄탄한 팀워크와 정신력으로 무장했다 하더라도 상황이나 시기가 맞지 않아서 성공하기 어려운 일들도 있다. 그런데 오직 목표 달성이라는 욕심 때문에 일을 무리하게 추진하다가는 그동안 구축한 팀워크와 성과들이 한순간에 무너질 수도 있다. 그래서 때로는 다음을 기약할 줄도 알아야 한다. 이것이 바로 리더에게 필요한 판단력이다.

내가 빛나는 이유는 누군가 내 주변에 있기 때문

"나는 살아 있을 사람이 아니에요. 죽을 사람이 살아 있는 것입니다"

엄 대장은 자신을 죽은 사람이라고 말했다. 지금까지 산에서 잃은 동료가 10명이다. 특히 산악 인생 절반을 함께하며 친동생처럼 지냈던 셰르파 다와 따망을 사고로 잃은 것은 지금까지 마음에 무거운 짐으로 남아 있다고 했다. 다와 따망 셰르파는 칸첸중가 등반 도중 숨을 거뒀다. 목숨을 걸면서까지 자신을 믿고 따라와 준 원정대원, 셰르파, 포터 등을 포함해 가족들이 없었다면, 16좌 완등이라는 신화는 결코 쓸 수 없었다고 말했다. 위대한 업적을 이룬 사람들, 기업가, 정치가 등 수많은 리더도 곁에서 빛을 내 주는 사람이 없다면 결코 스스로 빛날 수 없다고 말했다.

"그렇기 때문에 이제는 베풀고 나누면서 살기 위해 엄홍길휴먼재단을 만들었습니다. 히말라야 어린이들에게 꿈과 희망을 주고 싶습니다."

1. 8000미터의 희망과 고독

엄홍길 지음 | 이레 | 2003

히말라야의 8000미터급 14개 봉우리를 완등한 엄홍길 대장의 도전을 담은 책. 14개 봉우리를 완등하기까지 그 고난과 극한의 상황, 정상에서 맞이한 감동적인 순간들을 담고 있다.

2. 불멸의 도전

엄홍길 지음 | 도요새 | 2008

히말라야 8000미터급 16개 봉우리를 완등한 후 쓴 책이다. 《8000미터의 희망과 고독》 이후 에베레스트 등정 완결판이라 할 수 있다.

3. 섀클턴의 위대한 항해

알프레드 랜싱 지음 | 유혜경 옮김 | 뜨인돌 | 2000

엄 대장은 셰르파 다와 따망을 사고로 잃은 후 베이스캠프에서 힘든 시간을 보냈다. 사고의 충격으로 등정을 포기할 것인가 말 것인가를 고민하고 있었다. 당시 취재차 온 모 신문 기자가 이 책을 건넸다. 첫 장을 넘기는 순간부터 희망을 얻었다. 자연에 대한 인간의 도전이 담긴 이 책을 보며 엄 대장은 자신의 상황을 되짚어 보았다고 한다.

노자에게 배우는
새로운 시대의
리더십

|최진석
서강대 철학과 교수

중국 베이징 대에서 한국인 최초로 철학 박사 학위를 받은 인물로 유명하다. 1986년 서강대 철학과를 졸업하고 1988년 같은 대학교에서 석사 학위를 받은 그는 우리나라와 중국이 수교를 맺기 전인 1993년 중국 베이징 대로 유학을 떠나 1996년 도가 철학으로 박사 학위를 받았다. 1996년 미국 하버드 대 옌칭연구소 방문학자를 역임했고, 1998년부터 서강대 철학과 교수로 재직 중이다. 그는 젊은 시절 노자와 장자 철학에 크게 영향을 받아 오랫동안 노자 · 장자 사상에 대해 공부했다. 우리나라로 돌아온 뒤에는 도가철학회, 도교문화학회 등에서 활동하며 도가 사상 전파를 도왔다. 그는 "탈권위, 탈중앙, 자율성, 상대성이 부각되는 요즘 세상에서 노자 · 장자 사상이 유일한 해답이라고 말하긴 어렵지만, 많은 영감을 얻을 수 있다"고 말하며 노자 · 장자 사상을 현대적으로 재해석하고 알리는 데 힘을 쏟고 있다. 저서로는 《생각하는 힘, 노자 인문학》, 《노자의 목소리로 듣는 도덕경》, 《인간이 그리는 무늬》 등이 있다.

현대 사회에서 과연 올바른 리더십은 정해져 있을까? 지금까지 우리 사회는 올바른 리더상을 정해 놓고 따라야 한다고 가르쳐 왔다. 강직한 리더, 유순한 리더, 아랫사람의 이야기를 잘 들어 주는 리더 등 올바른 리더의 모습은 항상 정해져 있었다.

하지만 현대 사회의 리더십은 정해져 있는 게 아니다. 구성원들이 순간순간 하고 싶은 일을 할 수 있도록 하는 게 좋은 리더십이다. 다시 말해 진정한 리더는 개개인의 자발성이 제대로 드러날 수 있는 환경을 만들고 그렇게 드러난 자발성들이 조화롭게 작용하여 최고의 결과로 이어질 수 있게 만드는 사람이다.

노자의 거피취차와 공자의 극기복례

이런 리더십은 춘추 전국 시대 노자가 주장했던 거피취차(去彼取此)와 맞닿아 있다. 거피취차란 '저것을 버리고, 이것을 취하라'는 뜻이다. 저것은 사회가 요구하는 보편적인 이념이나 신념을 뜻하고, 이것은 '지금 여기에 있는 것'을 뜻한다. 사회가 바라는 이념을 무조건 따르는 대신 우리가 실제로 맞부딪히고 있는 실재를 택해야 한다는 것이다. 노자는 이를 통해 구성원들 각자가 바라고 하고 싶고 좋아하는 것을 하도록 만들어야 한다고 주장한다. 개인의 자발성을 강조하는 것이다. 공동체 대신 조직 구성원 개개인의 자아를 인정하고 이들의 자아를 실현할 수 있도록 돕는 것이 노자의 리더십이다.

이런 노자의 철학과 정반대 편에 있는 것이 바로 공자의 유가(儒家) 철학이다. 공자는 '예(禮)'가 아니면 보지도, 듣지도, 움직이지도 말라고 주장했다. 예는 절대적이고 보편적인 가치로 모두가 따라야 하는 것이다. 이는 공자가 주장한 '극기복례(克己復禮)', 즉 자기의 욕심을 극복하고 예의범절을 따라야 한다는 개념으로 요약된다.

공자는 누구나 선(善)이라고 생각하는 보편적인 이념·가치를 추구한다. 하지만 이 가치 아래 구성원의 자아는 철저하게 억압되고 배제당한다. 오늘날의 관점에서 이야기하자면 개인의 창의성은 억압당하고 조직에서 주장하는 것만 수용해야 하는 것이다. 이런 환경에서는 자발적인 참여와 상향식 의사 결정은 거의 불가능하다.

반면 노자의 리더십은 자발적인 생명력을 강조한다. 보편적인 가치를 좇는 것이 아니라 우리가 지금, 여기에서 접하고 있는 상황을 강조하고, 개개인의 자아를 존중한다. 그리고 자발적인 개인이 모여 자연스럽게 공동체를 이루는 것을 강조한다. 보편적인 가치를 위해 공동체를 구성하고 모두가 동일한 가치를 추구해야 한다는 공자와 가장 다른 점이다.

자발성은 창의성과 직결된다. 내가 하고 싶은 일을 하기 때문에 더욱 창의적이고 발전적인 아이디어를 낼 수 있다. 공동체 구성원에게 '시켜서 하는 일', '해야 하기 때문에 하는 일'이라는 생각 대신 '내가 하고 싶어서 하는 일'이라고 생각하게 만드는 것이 핵심이다.

현대 리더는 거피취차의 자세 갖춰야

최근 대기업들은 의사 결정 과정의 비효율성을 제거하고 신속한 실행력을 위해 조직을 소규모 팀 단위로 구성하고 있는 추세다. 10여 년 전부터 대다수의 기업에서 관료제를 보완하기 위해 프로젝트 팀이나 태스크포스 팀이라는 조직들을 운영하고 있다. 최근에는 IT 기업이나 신생 기업을 중심으로 구성원이 4~5명밖에 안 되는 작은 팀을 운영하기도 한다. 이는 결국 회사에서 요구하는 것이 조직 전체의 성과보다는 개별자의 자발성이라는 점을 보여 준다.

세계 최고의 기초 과학 연구소로 평가받는 독일 막스 플랑크 연구 재단은 80여 개 연구 기관에 1만 3000여 명의 정직원, 1만 5000여 명의 방문 연구원과 학생이 있는 초대형 기관이지만, 개별 연구 조직은 책임 연구원을 포함해 5~6명의 연구 인력이 팀으로 구성되어 있다. 가장 창조적인 성과를 위한 이상적인 조직 구성은 6명 이하라는 원칙 때문이다. 이들의 성과는 놀랍다. 1911년 설립 이후 막스 플랑크 연구 재단이 배출한 노벨상 수상자는 33명으로 세계 연구소 단연 1등이며, 최상위 저널 논문 게재 건수도 모든 대학교와 연구소를 통틀어 세계 3위권을 유지하고 있다.

2010년 6명의 공동 창립자가 세운 핀란드의 게임 회사 슈퍼셀은 160여 명의 직원이 2조 원의 매출을 올리는 놀라운 성과를 거뒀다. 슈퍼셀의 공동 창립자이자 CEO를 맡고 있는 일카 파나넨은 성공 비결로 '7명 이하로 구성되는 조직'을 꼽았다. 이 조직을 세포(Cell)라고 부르는데 이 안에서 아이디어 도출과 게임 개발을 주도적으로 수행한다. 의사 결정 과정에 낭비가 없고 자발적인 프로젝트를 수행하는 만큼 개개인이 신나게 일할 수 있는 환경이 조성된다. 파나넨은 직원들에게 '나를 가장 힘이 없는 CEO로 만들어 달라'고 말한다면서 자신의 리더십 원칙을 설명했다.

이런 노자의 리더십이 가장 잘 투영된 곳 중 또 하나가 바로 구글이다. 구글에는 '20% 룰'이라는 것이 있다. 업무 시간의 20%는 무조건 딴짓, 정확히 말하면 자신이 하고 싶은 일을 해야 한다. 컴퓨터 게임을 하든 자신이 하고 싶은 프로젝트를 하든 그것은 자유다. 이를 통해 각기 다른 팀임에도 불구하고 공통적인 관심사를 가진 사람들이 모여 업무 시간의 20%를 보냈다. 그 결과 중 하나가 세계 최대의 이메일 서비스인 지메일

(gmail)이다.

세계적인 혁신 기업으로 꼽히는 3M에도 업무 시간의 15%는 개인 연구를 위해 써도 좋다는 '15% 룰'이 있다. 보고하지 않고 회사의 설비나 자원을 사용할 수 있다. 대부분은 실패로 끝나지만 책임을 묻지 않는다. 이렇게 탄생한 상품 중 하나가 '포스트잇'이다. 구글의 '20% 룰'이나 3M의 '15% 룰'은 개개인이 모여 공동체를 만들고 지금, 여기에 가장 필요한 것을 만든다는 노자의 거피취차 리더십의 현대적인 적용 사례라 할 수 있다.

개별자의 자발성을 높이기 위해서는 결국 공자의 극기복례보다는 노자의 거피취차 리더십이 적합하다. 멀리 있는 가치보다는 지금 여기의 가치를 중시하고, 개별자의 자발성을 강조하는 것이다. 또 조직 역시 위에서 정해 주는 것보다 스스로 같은 생각을 하는 사람들끼리 모일 때 가장 창조적인 결과가 나온다. 개별자가 모여 공동체를 만든다는 노자의 이야기와 일맥상통한다.

반면 삼성은 노자보다는 공자의 극기복례 리더십에 가까워 보인다. 삼성의 시스템 경영은 세계적으로 명성을 얻고 있지만, 현재 추구하는 가치를 지키는 데만 적합하다. 특정 목표를 세우고 세계 1위, 시장 1위를 달성하는 것이 삼성의 특기다. 대표적인 것이 삼성전자의 스마트폰이나 반도체, TV 등이다.

하지만 현대 사회의 변화 속도는 생각의 속도보다 빠르다. 불과 20여 년 전에는 존재하지도 않던 구글, 페이스북 같은 기업이 시가 총액에서 타 기업을 압도한다. 중견 컴퓨터 제조 회사에 불과하던 애플은 한때 경영 위기에 빠지기도 했지만 아이팟과 아이폰으로 세계 IT 업계의 최강자로 떠올랐다. 반대로 소니와 노키아 같은 기업은 수십 년간 쌓아 온 명성을 하루아침에 잃어버렸다.

삼성전자의 시스템 경영, 극기복례식 리더십은 이런 급격한 변화를 따라가는 데는 부적절하다. 특정 목표, 가치를 추구하는 리더는 변화를 '이상하거나 쓸데없거나 나쁜 것'으로 치부해 버리기 때문이다. 조직 구성원의 개별 의견은 묵살당할 수밖에 없다. 반면 노자의 거피취차 리더는 개인의 자발성·창의성을 강조하기 때문에 변화를 인식하면 스스로 바꾸고 변화를 따른다. 유연한 자세를 최고의 덕목으로 여기기 때문이다.

삼성전자는 이제는 보텀업(Bottom-Up) 방식의 리더십을 키워야 한다. 리더가 지시한 세계 1등을 지상 목표로 삼고 '마누라 빼곤 다 바꿔라'라는 리더의 말을 좇아 1위 달성을 위해 노력하는 것은 어쩌면 지나간 시대의 리더십일지도 모른다. 아래서 위로 올라가는 리더십을 원한다면 노자를 배워야 한다.

삼성에 위기가
아닌 적은 없었다

삼성은 늘 위기인 회사다. 2014년 2분기 삼성전자는 7조 1900억 원의 영업 이익을 냈다. 일반적인 기준으로는 천문학적인 숫자의 영업 이익이었지만, 경영진은 위기를 외치고 회사는 비상 경영에 돌입했다. 출장비를 줄였고, 휴일 근무 수당을 줄이기 위해 직원들에겐 가급적 휴가를 많이 쓰라고 독촉했다. 영업 이익이 사상 최고치를 찍었던 2013년 같은 기간보다 줄어들었기 때문이다. 2013년 2분기 삼성전자의 영업 이익은 9조 5300억 원이었다.

상식적으로 계속 영업 이익이 늘어날 수는 없다. 그러나 삼성 사람들은 영업 이익이 계속 늘어나는 것을 당연하게 생각한다. 수십 년간 영업 이익이 계속 늘어나는 것을 경험했기 때문이다. 예를 들어 지난 1993년 1조 3090억 원에 불과했던 삼성전자의 영업 이익은 2013년 36조 7850억 원으로 늘었다. 20년간 영업 이익이 스물여덟 배 늘어난 것이다. 재미있는 것은 꾸준히 이렇게 우수한 실적을 낸 회사가 그동안 계속 위기였다는 사실이다. 한 삼성전자 부장급 직원은 "입사 이래 위기가 아닌 적이 한 번도 없었다"고 말했다.

삼성이 늘 위기의식을 가지는 배경에는 이건희 회장이 있다. 삼성전자 이건희 회장의 리더십을 한마디로 정의하면 '위기의 리더십'이다. 평소 사소한 일은 경영진에게 맡기고 웬만하면 간섭하지 않는 이 회장은 약 10년에 한 번꼴로 '위기'를 부르짖는다. 한동안 경영 일선에서 물러나 있다가 2010년 삼성전자 회장으로 복귀한 이건희 회장이 처음 한 말은 "지금이 진짜 위기"라는 것이었다. 그는 "글로벌 일류 기업들이 무너지고 있다"며 "삼성도 언제 어떻게 될지 모른다"고 말했다. "앞으로 10년 안에 삼성을 대표하는 사업과 제품은 대부분 사라진다, 머뭇거릴 시간이 없다"는 것이었다.

사실 당시 삼성전자는 객관적으로 위기라고 말하기는 어려운 상황이었다. 2009년 11조 420억 원이던 영업 이익이 2010년에는 16조 7570억 원으로 급증했다. 물론 이건희 회장의 위기론은 상당한 근거가 있었다. 2010년은 애플의 아이폰 충격에 세계 정보 기술 업계가 대혼란을 겪고 있던 시기였다.

스마트폰이라는 새로운 제품을 제대로 만들지 못한 휴대 전화 제조 업체는 몰락의 길을 걸었다. 2013년, 2011년까지 휴대 전화 세계 1위 업체였던 핀란드 노키아가 미국 마이크로소프트에 흡수당했다. 스마트폰 운영 체제를 만드는 미국 구글이 휴대 전화 시장에서 삼성, 노키아와 치열하게 경쟁했던 미국 모토로라를 사 버렸다. 사실 2010년에는 삼성도 미래를 낙관하기 어려운 상황이었다. 삼성전자 스마트폰 사업은 성패의 갈림길에 서 있었다. 2010년 6월 사력을 다해 갤럭시S란 안드로이드 스마트폰을 만들어 출시했지만, 해외 반응은 미지근했다. 이런 상황에서 사주가 위기를 외치자 직원들은 밤낮없이 일했다. 2011년 내놓은 갤럭시S2는 이런 노력이 담긴 제품이다. 2011년, 삼성은 세계 스마트폰 업계 1위 자리를 차지했다.

사실 이건희 회장이 위기를 외칠 때는 삼성이 좋은 실적을 낼 때다. 2002년 6월 이건희 회장은 용인 삼성인력개발원에 그룹 사장단을 모았다. 이날 그는 "5년, 10년 후 무엇을 먹고살 것인가를 생각하면 식은땀이 난다"며 "5년, 10년 후 무엇으로 세계 1위를 할지 중장기 전략을 수립하라"고 주문했다. 사실 2002년 삼성전자의 영업 이익은 2001년(영업 이익 2조 2950억 원)보다 세 배 이상 많은 7조 2450억 원이었다. 이해 처음으로 삼성전자 시가 총액이 소니 시가 총액보다 많아졌다.

1987년 회장직을 맡은 이건희 회장이 처음 위기를 외친 시기는 1993년이다. 그해 이 회장은 LA, 도쿄, 프랑크푸르트, 런던, 오사카, 후쿠오카로 임원들을 불러 모아 위기의식을 불어넣었다. 선진국 매장에서 먼지를 뒤집어쓰고 구석에 박혀 있는 제품을 함께 보며 "위기의식을 가지라"고 목소리를 높였다. 당시 해외에서 이건희 회장이 임원들에게 한 말을 체계화해 놓은 것이 이른바 '삼성 신경영론'이다. 삼성그룹은 1993년을 신경영의 원년으로 본다. 1993년을 기점으로 회사가 비약적으로 발전해 질적으로 다른 회사로 변했다는 것이다.

사실 1993년은 삼성전자가 처음으로 조 단위 영업 이익을 내기 시작한 해다. 1992년 8340억 원이던 영업 이익이 1993년에는 1조 3090억 원으로 불어났다. 이건희 회장이 말하는 위기는 일반적으로 말하는 위기와는 다르다. 보통 위기를 말할 때는 추락하지 말자는 것이다. 그러나 이건희 회장의 위기는 도약할 힘이 생겼으니 다른 차원으로 뛰어올라 가자는 의미다. 그가 위기를 말한 다음 삼성은 필요한 인재를 뽑고, 새로운 사업을 시작하고, 새 공장을 만들었다.

위기 리더십은 조직원들에게 가장 좋을 때가 위기라고 생각하고 행동하게 하는 것이다. 가장 좋은 시기도 위기다. 그러나 위기 이후 회사는 늘 한 단계 도약한다. 그래서 직원들은 위기를 두려워하지 않는다.

CHAPTER 2

전략과 위기관리
STRATEGY

대변화의 시대,
어떻게
앞서 나갈 것인가

"사장단 특강은 단순한 모임이 아닌
그룹 차원의 전략적 사안이다."

존경받는 기업의
세 가지 조건

김병도
서울대 경영대학 교수

서울대 경영학과를 졸업하고 뉴욕 대에서 경영학 석사, 시카고 대에서 경영학 박사 학위를 받았다. 1996년부터 서울대 경영대학(원) 교수로 재직 중이며, 동 대학(원)의 부학장, 학장 및 대학원장을 역임했다. 지난 20여 년 동안 고객 관계 관리(CRM), 상용 고객 보상 제도, 혁신, 기업의 사회 공헌 활동 등 다양한 경영학 문제를 연구하여 수십 편의 관련 논문을 국내외 유명 학술지에 게재했다. 서울대에 부임하기 전 약 4년간 미국 카네기멜론 대 경영대학원 교수로도 활동했다.

주요 저서로는 노스웨스턴 경영대학원의 로버트 블랫버그 석좌 교수와 다트머스 경영대학원의 스콧 네슬린 석좌 교수와 공동 집필한 《데이터베이스 마케팅》을 비롯해 《코카콜라는 어떻게 산타에게 빨간 옷을 입혔는가》, 《혁신으로 대한민국을 경영하라》 등이 있다.

지난 2013년 11월 23일 서울대 김병도 교수가 삼성 수요 사장단 회의장 강단에 섰다. 삼성 미래전략실 측은 그에게 '존경받는 기업의 조건'에 대해 말해 달라고 요청했다. 김 교수가 쓴 《혁신으로 대한민국을 경영하라》의 한 부분이 바로 '존경받는 기업의 조건'이다.

"이 주제로 강의를 해 달라고 한 것은 삼성이 존경받는 기업이 되기 위해 무엇을 할까 고민하고 있다는 의미라고 생각합니다."

　사실 국내 다른 모든 기업이 삼성을 부러워하는 동시에 질시한다. 삼성
은 이제 돈을 많이 버는 기업에서 존경받는 기업으로 한 단계 진화를 꿈
꾸기 시작한 것이다.

▌존경받는 기업의 조건 세 가지

존경받는 기업의 조건으로 크게 세 가지를 꼽을 수 있다. 존경받기 위해
기업이 해야 할 가장 중요한 일은 '지속적인 혁신'이다. 기업은 혁신을 창
조하고 관리하기 위해 만들어진 조직이다. 즉 변화하는 환경에서 혁신을
통해 끊임없이 가치를 창출해 내지 못하는 기업은 존경을 고민하기 전에
살아남을 수 없다는 것이다. 2014～2015년 경제 전문지《포춘》이 선정한
세계에서 가장 존경받는 기업 1위는 애플이다. 혁신적인 제품을 개발하
고 새로운 생태계를 만들어 지금까지 없었던 새로운 시장을 여는 것이야
말로 기업의 본질이라는 것을 단적으로 증명한다. 소비자들로 하여금 기
꺼이 지갑을 열고 열광하게 만드는 제품과 서비스를 만드는 것이야말로
존경받는 기업의 가장 중요한 조건이다.

　두 번째는 혁신하되 남한테 피해를 주지 말아야 한다는 것이다. 돈을
버는 과정에서 다른 회사가 망하는 일이 생기면 곤란하듯이. 혁신에도 질
적인 차이가 있다. 대기업의 골목 상권 침해 논란이 대표적인 사례이다.
거대 유통망을 무기로 큰 기업이 무차별하게 돈을 빨아들이는 와중에 작
은 기업이 망가지는 것이다. 이 문제에 대해 나만 돈을 많이 벌면 그만이

란 생각을 가진 기업은 결코 존경받을 수 없다.

마지막은 혁신의 결과로 얻는 보상을 나누는 것이다. 쉽게 말하면 번 만큼 베풀어야 존경을 받을 수 있다는 의미이다. 1970~1980년대에 사람들이 기업에 기대한 것은 최대의 이윤과 그로 인한 일자리 확대였다. 사회 공헌이라는 말이 생소할 정도로 이윤 추구 활동만 충실히 수행해도 '산업의 역군'으로 인정받았다. 그러나 시대가 변하면서 기업에게 장사를 잘해 돈을 버는 것 이상을 기대하기 시작했다. 단순히 일자리를 만들고 이익을 내 세금을 납부하는 것만으로는 부족하다 여기게 된 것이다.

글로벌스캔과 동아시아연구원이 미국, 중국 등 14개국을 조사한 자료에 따르면 우리나라는 2013년 기준 대기업을 신뢰한다는 국민이 36%로 조사 대상국 14개국 가운데 꼴찌였다. 현재 삼성전자가 버는 금액이 베트남 국내 총생산과 맞먹는다. 이는 예전에 국가가 하던 일을 이제 일정 부분 기업이 맡아야 한다는 의미로 해석할 수 있다. 그리고 기본적으로 기업은 개인의 것이 아니며 국민의 것이다. 이 관점에서 주인들은 기업이 더 많은 것을 해 줄 것을 기대하고 있다.

존경받는 기업이 되기 위해서는 '기부'를 잘해야 한다. 삼성이 신경 써야 할 부분도 기부이다. 종업원 수, 매출액 등 숫자 변화를 보면 삼성은 혁신과 혁신의 질이란 측면에선 우수한 기업이다. 게다가 수출 위주의 기업이라서 내수 시장에서 다른 업체의 몫을 빼앗는 일이 상대적으로 적다. 하지만 아직 기부, 사회 환원에선 부족하다.

사실 어지간한 기업들은 대개 기부 활동을 한다. 이 말은 기부만으로는 존경받는 기업이 되기가 어렵다는 의미이다. 그렇다면 기부 외에 무엇이 더 필요할까? 답은 스웨덴 발렌베리 가문의 활동에서 찾아볼 수 있다.

존재하되
드러내지 않는다

150년 전통의 발렌베리 가문은 스웨덴 최대의 금융 가문이다. 세계 3대 트럭 회사 스카니아, 유명한 가전 업체 일렉트로룩스, 전력, 자동화 기술, 로봇 공학으로 유명한 ABB 등 이름만 들어도 아는 기업들을 소유하고 있다. 스웨덴 국내 총생산의 30%를 담당하며, 스웨덴인 100명 중 4명이 이 가문의 기업에서 일하는 것으로 알려져 있다.

발렌베리 가문은 스웨덴에서 존경받는 대기업이자 노블레스 오블리주의 전형으로 언급된다. 그러나 현재의 명성을 얻기까지는 순탄치 않았다. 제1차 세계 대전 중에는 스웨덴 집권당인 사회민주당과 정경 유착 관계를 형성해 비난을 받았다. 제2차 세계 대전 시기에는 나치에 협력한 정황이 포착되면서 가문 이미지에 큰 타격을 입었다. 1960년대 말에는 군 고위층에 뇌물을 주었다는 스캔들이 터지면서 사회적 비난을 샀으며, 그 비난을 견디지 못한 가문의 수장이 1971년에 자살하면서 유지하던 사업도 휘청댔다. 그러나 현재는 '스웨덴의 자부심'으로 칭송받을 만큼 대다수의 국민이 호감을 갖고 있다. 비결이 무엇이었을까?

발렌베리 그룹은 기본적으로 기업은 사회가 없다면 존재 가치가 없다고 생각하고 버는 만큼 사회 환원을 강조했다. 실제로 이익의 85%를 법인세로 사회에 환원하고 있으며, 이와 별도로 공공 도서관, 대학, 박물관, 공학자 등을 지원한다.

기부를 비롯해 다양한 사회적 환원 활동을 하면서도 '존재하되 드러내지 않는다'는 철학으로 부를 과시하지 않음으로써 대중들이 위화감을 갖지 않게 하고 있다. 어린 시절부터 형제들 옷을 물려 입힐 정도로 검소하게 살도록 가르친다. 실제로 가문의 리더들은 세계 부자 순위에 이름을 올리지 못할 만큼 버는 것에 비해 적게 소유하고 있다.

고액 연봉을 받는 삼성 같은 대기업 임원은 자유 시장주의를 강조하고 연봉은 내가 번 돈이니 내 마음대로 쓸 수 있다고 생각할 수 있다. 하지만 그렇게 생각한다면 존경받는 것은 포기해야 한다. 일반 국민은 수십억 원이 넘는 고액 연봉을 받는 사람이 있다는 것을 불쾌하게 생각한다. 삼성 뿐만 아니라 다른 대기업 임원이 연봉 수억 원을 받는 것에 대해서도 똑같이 생각할 것이다. 나보다 능력이 있고 노력했기 때문에 많은 연봉을 받는다고 생각하는 대신 운 좋게 삼성에 입사해 저런 대우를 받는다고 여겨 불공평하다고 느낀다. 왜냐하면 우리 사회는 한 사람이 벌 수 있다고 인정하고 받아들일 수 있는 기준이 낮은 편이기 때문이다.

우리나라에 존경받는 기업이 적은 이유는 기부 문화의 문제점도 한몫한다. 미국에서는 돈을 많이 번 사람일수록 더 많은 돈을 기부한다. 100을 번 사람이 10%를 기부한다면 1000을 번 사람은 30%를 낸다. 대표적인 예가 세계 최고 갑부 가운데 한 사람인 빌 게이츠 마이크로소프트 창업자다. 빌 게이츠의 재산은 약 80조 원, 그가 지금까지 기부한 돈은 30조 원에 달한다. 또 그는 자신의 전 재산 중 100억 원 정도만 자식에게 물려주고 나머지는 전부 환원하겠다고 공언했다. 그러나 한국은 어떠한가. 많이 버는 사람이 기부에는 인색하다. 2010년 한국조세연구원의 조사에 따르면 연 소득 6000만 원에서 8000만 원 사이의 사람들은 1000원당 20.1원을 기부했는데, 연 소득 3억 원 초과의 사람들은 1000원당 16.4원을 기부했다. 국내 총생산 중 기부금 차지 비율이 미국의 경우 2.3%인데 한국은 0.53%에 불과하다. 전체적으로도 기부에 인색하고 더 벌수록 기부에 더 인색해지는 것이 한국의 현실이다. 이런 현실에서 존경받는 기업인, 기업이 나오기란 어렵다.

부자들이 존경받지 못하고 욕을 먹는 또 다른 이유는 기업의 경영자들 문제가 아니라 우리나라의 상속 문화에서 기인한다. 우리나라는 미국을 비롯한 다른 나라와 비교했을 때 재산을 자식에게 물려주려는 성향이 강하다. 실제로 《포브스》가 전 세계 억만장자 1826명을 대상으로 한·중·일 3국의 상속형 부자와 자수성가형 부자의 비율을 비교한 사례를 보면 확실히 드러난다. 중국의 자수성가형 부자 비율은 98%이고, 일본도 86%이다. 그런데 한국은 30%에 불과하다. 상속으로 부자가 된 사람들이 절대 다수를 차지하는 것은 아니지만 다른 나라와 비교했을 때 무척 높은 비율이다. 이런 수치는 사람들이 부자들을 그저 노력 없이 거저 된 것으로 생각하게 만들고, 그들이 일군 재산의 가치를 폄하하게 만든다.

존경받는 기업은 있을 수 없다

해외의 사례를 들어 가며 존경받는 기업에 대해 이야기했지만, 기업이 세상의 존경을 받기란 매우 어려운 일이다. 기업은 한 개인의 것이 아니기 때문이다. 삼성 직원만 해도 수십만 명이고, 삼성의 주식을 소유한 사람 수도 상당하다. 또한 삼성이 근대화 과정에서 정부의 전폭적인 지원이 없었다면 지금의 규모로 성장하기 어려웠을 것이기 때문에 국민도 삼성의 주인이다. 이렇게 많은 사람이 얽혀 있는 복합적인 성격을 가진 기업이 존경을 받기란 대단히 어렵다.

그러나 기업인이 존경받는 것은 얼마든지 가능하다. 앞서 말한 빌 게이츠는 통 큰 기부로 사람들의 존경을 받았다. 덕분에 마이크로소프트의 이미지도 긍정적으로 변했다. 실제로 마이크로소프가 시장의 독점적 지위를 이용해 윈도 운영 체제 판매에서 횡포를 부린다는 비난이 있었지만, 빌 게이츠의 활동으로 이런 비난의 목소리를 어느 정도 잠재울 수 있었다.

발렌베리 가문도 정경 유착, 심지어 제2차 세계 대전 당시 나치에 협조한 최악의 기업 가문이었다. 그러나 회사와 리더의 필사적인 노력으로 과거의 이미지는 잠재우고 결국 존경받는 기업이 되었다.

단순히 이윤만 내는 기업을 넘어서 대대로 존경받는 기업의 반열에 오르고자 한다면, 사람들의 인식을 바꾸기 위한 적극적인 사회 공헌 노력과 그 방법에 대해 고민해야 할 것이다.

1. 혁신으로 대한민국을 경영하라

김병도 지음 | 해냄 | 2013

불확실성의 시대에 한국 경제와 한국 사회가 나아가야 할 방향에 대해 서술한 책. 산업 혁명 이후 지난 200년간 발전한 나라의 핵심 동력은 '혁신'임을 강조하고 있다. 부자와 빈자, 자본가와 노동자, 선진국과 개발 도상국의 이분법을 넘어서 전체적으로 부의 파이를 키우는 것이 중요하다는 사실을 알 수 있다.

2. 자본주의와 자유

밀턴 프리드먼 지음 | 변동열 외 옮김 | 청어람미디어 | 2007

신자유주의 학파인 시카고학파의 대표 경제학자이자 노벨경제학상 수상자인 밀턴 프리드먼의 기념비적인 저서. 자유와 번영을 누리기 위해서는 경제적 자유가 필요하다는 것을 설득력 있게 제시한다. 정부의 역할, 화폐, 금융, 무역, 교육 문제 등 다양한 주제로 구성되어 있다. 그는 이 책을 통해 정부의 역할은 최소한으로 제한하고 정부 권력은 분산되어야 한다고 주장했다.

3. 국부론

애덤 스미스 지음 | 유인호 옮김 | 동서문화사 | 2008

고전파 경제학자인 애덤 스미스의 대표작. 200년 전의 책이지만 혁신은 통제가 아닌 자유에서 나온다는 경제적 자유주의를 설득력 있게 주장함으로써 현재에도 많은 영감을 주는 책이다.

가장 안전하다고
느낄 때가
가장 위험할 때다

허태균
고려대 심리학과 교수

고려대 심리학과를 졸업하고 미국 노스웨스턴 대에서 박사 학위를 받았으며, 현재 고려대 심리학과 교수로 재직 중이다. 그는 매 학기 자신의 수업을 듣는 학생들에게 솔직한 경고와 함께 양해를 구한다. 자신의 수업이 그들을 불쾌하게 만들 수 있음을. 심리학은 인간의 본질을 과학적으로 규명하는 것이 목적이지, 그 본질이 옳건 그르건, 바람직하건 아니건, 아름답건 추하건 상관하지 않는다고. 때로는 우리가 평소에 가지고 있던 인간에 대한 긍정적인 믿음과는 전혀 다른 자신과 타인의 모습을 보게 될 거라고. 그래서 심리학이 그리고 교수가 인간을 부정적으로 보는 것처럼 느낄 수 있다고. 실제 일부 학생들은 의문과 반론, 그리고 불편함을 호소한다. 하지만 이러한 거부감은 역설적으로 수업의 설득력을 증명해 준다. 그는 항상 한 가지 원칙을 강조한다. 심리학은 인간에 대한 무조건적인 긍정적 믿음이 아니라, '인간의 본질을 과학적으로 규명하는 것이 목적인 학문'이라는 지론을 내세우며 인간 본질에 대한 정확한 이해가 인간과 이 세상을 더 긍정적으로 만들어 줄 수 있다고. 불편한 진실을 일깨우는 불쾌한 수업임에도 불구하고, 학생들은 허태균 교수의 수업을 수차례 '고려대 우수 강의'에 선정해 주었다. 주 연구 분야는 사회 심리학적 관점에서의 선택과 의사 결정, 위험 지각과 후회 및 판단 오류 등이다. 지금까지 관련 분야의 저명한 국내외 학술지에 40여 편의 논문을 발표했다. 중앙공무원교육원, 교과부연수원, LG, SK, CJ 등 주요 공공 기관과 기업에서 착각의 심리에 대해 강연한다.

'회장으로 취임한 이듬해 제2창업을 선언하고 변화와 개혁을 강조했다. 그러나 몇 년이 지나도 달라지는 것이 없었다. 50년 동안 굳어진 체질은 너무도 단단했다. 삼성이 제일이라는 착각에서 벗어나지 못했다. 특히 1992년 여름부터 겨울까지 나는 불면증에 시달렸다. 이대로 가다가는 삼성 전체가 사그라질 것 같은 절박한 심정이었다. 체중이 10킬로그램 이상 줄었다.'

이건희 회장이 직접 집필한 유일한 에세이집《생각 좀 하며 세상을 보자》에 나오는 말이다. 이건희 회장은 조직을 개혁하는 것이 얼마나 힘든지 토로했다. 한국에서 가장 안정적인 기업이라는 삼성의 총수는 늘 위기란 단어를 입에 달고 살았다. 허태균 교수가 2014년 3월 19일 수요 사장단 회의에서 한 강의는 이건희 회장이 왜 늘 조직에 위기의식을 불어넣었는지 생각하게 만든다. 허 교수 강연의 핵심은 가장 안전하다고 생각할 때가 가장 위험한 순간이라는 것이다.

세상에서 가장 높고 위험한 절벽에서는 아무도 죽지 않는다

"등 따시고 배부르면 위기에 대한 생각을 잘 안 하죠. 그때 사고가 생깁니다. 하지만 모두가 위험하다고 생각할 때는 더 조심하기 때문에 사고가 안 납니다."

그랜드 캐니언은 미국 남서부의 고원 지대를 가로지르는 콜로라도 강에 의해 오랜 세월 깎여 만들어진 계곡이다. 말이 계곡이지 강에 의해 깎인 계곡의 높이는 63빌딩 높이의 일곱 배에 달하는 1600미터이며, 계곡의 폭은 넓은 곳이 30킬로미터에 이른다. 규모가 만들어 내는 아름다움은 매년 400만 명 이상을 끌어들이는 관광 명소가 됐다. 이렇게 위험천만

한 곳이지만 그랜드 캐니언에서는 사람이 떨어져 죽지 않는다. 왜냐하면 사람들이 절벽 가까이 가기는 해도 함부로 행동하지는 않기 때문이다.

"어떤 일이 얼마나 발생하는지에 대해 판단을 내리려 할 때 실제로 그일이 일어날 확률보다는 관련 정보가 얼마나 쉽게 머릿속에 떠오르는지에 영향을 많이 받습니다. 이를 심리학에서는 가용성 방략(可用性方略, Availability Heuristic) 이론으로 설명합니다."

일상생활에서 낙상 사고가 훨씬 자주 일어나고 그로 인해 죽을 확률도 높다. 그랜드 캐니언에서 사고가 나지 않는 것은 절벽 낭떠러지가 천 길이라는 생각이 계속 떠올라 위험한 행동을 피하기 때문이다. 이처럼 사람들이 일반적으로 위험하다고 생각할 때는 실제로 위험하지 않은 경우가 많다. 생각과 현실이 다른 것이다.

"중국 김치 파동이 일어났을 때 사람들은 중국 김치를 먹지 말아야 한다고 생각했습니다. 그러나 이때 오히려 김치에 대한 관리 감독이 강화돼 김치가 한동안 더 안전할 수 있죠. 2013년 아시아나항공 비행기가 샌프란시스코에서 불시착한 사고가 일어난 직후에도 사람들은 아시아나항공이 위험하다고 생각해 대한항공으로 몰렸습니다. 그러나 사고 이후 안전및 보안에 더욱 신경을 쓰기 때문에 아시아나항공이 한동안 더 안전할 수 있죠."

허태균 교수는 이런 사례들에 비추어 보면 오히려 문제가 보이지 않고 모두가 잘나간다고 할 때가 가장 위험한 순간이라고 했다. 삼성이 세계적 기업이라고 이야기하는 요즘이 진짜 위기라는 것이다. 삼성전자 2015년 1분기 실적 매출은 47조 1200억 원, 영업 이익은 5조 9800억 원이다. 이런 삼성을 보면서 위기나 위험이라는 단어를 떠올리기는 쉽지 않다. 삼성을 안정적인 직장이라 생각하는 20만 명의 입사 지원자들이 매년 입사 시험을 치르는 것만 봐도 알 수 있다.

"삼성이 미래에도 안전할지는 의문입니다. 지난 20여 년 동안 삼성이 변한 만큼 향후 20여 년간 삼성은 다시 변할 것입니다. 앞으로 긍정적인 변화가 일어날 것이라 자신 있게 말할 수 있는 사람은 아무도 없습니다. 1970년대에는 한국이 중화학 공업을 육성하면서 수출에 집중 투자했고, 그 덕분에 삼성물산, 국제상사 등에서 일하는 상사맨이 인기가 많았습니다. 1980년대에는 금융 산업이 성장하면서 금융권 회사들이 안정적이고 고소득 직장으로 각광받았습니다. 1990년대 말에는 IMF 경제 위기 때문에 공무원이나 선생님 등의 직종이 인기가 많았습니다. 이처럼 지금 안전하다고 여겨지는 곳이 시간이 지나면 위험해질 가능성이 있으며, 오히려 월급도 적고 모든 사람이 위험하다고 생각하는 곳이 앞으로는 안전해질 수 있습니다."

허태균 교수는 삼성이 앞으로도 성장하고 그 성과를 누리기 위해서는 현재를 위기로 인식하고 뼈를 깎는 것 이상의 노력을 해야 한다고 강조했다. 주어진 상황을 위기로 인식하고 그에 맞춰 변화하는 것으로는 한계가 있다는 점도 지적했다.

"현재 임원들은 지난 20년간 삼성이 성장한 혜택을 누리고 있는 것입니다. 지금 고생해서 입사한 사람이 큰 혜택을 누리려면 앞으로 20년 동안 삼성이 성장해야 합니다. 그리고 그 성장은 위기를 극복하는 수준의 노력으로는 안 됩니다."

허 교수는 미래의 위기에 대처하고 변화를 주도하는 데에는 비전을 줄 수 있는 리더가 필요함을 강조했다. 변화를 이끌 새로운 사고방식과 기술을 가져다줄 인재에 대한 투자도 필요하지만, 더 중요한 것은 그런 인재를 고정 관념에 얽매이지 않고 열린 마음으로 바라볼 수 있는 자질이라고 말했다. 그리고 그런 자질은 자신이 지닌 고정 관념이 무엇인지 파악하고 이를 극복하는 것에서 출발한다고 강조했다.

┃ 위기에 대처하는
┃ 리더의 자세

허 교수는 고정 관념과 관련해서 리더가 빠지기 쉬운 착각에 대해 소개했다. 먼저 고위 임원은 자신의 지위로부터 나오는 힘 때문에 착각에 빠지기 쉽다고 지적했다. 대표적인 경우가 힘 있는 사람이 힘없는 사람보다 사람 보는 눈이 있는 것처럼 느끼는 착각인데, 신입 사원이 들어온 상황을 예로 들었다. 신입 사원 A, B, C가 아직 어떤 직원인지 모르는 상황에서 신입 사원 A가 유달리 리더가 싫어하는 스타일인 경우가 있다. 이 경우 리더는 중요한 일이 있을 때는 B와 C에게 시키게 된다. 좋은 일이 있을 때는 A를 쳐다보지 않는다. A 입장에서는 억울한 일이다. 그는 부서를 옮기든지, 이직을 해야겠다고 마음먹고 여기저기서 리더를 흉본다. 이후 그 이야기를 전해 들은 리더는 '역시 그럴 줄 알았어. 내가 사람 보는 눈은 있다'고 생각한다.

"자기 충족적 예언이죠."

자기 충족적 예언이란, 한 사람이 A에 대해 어떤 기대를 품게 되면 그 기대대로 A를 대하게 되고 결국 A는 그 기대에 맞는 행동을 하게 된다는 것을 뜻한다. 리더가 A 사원을 그렇게 만든 것인지, 사람을 잘 본 것인지는 분명하지 않다. 힘없는 사람은 이런 고민을 하지 않아도 된다. 힘이 없으니 자신이 상사에게 어떤 기대를 하건 그것과 상관없이 상사를 대하기 때문이다.

"리더는 의도적으로라도 자신의 고정 관념에 반대되는 선택을 해야 합니다. '막상 A와 일해 보니 생각보다 괜찮아'라는 식으로 고정 관념을 바꿀 수도 있죠. 그래야 자신의 생각이 맞는지 확인할 기회가 생기죠."

허 교수는 두 번째 착각으로 가시적으로 보이는 것만이 최고라고 여기는 점을 꼽았다. 이는 리더들만의 문제가 아니라 수년간 심리를 연구하며 느낀 한국인들의 흔한 착각이라고 언급했다.

"한국 사람들은 보통 눈에 보이고 만질 수 있는 것만 인정하는 성향이 있습니다. 크기, 무게 등 수치화하는 것을 좋아해 추상적 가치를 인정하지 않습니다."

병원 진찰과 애프터서비스를 사례로 들었다. 흔히 병원에 진료를 받으러 갔을 때 의사가 진찰한 다음 '물 많이 드세요'라고 하면 의사가 제대로 진료를 하지 않았다고 생각한다. 몸에 이상이 없어도 소화제라도 하나 처방해 줘야 치료를 제대로 받았다고 생각한다는 것이다. 애프터서비스를 받을 때도 마찬가지다. TV를 수리하러 온 사람이 부품에 문제가 없어 청소만 하고 다시 TV를 켜니 잘 작동된다. 이때 고객은 수리비를 내지 않으려고 하는 경우가 많다. 부품을 바꾼 게 없으니 수리비를 낼 필요가 없다고 생각하는 것이다.

"이처럼 한국 사람들은 인간이 한 서비스에 대한 대가를 지불하는 데 인색합니다. 이런 관점이 소비 패턴에도 나타나는데, 물건이 아닌 무형의 서비스는 가치가 없다고 생각합니다. 그렇기 때문에 삼성을 포함한 다른 한국 기업들이 퍼스트 무버(First Mover : 선도자)가 못 되고 패스트 팔로어 (Fast Follower : 빠른 추종자)가 됩니다. 처음에 가장 획기적인 제품과 서비스를 내놓지 못하는 것은 서비스 같은 무형의 가치 욕구에 대한 인식이 부족하기 때문입니다. 갤럭시S와 애플 아이패드의 광고를 비교해 볼까요? 애플은 인간의 경험을 강조하지만 삼성은 물건이 얼마나 크고 빠른지에 중점을 두죠. 쉽게 말해 좋은 물건을 만드는 능력은 있지만 그 물건을 왜 만들어야 하는지, 인간에게 어떤 경험과 느낌을 제공해 줄 것인가를 이해하는 능력은 부족합니다. 물론 삼성도 무형의 가치를 인정하는 등 달라지고 있지만 아직 부족하다고 생각합니다. 앞서 말한 이런 한국인의 착각, 그리고 그런 심리적 성향에서 벗어나지 못하는 리더들이 내리는 결정이 한국 기업이 세계적인 기업으로 도약하는 것을 막는 장애물입니다."

패스트 팔로어에서 퍼스트 무버로

과거에는 삼성을 비롯해 한국의 기업들이 추월해야 할 경쟁자가 많았다. 경쟁자들의 강점을 벤치마킹하고 열심히 혁신하면서 하나하나 따라잡았다. 그 결과 삼성은 전 세계 가전제품 업계의 최강자로 군림했던 소니를 2004~2005년에 매출 및 브랜드 가치에서 추월했고, 이후 휴대 전화의 최강자였던 노키아마저 뛰어넘었다.

이 과정에서 수많은 혁신이 필요했으나 그것은 변화하는 환경에 적절한 대응 수준의 혁신이었다. 그렇게 벤치마킹과 패스트 팔로어 전략으로 삼성은 성장했고, 성공했다.

그러나 어느덧 삼성이 추월해야 할 기업이 손가락에 꼽을 정도로 없어졌다. 이제는 중국, 동남아시아 등에서 과거 삼성처럼 패스트 팔로어 전략을 쓰는 기업들이 삼성을 노리는 처지가 되었다. 이제는 퍼스트 무버가되기 위해 어떤 착각에서 벗어나야 하는지를 고민해야 한다.

플랜B
– 최선의 전략보다는
최악의 시나리오를 써라

김도현
국민대 경영학부 교수

서울대 항공우주공학과에서 학사 학위부터 박사 학위까지를 모두 받았다. 졸업 후 보스턴 컨설팅그룹을 시작으로 컨설팅과 투자 은행 업계에서 일하면서 전략 수립과 인수 합병을 온몸으로 배웠다. 영국 워릭 대에서 전략 및 창업을 책으로 공부해 두 번째 박사 학위(경영학)를 취득했다. 2006년부터 국민대 경영학부 교수로 활동하고 있고 현재 창업지원단장과 글로벌창업벤처대학원장으로도 재직 중이다. 기업들이 어떻게 창업 초기 기업과 같은 유연하고 기민한 전략을 구사할 수 있을 것인가 하는 질문에 답하기 위해 애쓰고 있다. 2012년부터 2013년 사이에는 미국 하버드 대 방문학자를 지냈고, 2014년부터 2015년까지 한국벤처창업학회장과 한국경영학회 이사를 역임했다. 계간 《창작과 비평》을 통해 소설로 등단한 다음 글쓰기로 호구를 마련하던 경험이 있다.

앞으로 환경이 어떻게 변할지를 분석하고 그에 대비하는 전략을 세우는 일은 중요하다. 그러나 최근에는 공들여 세운 전략이 불확실성 앞에서 힘을 쓰지 못하는 경우가 많다. 예를 들어 일본 후쿠시마 원전 사고는 전문가들조차 예상하지 못했다. 후쿠시마 원자력 발전소는 지진, 해일 등 상상할 수 있는 모든 재난이 발생했을 경우에 대비해 지어졌고 대응 매뉴얼도 만들어 놓았다. 문제는 설계 당시 상상하지 못했던 높은 파도가 밀려왔다는 것이다. 상상할 수 없어 매뉴얼에 넣지 못한 일이 터져 버린 것이다. 이런 상상하지 못했던 일이 발생했을 때를 대비하기 위해 기업은 무엇을 해야 할까?

세계 최고 카메라 미놀타의 몰락

김도현 국민대 경영학부 교수는 2013년 2월 13일 삼성 수요 사장단 회의에서 '글로벌 기업의 플랜B 전략'이란 주제로 강연을 했다. 미리 세운 전략대로 회사와 조직을 이끄는 것이 이른바 플랜A다. 플랜A대로 모든 일이 풀리면 더 바랄 것이 없다. 그러나 현실에선 늘 돌발 변수가 생긴다. 그래서 김 교수는 플랜A만큼 중요한 것이 플랜B라고 강조한다. 플랜A가 틀어지면 언제든지 전략과 전술을 조정해 플랜B를 만들 수 있어야 한다는 것이다.

"기업인들이 전략을 잘 세우는 것만큼 중요한 일이 그 전략이 통하지 않는 의외의 상황이 발생했을 때 어떻게 할 것인가입니다. 이것이 바로 플랜B입니다."

삼성 사장단도 경험으로 이를 잘 알고 있다. 김 교수가 사장단에 '장기 계획을 믿는가'란 질문을 던지자 대다수가 고개를 저었다고 했다. 한국 경제를 선도하는 삼성 사장단도 처음 세운 전략을 끝까지 밀고 나가 이루기는 힘들다고 보는 것이다.

1960~1970년대까지만 해도 한번 1등 기업은 10년이고 20년이고 1등인 경우가 많았고, 시장을 선도하는 기업들은 장기 계획을 세울 수도 있

었다. 대표적인 예가 일본 카메라 업체인 미놀타이다. 이름마저 생소한 이 기업은 1970년대 세계적인 필름 카메라 제조 업체였다. 과거에 삼성은 미놀타의 기술을 따라잡고자 부단히 노력했다. 당시 필름 카메라 시장에서 성패는 누가 더 우수한 광학 기술을 보유하고 있느냐가 절대적이었다. 광학 기술에서 독보적인 위치에 있던 미놀타는 내년, 후년에 출시할 제품을 미리 만들어 놓고 자신들이 만든 시간표에 따라 신제품을 출시했다. 그러나 디지털카메라가 등장하면서 상황이 달라졌다. 디지털 기술이 중요해지면서 기존의 업체보다 반도체 등에 강한 전자 기업들에게 상황이 유리해진 것이다. 삼성, 소니, 카시오 등 전자 기업들이 시장을 장악하고 후발 전자 기업들이 끊임없이 시장에 진입하면서 정해진 계획에 따라 제품을 출시해서 시장 점유율을 유지하는 전략이 불가능해졌다. 결국 미놀타는 코니카에 흡수되었고, 코니카가 소니에 흡수되면서 브랜드마저 사라져 버렸다.

"이제는 세계 초일류 IT 기업인 삼성전자의 연간 계획도 경쟁 기업이 어떤 제품을 내놓느냐에 따라 순식간에 무의미해질 수 있습니다."

▌최선의 전략보다는
▌최악의 시나리오를 써라

급변하는 환경에서 생존하는 방법은 다양하다. 김 교수는 영국과 네덜란드의 합작 정유 회사이자 세계 4대 메이저 정유 회사 중 하나인 로열더치 셸이 시나리오 경영 기법으로 살아남은 사례를 소개했다.

1996년 이건희 회장이 신년사를 통해 강조하면서 화제가 되었던 시나리오 경영이란 미래에 대한 불안감이 높은 상황에서 위험 요인을 최소화하기 위한 경영 기법이다. 정치적·경제적·사회적 변화와 그것이 기업에 미치는 영향을 다양한 시나리오로 만들고 각각 상황에 대한 대응책을 만드는 것이다.

1970년대 초 셸의 경영진은 미래 사업의 변화에 대한 불안감에 빠져 있었는데 특히 석유 가격의 변화가 어떤 결과를 가져올지에 대해 걱정이 많았다. 당시 미국의 채굴 가능 유전이 줄어들고 있었지만 미국의 석유 수요는 증가하고 있었다. 석유 가격은 정유 회사들의 영향력 아래 결정되었는데 아랍 국가들을 중심으로 결성된 석유 수출국 기구(OPEC)는 이런 주도권을 자신들이 가지고 싶어 했다. 그리고 아랍 국가들과 이스라엘 사이에 발생한 전쟁에서 서방 국가들이 이스라엘의 편을 들면서 아랍 국가들이 서방 국가에 대한 적개심이 커지던 상황이었다. 셸의 경영진들은 이런 상황을 포착하고 미래 석유 가격에 영향을 미칠 수 있는 변수들을 파악해서 효과적인 대응책을 찾고자 했다. 그래서 미래학자들의 미래 전망 기법을 도입해 앞으로 일어날 수 있는 일에 대한 다양한 방향성에 대해 몇 가지 시나리오를 내놓았다.

그중 하나가 바로 중동 전쟁이 발생하면서 유가가 급격하게 오를 것이라는 시나리오였다. 실제로 1973년 10월 제4차 중동 전쟁이 발생했고, OPEC이 가격 인상과 석유 감산에 들어가면서 배럴당 2.9달러였던 원유 가격이 다음 해에 무려 네 배나 폭등한 11.6달러까지 상승하면서 제1차 석유 파동이 발생했다. 주요 선진국들은 두 자릿수 물가 상승과 마이너스 성장이 겹치는 스태그플레이션을 겪으면서 심각한 타격을 입었다. 세계적인 정유 회사들도 석유 공급에 차질이 생기면서 심각한 타격을 입었다. 그러나 예상한 시나리오를 심각하게 받아들이고 OPEC이 석유 가격의 주도권을 가지게 될 것으로 가정하고 움직였던 셸은 OPEC과 관계를 돈독히 해 놓은 상태였다. 전쟁이 발생하고 OPEC이 세계 석유 가격을 좌지우지하는 상황에서도 셸은 안정적으로 석유를 확보하게 되면서 위기를 극복했다. 그리고 이 계기로 중하위권 정유 회사에서 세계 정유 업계 2위로 올라서게 되었다. 셸은 1990년대의 반세계화 움직임과 2000년대의 유가 상승 가능성도 예측해 미리 대응책을 만들었다. 불확실한 미래를 대비하기 위해 여러 가지 가능성을 열어 두고 다양한 전략을 미리 세워 놓은 것이다.

확실한 목표,
최소한의 계획

김 교수는 심지어 많은 계획을 세우는 것보다 아예 무계획이 더 좋을 수도 있다고 본다. 그는 《경영의 미래》의 저자이자 〈월스트리트저널〉이 선정한 가장 영향력 있는 경영 사상가 중 한 사람인 세계적인 경영 석학 게리 해멀 교수가 《하버드비즈니스리뷰》에 기고한 〈우선 관리자들을 모조리 해고하라(First, Let's fire all the managers)〉는 글을 소개했다. 급변하는 주변 여건 때문에 어차피 계획이라는 게 무의미하다면 아예 계획 없이 지내보자는 것으로 동물처럼 본능에 의지하는 것이 전략을 세우는 것보다 더 좋은 결과를 얻을 수 있다는 이야기다.

"창발 전략이죠. 어차피 계획 중 상당수는 잘되지 않으니, 계획이 없는 상황에서 사람들끼리 상호 작용하면서 부딪히는 문제를 해결해 보자는 이야기입니다. 예를 들어 새들은 군집 비행할 때 아무런 계획을 세우지 않습니다. 그저 상호 작용하면서 문제를 해결합니다. 단순한 규칙으로 상호 작용하다 보면 놀랄 만큼 유연한 전략이 생길 수 있죠."

또 김 교수는 과거에는 전략을 경영진에서 세우고 일선으로 하달하는 방식을 썼지만 이제는 상호 작용에서 전략이 생겨야 한다고 보았다. 마치 새들이 날아갈 때 서로 의사소통을 하는 것과 비슷하다.

"이렇게 상호 작용으로 문제를 해결하다 보면 어떤 상황에도 적응할 수 있는 힘이 생깁니다."

김 교수는 상호 작용으로 문제를 해결하는 전략을 구사하는 기업의 대표적인 예로 농산물 가공 기업인 모닝스타와 미국 온라인 영화 대여 업체 넷플릭스를 꼽았다.

모닝스타는 토마토 페이스트 같은 토마토 가공 제품을 만드는 농산물 가공 업체이다. 이 회사의 특징은 개인의 업무를 정해 주지 않는다는 것이다. 직원을 채용하면 당장 업무에 투입하기보다는 일정 기간 회사 안에서 스스로 무엇을 할지 찾게 한다. 위계질서도 없다. 직원들은 단지 회사 내에서 자기가 중요하다고 생각하는 일을 한다. 명령 체계가 없는 지극히 수평적인 관계다. 수익은커녕 운영 자체가 되지 않을 것 같지만 미국 토마토 가공 제품 시장의 40%를 점유하면서 수익성 있는 성장을 지속하고 있다.

"모닝스타는 아무런 전략도, 업무 정의도 없죠. 그저 직원들의 자율에 맡깁니다. 하지만 수익률이 아주 높습니다."

넷플릭스는 가입자 수만 6000만 명에 이르는 세계 최대 유료 동영상 스트리밍 서비스 제공 회사이다. 1997년 DVD를 우편 배달하는 서비스로 시작한 이 회사는 2007년 온라인으로 사업 영역을 넓혔고, 자체적으로 콘텐츠를 제작하기도 한다. 미국 워싱턴 정계를 배경으로 한 드라마 〈하우스 오브 카드〉는 전 세계적으로 인기를 끌었다. 넷플릭스는 '회사에 좋은 일이면 하라'는 그야말로 포괄적이고 추상적인 규정을 가진 회사다. 회사에 좋은 일이면 그 상황에 맞게 알아서 행동하라는 것이다. 출장, 식사 등 세세한 업무나 활동에 대한 규정도 없다.

"처음에는 물론 시행착오가 있겠죠. 하지만 복잡한 일, 안 겪던 일이 발생했을 때 규정에 따라 행동해 온 사람은 당황하겠지만, 모닝스타, 넷플릭스 직원은 스스로 생각해서 행동해 문제를 해결합니다."

넷플릭스가 사업을 시작할 당시에는 매장 중심의 세계 최대 비디오 대여 업체인 블록버스터가 시장을 장악하고 있었다. 하지만 우편으로 DVD를 배달해 주고 영화도 추천해 주는 새로운 비즈니스 모델을 도입하면서 넷플릭스는 블록버스터를 앞질렀고 2013년 결국 블록버스터를 파산에 이르게 했다. 2007년 스트리밍 방식의 비중이 크지 않았을 때는 메이저 영화사와 저렴한 가격으로 판권 계약을 맺었다. 그러나 스트리밍 시장이 커지면서 메이저 영화사들은 넷플릭스에게 대폭 인상된 판권료를 요구했다. 넷플릭스는 이 문제를 해결하기 위해 자체 콘텐츠를 제작했고 이것이 전 세계적으로 히트한 〈하우스 오브 카드〉이다. 또한 온라인 스트리밍이 커지면서 인터넷 망에 부하가 걸리는 문제가 발생했다. 그러자 인터넷 망을 제공하는 업체들이 넷플릭스를 견제하기 시작했다. 넷플릭스는 미국 최대 무선 전기 통신 회사인 버라이즌과 계약하고 돈을 지불하면서 가입자들에게 더 빠른 속도로 콘텐츠를 제공해 줌으로써 문제를 해결했다. 2014년 현재 매출 47억 4000만 달러, 순이익 2억 6680만 달러로, 미국 방송 시장을 장악했다.

사실 모닝스타나 넷플릭스처럼 조직을 운영하기는 현실적으로 어렵다. 특히 정교한 전략으로 조직을 짜임새 있게 운영해 온 기업은 더 적응하기 힘들다. 김 교수가 삼성 사장단에 넷플릭스나 모닝스타처럼 변할 수 있는지 묻자 '불가능하다'는 대답이 나왔다. '관리의 삼성'이란 이야기가 있었다. 관리에 강하고 관리를 중요하게 생각하는 삼성이다. 무규칙과 무질서를 받아들이라고 말하는 사람이나 듣는 사람 모두 불가능하며 바람직하지도 않다고 생각했다. 김 교수가 말했다.

"저도 삼성이 무질서와 무규칙을 전면 도입하는 것은 불가능하다고 생각합니다. 바람직하지도 않죠. 모닝스타와 넷플릭스는 설립 초기부터 무질서 전략을 채택했습니다. 삼성과 같이 이미 짜임새 있는 조직을 가진 회사가 무질서한 조직 제도를 도입해 성공한 사례는 없습니다. 그러나 무질서의 질서, 무규칙의 규칙을 조직이 익힐 필요가 있습니다. 의외의 상황이 발생했을 때 적응하는 힘이 없는 기업은 무너집니다. 또 의외의 상황이 앞으로는 일상적으로 일어납니다. 위계질서보다 무규칙과 무질서를 견뎌 보는 실험을 해 볼 필요가 있습니다."

플랜B가 필요한 순간은 생각보다 빨리 온다

김 교수는 생각이 다른 사람을 채용하는 것이 무질서의 질서, 무규칙의 규칙을 무리 없이 조직이 익히는 방법이라고 말했다.

"삼성 직원들은 비슷하게 생각하고 비슷하게 행동합니다. 삼성 사람

같지 않은 직원을 뽑아 보면 어떨까요? 당분간은 그런 사람들이 불편한 존재가 될 수 있지만, 향후 예상치 못한 일이 생기면 그들이 힘을 발휘할 것입니다."

예상했던 상황에선 다른 생각을 가진 사람이 필요 없다. 그러나 예상하지 못했던 순간에는 생각이 다른 사람이 필요하고 예상하지 못했던 상황은 반드시 일어난다는 것이다. 1970년대 일본을 넘어 세계 카메라 시장을 장악했던 미놀타가 지금은 브랜드마저 생소한 회사가 될 것이라고 예상한 사람은 아무도 없다. 변화가 별로 없을 것처럼 보이는 정유 업계에서 로열더치셸이 한순간에 세계 정유 업계 2위로 올라섰고, 넷플릭스는 창업 당시 대여 업체 최강자였던 블록버스터를 파산으로 몰아넣었다.

그러나 이들 기업들에게는 공통점이 있다. 전략은 유연하지만, 원칙과 목표는 확실했다. 모닝스타는 자신의 고객인 음식료 제조 업체들이 양질의 최종 제품을 적절한 가격에 생산할 수 있도록 한다는 원칙을 양보한 적이 없다. 넷플릭스는 콘텐츠 제작자와 사용자 사이의 상호 선택 기회를 무한대로 늘리겠다는 비전에서 물러난 적이 없다. 명확한 목표가 없다면 유연성은 무질서로 이어질 수도 있다. 구성원들에게 명확한 목표 의식을 심어 주고, 예상하지 못한 상황에 대처할 수 있는 능력을 키워 주어야 하며, 다양한 구성원들을 받아들이고 이들이 활동할 수 있는 환경을 만드는 것이 중요하다.

더 공부하고 싶을 때 읽어 볼 만한 책들

1. 경영의 미래

게리 해멀 · 빌 브린 지음 | 권영설 옮김 | 세종서적 | 2009

불확실성이 일상인 시대에서 어떻게 혁신적인 경영을 할 수 있는지 제시한다. '핵심 역량', '전략적 의도' 등 현대 기업 경영 용어의 창시자이자 경영학의 대가인 게리 해멀은 경영 게놈을 만들어서 경영 자체를 혁신하라고 주장한다. 직원들에게 최대한의 자유를 주면서 어떻게 성과는 극대화할 것인지, 빠르게 변하는 시장에서 회사의 기조를 유지하면서도 살아남으려면 어떻게 해야 하는지 등에 관한 해답을 제시한다.

2. 상식의 배반

던컨 와츠 지음 | 정지인 옮김 | 생각연구소 | 2011

네트워크 과학 전문가이자 사회학자인 저자가 과학과 인문학을 이용해 우리의 심리, 경영, 마케팅에서부터 사회, 문화에 이르기까지 만연해 있는 잘못된 상식에 의문을 제기한 책. 월급을 더 주면 업무 성과가 향상되는지, 유명 연예인을 이용한 광고가 효과적인지, 기업 경영이나 정부 정책에서 어디까지 상식을 적용할 수 있는지 등 누구도 의심하지 않는 상식에 대한 진실을 파헤친다.

3. 경쟁우위의 종말

리타 맥그래스 지음 | 정선양 · 김경희 옮김 | 경문사 | 2014

과거에는 경쟁사를 이기기 위해 생산 원가를 낮추고 주력 상품에 집중 투자하는 방식이 일반적이었다. 그러나 오늘날 기업 경영 환경은 과거에 비해 복잡하고 서로 연결되어 있어서 경쟁 상대가 모호해졌다. 디지털카메라의 경쟁 상대가 스마트폰이 되고, 자동차 업체들의 경쟁 상대로 구글이 떠오른 것이 대표적이다. 이 책은 과거의 경쟁 우위 전략을 버릴 것을 주장한다. 대신 기회를 빠르게 포착하고 활용한 후 다시 새로운 기회로 갈아타는 일시적 경쟁 우위가 중요한 시대임을 강조한다.

일본 기업의
위기에서 배우는
복잡성 관리의
중요성

김현철
서울대 국제대학원 교수

서울대 경영대학과 동 대학원을 졸업하고 제철장학회 장학생으로 선발되어 일본의 케이오 비즈니스 스쿨에서 경영학 박사 학위를 받았다. 귀국하기 전까지 나고야 상과대학과 미국의 하버드 비즈니스 스쿨 등에서 연구했으며, 일본 쓰쿠바 대에서 부교수로 재직했다. 일본에 있는 동안에는 일본 경제산업성(구 통산성)의 프랜차이즈 연구 위원 등을 역임했으며 신일본제철과 도요타자동차, 닛산자동차, 후지제록스, 캐논, 카오, 아사히 맥주, 기분, 월드, 이세탄, 동경 디즈니랜드, 바이엘 재팬 등의 자문 및 교육 등을 담당했다. 귀국 후에는 삼성전자와 삼성전기, 현대자동차, SK텔레콤, LG CNS, 제일모직, 아모레퍼시픽 등의 자문 교수를 역임했다. 일본어 저서로는 《영업의 본질》, 《고객 창조》, 《비즈니스 시스템의 혁신》, 《일본적 마케팅의 재구축》, 《편의점 업태의 혁신》, 《일본 유통 산업사》, 《아시아 최강경영》 등이 있으며, 한국어 저서로는 《일본기업 일본마케팅》, 《사례로 배우는 일본유통》, 《도요타 DNA》, 《CEO 영업에 길을 묻다》, 《어떻게 돌파할 것인가》 등이 있다.

가장 가까운 곳에서 찾는 교훈
– 도요타의 사례

우리나라는 일본의 성장, 위기, 불황을 시간 차를 두고 따라가고 있다. 최근에는 일본의 불황을 따라가는 것 아니냐는 우려의 목소리가 크다.

김현철 서울대 국제대학원 일본 전공 교수는 2012년 삼성 수요 사장단 강연에서 좋든 싫든 일본 기업이 앞서 경험한 성장과 실패에 따른 교훈을 배워야 한다고 조언했다.

"우리나라 기업들이 최근 3년간 상황이 안 좋습니다. 어려움을 겪는 과정이 일본 기업과 유사해 부활을 위해서는 일본 기업의 부활 과정을 잘 봐야 합니다."

김 교수는 도요타가 1등 기업이 된 과정, 리콜 사태를 겪으면서 추락한 후 부활하게 된 과정을 통해 교훈을 전했다. 그의 강연 주제는 '복잡성, 어떻게 관리할 것인가'였다. 복잡성이 도요타를 이해하는 데 가장 중요한 키워드이기 때문이다.

아시아 기업이 1등 기업 된 비결, '선두 기업과 다른 전략을 취해라'

1933년 도요타 방직 회사 내에 자동차부를 설립하고 1935년 자동차를 제조하면서 자동차 산업에 뛰어든 도요타는 전 세계 자동차 시장을 장악하고 있던 포드와 GM을 이기겠다고 도전장을 내민 일본의 아주 작은 기업이었다. GM과 포드는 당시 소품종 대량 생산 방식으로 운영됐다. 포드 자동차의 T형 모델의 경우 1925년에만 200만 대를 생산했다. 이 기록은 1972년 폴크스바겐이 200만 대를 넘게 생산하기 전까지 깨지는 데 50년이 걸렸다. 그러나 도요타는 1935년 처음 완성 차를 만들었고, 1937년에 월 500대를 생산할 수 있는 생산 시설을 확립했지만 그해 4013대를 생산했을 뿐이다. 제작비, 품질, 생산성 등 어느 것 하나도 포드와 GM을 이길 수 있을 것 같지 않았다.

도요타의 사장이던 도요타 기이치로는 미국을 따라잡지 못하면 도요타는 물론 일본의 자동차 산업은 살아남기 어렵다는 생각으로 혁신을 추진했다. 그러나 1950년 당시 공장장이던 오노 다이이치는 미국의 자동차 공장을 견학하고 나서 소품종 대량 생산 방식은 산업 규모가 큰 미국에서만 가능하고, 시장 수요가 적은 도요타에는 맞지 않는다고 판단했다. 어느 날 슈퍼마켓에 간 그는 다양한 물건들이 진열되어 있고 손님들이 필요한 물건을 사는 것을 보고 아이디어를 얻었다. 자동차 공장에 각각의 부품을 취급하는 라인을 만들어서 슈퍼마켓처럼 공장 내부를 한 바퀴 돌며 필요한 부품을 선택하고 조립하는 방식을 구상한 것이다. 이를 통해 원가를 절감하고 다양한 품종을 소량 생산하는 전략으로 GM이나 포드에 맞설 수 있다고 판단했다. 실제로 도요타는 일본 최대의 자동차 기업이 되었지만, 해외 자동차 기업들이 자동차 모델당 최소 최적 생산 규모라고 여기는 20만 대를 한 모델로 달성한 적이 없었다.

포드 자동차는 컨베이어 벨트 시스템을 포함해 표준 작업 관리가 단순, 수월했다. 대량 생산으로 경영 방식이 심플하고 효율적이었던 것이다. 반면 도요타는 다품종을 소량 생산하는 방식으로 나아갔기 때문에 생산하는 자동차 종류가 다양한 만큼 생산 시스템 자체가 복잡했다. 이런 문제를 해결하기 위해 도요타는 대량의 부품을 공장에 쌓아 두는 대신 필요할 때에 필요한 만큼 부품을 공급 받아 생산하는 '적기 공급 생산(JIT : Just In Time)'을 포함해 효율적이면서 복잡한 모델로 GM과 포드를 상대했다.

그런데 또 다른 문제가 있었다. 생산 과정에서 기술 혁신을 하고 원가를 절감해도 판매가 이루어지지 않으면 소용이 없다. 이 때문에 도요타는 영업 혁신에도 중점을 두었다. 1935년 당시 GM에서 판매부장을 하던 가미야 쇼타로를 영입했다. 가미야 쇼타로는 GM의 판매 방식을 모방해서 특정 지역에 특정 모델만을 파는 '전속제'를 시행했다. 이때 지역 유지들을 딜러로 모집했고, 영업은 자동차를 사 줄 만한 사람들을 대상으로만 한정하는 전략을 세웠다. 이를 통해 딜러망을 구축하는 데 드는 비용을 줄이고, 고객들의 불만 사항을 원활히 처리할 수 있었다. 또한 신차를 사면 중고 판매, 정비, 보험 서비스까지 한 번에 해결할 수 있는 시스템과 회사에서 보증하는 중고차 판매 법인을 설립해 고객들이 중고차를 파는 데 드는 수고를 덜어 주는 시스템의 기초를 닦았다.

포드, GM, 그리고 도요타의 모습을 보면 마치 현재의 삼성전자와 애플의 모습을 보는 것 같다. 애플은 GM, 포드와 같이 모델 몇 개를 가지고 세계 곳곳에서 동일하게 판매한다. 하지만 삼성은 갤럭시만 하더라도 S 시리즈, 노트, 미니 등 다양하다. 삼성은 애플을 이기기 위해 다품종 소량 생산 전략을 쓴 셈이다.

"여기서 우리는 2등이 1등을 따라잡으려면 1등 기업이 가진 전략과 다른 전략을 써야 한다는 교훈을 얻습니다. 생산의 혁신, 제품 개발뿐만 아니라 영업도 중요합니다. 삼성이 애플과 비교했을 때 아주 특별한 것이 없어도 1등이 된 것은 영업을 잘한 영향도 있죠. 영업은 강력한 경쟁력을 갖게 합니다."

도요타에 위기를 가져다준 복잡성, 그리고 부활

1957년 도요타 자동차는 부푼 꿈을 안고 미국 시장에 진출했다. 그러나 샘플로 보낸 자동차가 고속 도로에 진입한 순간 문제가 터졌다. 규정 속도에 맞춰 달리기 위해 가속 페달을 밟고 120킬로미터의 속도로 달리자 갑자기 엔진에 소음이 나면서 고장이 난 것이다. 1년 후에도 이런 기술적인 문제를 해결하지 못해 출하 정지라는 굴욕을 맛보았다. 그리고 50년 뒤인 2007년 도요타는 GM을 제치고 세계 1등 자동차 기업이 됐다.

하지만 2009년 8월에 가속 페달 문제가 크게 이슈가 되고 다른 결함 부위들이 드러나면서 도요타에 대한 여론이 악화되었다. 이에 도요타는 2009년에 8개 모델, 2010년 15개 모델을 리콜 하게 되었다. 미국 기준 총 771만 대가 리콜 대상이었다. 이는 2009년에 도요타가 일본 이외의 시장에서 판매한 차량 대수에 맞먹는 수치이다. 이 사태로 큰 타격을 입은 도요타는 《포브스》 선정 세계 선도 기업 순위에서 2009년 3위였다가 다음 해 360위로 추락하고 말았다.

김현철 교수는 도요타 리콜 사태의 원인으로 '복잡성'을 꼽았다. 도요타는 초기에 복잡성을 잘 관리했지만 2000년대 들어 잘 관리하지 못했다. 이 때문에 제품 어디에 문제가 있는지 밝혀내지 못해 리콜 사태를 맞이하고 영업 적자가 나며 위기가 터진 것이다.

그러나 도요타는 위기를 리더십으로 해결했다. 아키오 도요타 사장은 근본으로, 창립 이념으로 돌아가자는 운동을 펼쳤다. 아키오 사장 주도로 도요타는 2009~2012년 복잡성 중 단순화할 것과 하지 말아야 할 것을 구분하고 복잡성을 관리할 수 있는 시스템을 재구축하는 활동을 지속했다. 그 결과 도요타 자동차는 2012년에 다시 1위 자리로 회복했다.

"삼성은 도요타를 벤치마킹해 그동안 잘 커 왔지만, 마찬가지로 복잡성 때문에 위기를 맞이할 수 있습니다. 이 위기를 현명하게 극복하면 넘어설 수 있지만, 그렇지 못하면 위험에 빠집니다."

포드, GM, 애플 모두 미국 기업으로 단순한 전략을 추구한다. 이를 따라잡으려는 아시아 기업들은 애초부터 복잡한 모델을 선택할 수밖에 없다.

"복잡한 모델을 취한 회사는 이를 얼마나 잘 관리하느냐가 관건입니다. 삼성에게 세월이 흐름에 따라 복잡성을 잘 관리하지 못하면 위기에 빠질 수도 있다는 시사점을 주고 싶습니다."

복잡성 속에서 단순함을 찾아라

삼성 사장단은 김 교수에게 복잡성을 관리할 수 있는 시스템이 무엇인지 물었다. 답은 간단했다.

"회사마다 특색이 다르고 사업 영역과 방식이 다르기 때문에 각자 기업에 맞춰 해결해야 합니다."

해당 기업에 맞게 복잡성을 자체적으로 해석해 단순함을 실현하는 게 중요하다는 의미다. 그러려면 회사의 특성과 시장의 상황을 파악하는 것이 선행되어야 한다.

도요타가 복잡성을 관리할 수 있던 비결은 적기 공급 생산 시스템이었다. 또 영업에서 복잡성을 관리할 수 있던 비결은 고객을 붙잡아 둔 것이었다.

"도요타가 영업의 도요타로 불린 이유는 한번 고객이 되면 고객이 도망가지 못하게 만들기 때문입니다. 도요타는 자동차 판매뿐만 아니라, 관리 · 정비 · 오일 교환 · 중고차 매매 등 차에 관한 모든 것을 해결해 주어 고객이 도망가지 않죠."

복잡함 속 단순함을 둔 비결이다. 그렇다면 삼성은 복잡성을 어떻게 관리해야 할까.

"삼성은 갤럭시 하나도 모델이 다양합니다. 이 복잡성을 광고를 통해서든, 브랜드로 확립하든 '갤럭시'라는 것 자체를 선호하게 만들어야 합니다. 그다음 전 세계에 안정적으로 팔고 또 안정적으로 생산을 해 줘야 합니다. 이때 중요한 것은 정확한 수요 예측입니다."

다만 그는 삼성은 현재 공급망 관리(SCM)를 잘해 효율적으로 돌아가고 있다고 진단했다.

1등 기업에 대한 조언도 잊지 않았다. 도요타는 자회사로 도요타 홈을 두고 있는데 이 법인은 망가진 숲과 전통 마을 복원 사업 등 사회 공헌 활동을 한다. 또한 조림, 화훼는 물론 농업 관련 바이오 산업도 육성하고 있다. 김현철 교수는 도요타가 기업의 규모가 커지고 세계 1등의 자동차 기업이 되면서 자연스럽게 여러 분야에 관계하게 된 것처럼 삼성전자도 1등이 된 이후에 많은 분야에 관계하게 되는데, 문제는 이를 잘 관리하지 못하면 결국 스스로 복잡성에 빠지게 된다고 지적하였다.

"1등일수록 집중해야 하지만, 1등이 되다 보면 관심이 여기저기 많아지죠. 복잡함 속에서 단순함을 찾아야 합니다."

1. 도요타 DNA

김현철 외 지음 | 중앙북스 | 2009

도요타에 관해 보다 더 심도 있게 알고 싶은 사람들에게 가장 좋은 책이다. 도요타의
다양한 측면들이 잘 설명되어 있다.

2. CEO 영업에 길을 묻다

김현철 지음 | 한국경제신문사 | 2009

도요타는 '영업의 도요타'로 불릴 정도로 영업에 강한 회사다. 이 책에는 기업이 영업
력을 강화하기 위해 무엇을 어떻게 해야 하는지 잘 설명되어 있다.

3. 어떻게 돌파할 것인가

김현철 지음 | 다산북스 | 2015

저성장 시대에 진입하고 있는 한국이 일본으로부터 어떠한 교훈을 얻을 수 있는지 그
리고 저성장 시대에 생존하기 위하여 기업들은 어떠한 전략을 가져야 하는지를 설명한
책이다. 메르스 사태 이후 많은 기업이 저성장을 걱정하고 있다. 잃어버린 20년 동안의
일본 기업들 사례를 바탕으로 한국 기업들이 취해야 하는 저성장 극복 전략을 설명한
책이다.

대한민국
부동산 시장은
어디로 가는가

손재영
건국대 부동산대학원 교수

1980년 서울대 경제학과를 졸업하고 1987년 미국 캘리포니아 버클리 대에서 경제학 박사 학위를 받았다. 국토개발연구원, 한국개발연구원에서 연구 위원으로 일했고 1995년부터 건국대 부동산학과 교수로 재직하고 있다. 건국대 부동산대학원장, 정치대학장, 기획조정처장 등을 역임했다. 국민주택기금 운용심의회, 주택정책심의회, 중앙도시계획위원회, 국유재산정책심의위원회 등 다양한 정부 부동산 정책 관련 위원회에 참여해 건전한 부동산 정책의 시행을 위해 적극적으로 활동했다. 여러 주요 언론 매체에 정기적으로 부동산 관련 칼럼을 게재하고 있으며, 50여 편의 부동산 관련 논문을 발표했고, 《부동산 금융의 현황과 과제》(편저), 《부동산경제학》(공저) 등 10여 권의 저서를 출간했다.

부동산,
어디로 가고 있는가

부동산은 우리나라에서 항상 뜨거운 감자다. 일본은 1991년 주식과 부동산 가격의 폭락으로 2000년대까지 10년 넘게 0%의 경제 성장률을 유지했던 '잃어버린 10년'을 겪었고 현재까지도 그 여파로 인해 경제가 불황에 빠져 있다. 2007년에는 미국의 서브프라임 모기지 사태로 수많은 금융 회사들이 파산했고, 미국 부동산 시장의 거품이 꺼졌다. 이 두 가지 사례를 지켜본 우리나라에서는 '언제 부동산 버블이 꺼질지'가 초미의 관심사가 되었다.

사람들은 서울의 집값은 홍콩, 뉴욕, 런던만큼 비싸다고 생각하며 부동산 거품이 꺼져야 건강한 경제 성장이 이뤄질 것이라고 말한다. 게다가 우리나라 부동산 가격을 올리는 데 제일 큰 역할을 한 것으로 여겨지는 제1차 베이비붐 세대(1955~1963년생)가 은퇴하면 부동산 거품이 꺼질 것이라고 말하는 사람도 많다.

정말 부동산에는 거품이 껴 있는 것일까? 우리나라에서도 일본이나 미국에서 일어난 것처럼 극적인 부동산 가격 폭락 사태가 일어나는 것일까? 현재 우리나라 주택 시장은 침체되어 있고, 이 침체와 가계 부채 및 건설·금융의 부실화라는 악순환이 경제 불황을 초래할 것인가? 우리나라의 부동산 시장은 앞으로 어떻게 될 것인가? 이런 질문들이 우리나라 부동산 업계에 수년째 계속되고 있다.

최근 20년간 우리나라의 부동산은 여러 차례의 굴곡을 겪었다. 1997년 IMF 경제 위기로 1945년 해방 이래 꾸준히 상승해 오던 부동산 가격이 처음으로 내려갔다. 하지만 전반적인 경기 회복과 신규 주택 구매시 취득세와 등록세를 감면해 주고 1가구가 200평 이상의 택지를 샀을 때 당국에 허가를 받도록 하는 택지 소유 상한제를 폐지하는 등 각종 정책 완화에 힘입어 예상보다 빠른 1999년 중반부터 안정세에 접어들었다. 그리고 2000년대 초반은 소위 '거품'으로 추정되는 가격 상승이 일어났다. 특히 2003년부터는 서울 강남을 중심으로 한 수도권 지역의 주택 가격이 급상승하는 모습이었다. 우리나라 인구의 4분의 1이 모여 사는 서울에서 극적인 주택 가격 상승이 일어난 것이다.

2008년 세계 금융 위기 이후 주택 가격이 다시 떨어지는 모습을 보였지만 역시 6개월 만에 회복세로 돌아섰다. 이후 서울과 수도권 지역은 금융 위기 이후 매매 가격이 떨어지고 전세 가격이 오르면서 부동산 거품이 꺼지는 것 아니냐는 이야기가 나오기도 했다. 하지만 지방에서는 수도권과 완전히 상반된 모습을 보인다. 오히려 부동산 가격이 상승하기 시작하면서 수도권은 냉각, 지방은 활황이라는 이중 구조로 진행되고 있다.

주택 가격에 거품이 있나

'거품'이란 개념은 시장 가격이 본래 가치를 넘어 오랫동안 쌓여 온 것을 뜻한다. 예를 들어 A라는 회사의 가치는 100에 불과한데, 시장에서 이 회사를 약 1만이 넘는 가치로 잘못 판단하고 이를 오랫동안 유지하는 것을 의미한다. 이때 A라는 회사가 망하게 되면 이 회사의 실제 가치가 나타나게 되고 결국 1만은 거품이었다는 것이 증명된다.

따라서 부동산 시장에 거품이 있다고 말하려면 본래 100에 불과한 부동산 가치가 1만으로 과다 평가된 채 오랫동안 유지되고 있어야 한다. 하지만 부동산은 자산의 규모가 크기 때문에 단순히 돈 몇 푼으로 거품을 만들 수 없다. 이 때문에 부동산 거품과 직결되는 것이 바로 금융 시스템이다. 2000년대 미국은 모기지 대출을 국민들에게 대거 제공했다. 신용 등급이 낮은 사람도 누구나 초저금리로 대출을 받을 수 있었고, 이 돈으로 누구나 집을 살 수 있었다. 금융 기관의 도움으로 집을 살 만한 여건을 갖춘 사람이 많아지자 부동산에 대한 수요가 늘어났고, 제한된 공급 때문에 주택 가격은 끝없이 올라갔다. 그러나 결국 이런 거품이 터져 버린 게 미국의 서브프라임 모기지 사태다.

그렇다면 우리나라에서는 거품이 가능할까? 대답은 '그렇지 않다'이다. 우리나라는 낮은 주택 담보 대출 비율(LTV), 총 부채 상환 비율(DTI) 때문에 미국처럼 방만한 대출이 불가능하다. LTV는 은행이 주택을 담보로 대출을 해 줄 때 적용하는 담보의 가치와 이에 대비해서 대출이 가능한 최대 한도를 말하는 것으로, 은행에서 주택의 가치를 얼마로 평가하는지의 비율을 말한다. DTI는 총소득에서 빚에 대한 연간 원리금 상환액이 차지하는 비율을 말한다. 연 소득이 4000만 원이고 DTI가 50%라면 연간 원리금 상환액이 2000만 원을 넘지 않게 대출을 제한하는 것이다. 참고로 해외에서도 홍콩을 제외하고는 LTV나 DTI를 부동산 규제 수단으로 삼는 나라가 거의 없다. 앞서 말한 미국의 경우 DTI가 43% 이내일 경우 대출 자격을 부여 받아 대출 한도에 제한이 없는 모기지론을 이용할 수 있다. 캐나다의 경우 LTV 한도가 80%, 네덜란드는 무려 104%나 되며 싱가포르도 80% 수준이다. 결국 우리나라는 강력한 대출 규제로 인해 거품이 생기기 어렵다는 의미다.

실제로 1986년부터 2013년까지 우리나라의 주택 가격 상승률은 연평균 3.54% 수준이다. 이 기간에 물가는 연평균 4.27%가 올랐고, 근로자 가구 소득은 연평균 8.9%가 올랐다. 사실상 장기 주택 가격은 물가 상승률에도 미치지 못한 것이다. 이 가운데 서울 강남이나 신도시 지역은 상승률이 높았지만, 이를 부동산 거품이나 국민 주거 안정 저해라고 할 수는 없다.

부동산 거품의 증거로 자주 활용되는 소득 대비 주택 가격 배율(PIR)

역시 기준이 모호하다. 우리나라의 PIR은 결코 외국보다 높은 수준이 아니다. 한국주택학회의 자료에 따르면, 2010년 우리나라의 PIR은 4.4, 서울은 7.7이었다. 서브프라임 모기지 사태를 겪은 이후의 미국은 PIR이 3.3, 샌프란시스코 지역은 7.2였고, 호주는 국가 평균이 6.1에 달했다. 이처럼 해외에 비해 우리나라의 PIR은 그리 높지 않다.

부동산과 금융 안정성

IMF 경제 위기 이후 내수 부양 등을 위해 금융 규제가 대거 완화됐다. 이 때문에 주택 담보 대출 등이 늘어나 가계 부채가 급증했고, 이는 금융 시스템의 잠재적인 위협으로 부각됐다. 2013년 12월 말 기준으로 우리나라의 가계 대출은 963조 원에 달했고, 이 중 민간 부문의 주택 담보 대출만 507조원이 넘었다. 하지만 간과하고 있는 사실은 우리나라의 주택 담보 대출은 많지만, 대출금이 금융 기관의 리스크로 작용하진 않는다는 것이다. 앞서 말했듯이 우리나라는 강력한 LTV 규제로 과다 대출이 거의 없다. 예를 들어 LTV가 60%인 경우 주택 담보금의 60%까지만 대출해 준다. 10억 원짜리 집을 담보로 6억 원을 대출했다가 갚지 못하면 은행에서는 담보인 집을 팔아 돈을 받으면 된다. 결국 채무자에게 모든 리스크를 전가하는 방식이기 때문에 금융 기관의 리스크는 줄어드는 것이다.

또 가계 부채나 주택 담보 대출의 크기가 세계적으로 과다한 수준인지도 불분명하다. OECD에 따르면 2010년 GDP 대비 가계 부채 비율은 우리나라가 82%를 기록했다. OECD 평균인 71%를 살짝 넘는 수준이었다. 덴마크, 네덜란드 등 선진국은 100%가 넘는 곳도 많다. 오히려 가계 부채는 총량보다 다중 채무자, 자영업자, 고령자 등 취약 그룹 관리에 집 중하는 것이 훨씬 낫다. 2013년 7월 말 기준으로 원화 가계 대출의 연체 율은 0.93%인데, 이 가운데 주택 담보 대출 연체율은 0.84%, 여기에 집 단 대출을 제외하면 0.4%까지 떨어진다. 주택 담보 대출의 연체율은 가 계 대출의 절반 이하 수준인 것이다.

프로젝트 파이낸싱(PF) 대출 역시 부동산 거품이자 금융 시스템 리스 크의 주범으로 지목 받는다. PF 대출은 사업을 추진하는 사업주의 신용 이나 담보를 기준으로 대출을 해 주는 대신 프로젝트의 손익을 평가하여 돈을 빌려 주고, 프로젝트가 진행되면서 얻는 수익금을 되돌려 받는 것 을 말한다. IMF 경제 위기 이후 대규모 건설 공사 계획을 담보로 대출을 받는 PF 대출이 개발 금융의 주류로 자리 잡았다. 하지만 주택 시장이 침 체되면서 PF 대출이 부실해지고, 이는 지급 보증을 선 건설 회사의 부실, 대출 기관의 부실로 연결된다는 것이 정설처럼 받아들여졌다. 실제로 도 급 순위 100대 건설사 중 25개 이상이 법정 관리 또는 워크아웃에 들어갔 고, 도급 순위 35위인 벽산건설은 2015년 파산했다. 건설사들에게 대출 을 해 준 저축은행들도 대거 파산했는데 1999년에 186개나 되던 저축은 행이 2013년 기준으로 91개로 감소했다. 특히 2011년 부산저축은행 파 산 사태 때는 로비가 이루어진 정황이 포착되어 정치인들이 수사를 받기 도 했다.

하지만 이런 PF 대출 부실화의 주된 원인은 대출시 토지 계약금의 10%만 부담하는 시행사의 모럴 해저드 문제가 크다. 건설에는 시행사 와 시공사가 있다. 시행사는 해당 사업의 개발을 추진하고, 인가 · 허가,

입주까지 계획하고 주도하는 역할을 맡고, 시공사는 공사를 하는 업체로 ○○건설 등을 생각하면 된다. 예를 들어 아파트를 짓는다고 가정해 보자. 시행사 입장에서는 토지를 구입하고 건설 비용을 시공사에 지급해야 하는데 그 액수가 만만치 않다. 이때 대출을 위해 저축은행을 찾아가면, 저축은행에서는 사업의 타당성을 검토하고 수익이 발생할 것 같으면 시행사가 토지 취득에 대한 계약금 10%의 10%, 즉 토지 매입 가격의 1% 금액만 부담하면 대출을 해 주는 것이다. 상환금은 사업에서 발생하는 수익금으로 충당하게 된다. 시행사에서 무리하게 프로젝트를 진행하고 실패했을 때 책임은 시공사, 금융사에 지게 하는 것이다. 또 부실 PF는 저축은행에는 심각한 부실화 요인으로 작용했지만 시중은행에는 큰 영향을 미치지 않았다.

결국 PF 문제는 정부, 기관 등에서 각별한 관심을 가질 부분인 것은 맞지만 경제 위기, 부동산 거품 등을 운운할 정도로 큰 문제는 아니라는 것이다. 금융감독원에 따르면 2011년 3월 기준으로 PF 대출 연체율은 저축은행이 22.8%에 달했지만 시중 은행은 5.3%에 그쳤다.

고령화? 인구 감소?

인구가 고령화되고 베이비붐 세대의 은퇴 등과 더불어 인구가 줄어들 것이라는 점도 부동산 거품론의 핵심 근거로 사용된다. 실제로 우리나라는 2030년이면 인구가 줄고, 2040년부터 가구 수도 줄어들 것으로 예측된다. 또 평균 연령 역시 급격히 높아져 우리나라는 세계에서 가장 빨리 고령화 사회에 진입할 것으로 예상된다.

하지만 이런 인구 구조 변화와 주택 수요 및 가격은 큰 연관성이 없다고 할 수 있다. 학계에서는 주택 수요의 증가율은 떨어지지만 수요 자체는 계속 늘어날 것으로 예상한다. 정의철(2005)의 연구에 따르면 2011년부터 2020년까지 10년간 3억 1000만 제곱미터(약 9400만 평)의 주택 수요 면적이 늘어날 것이고, 약 38만 6000호의 주택이 추가로 필요할 것이라고 예상했다. 국토연구원, 한국개발연구원 등에서도 2020년까지 최대 40만 호의 수요가 늘어날 것으로 본다. 실제로 이미 초고령화 사회에 진입한 일본에서도 주택 경기와 인구 구조 변화는 큰 상관관계가 없다고 본다. 인구구조 변화보다는 소득이 늘어나느냐, 줄어드느냐가 더욱 상관성이 높다. 오히려 인구의 노령화는 주택 유형을 대형에서 소형으로 바꾸는 수요 구조만 변화시킬 가능성이 높다.

그렇다면 부동산 시장의 미래는?

결론부터 말하자면 부동산 시장은 거품이라고 절대 말할 수 없다. 그리고 부동산 시장의 침체는 앞으로도 없을 가능성이 크다. 우리나라 부동산에는 애시당초 거품이 낄 만한 여지가 없었기 때문이다. 최근 서울·수도권 지역에서 있었던 집값 폭락 사태는 공급이 일시적으로 많았기 때문이다. 2000년대 중반 서울·수도권 지역의 집값이 급격히 오르면서 이 지역에 주택이 대거 들어섰는데, 2008년 금융 위기 이후 실물 경제가 어려움을 겪으면서 이 물량을 소화할 수요가 없어진 것이다. 당연히 공급이 늘어나다 보니 가격은 떨어질 수밖에 없다. 이는 거품이 꺼진 게 아니라 일시적인 수요·공급의 불균형 탓인 것이다.

실제로 이 당시 지방에서는 아파트 공급이 거의 없어서 부동산 가격이 계속 오르고 있었다. 대구·경북 등 지방에는 2000년대 초반 이후 새로운 아파트, 주택 공급이 없었다. 하지만 부동산에 대한 수요는 계속 높아져 결국 가격이 올라갔다. 수도권만 보고 주택 시장이 얼어붙었다고 잘못 판단한 셈이다. 오히려 현재 부동산 시장은 수요와 공급의 균형이 맞으면 다시 정상화될 가능성이 크다.

또 부동산 가격이 지나치게 높다는 지적에 대해서는 '부동산, 주택은 역사상 단 한 번도 저렴했던 적이 없던 재화'라고 설명할 수 있다. 무리해서 사거나 짓는 게 집이지, 라면이나 담배처럼 그냥 편하게 살 수 있는 재화가 아니다. 이 때문에 지금 부동산 가격이 비싸다고 해서 이를 거품으로 단정 짓는 것은 잘못됐다. 오히려 현재 부동산 가격은 PIR 기준으로 과거에 비해서 저렴하다. 우리금융경영연구소에서 발간한 《주간 금융경제 동향》에 따르면 1986년 PIR을 100으로 놓으면, 2007년의 PIR은 43.7이 나오며, 2013년은 38.5로 나온다. 부동산 거품을 말할 때 흔히 비교 자료로 사용되는 강남 아파트 가격은 똑같은 기준으로 2007년에는 67.8, 2013년에는 47.5에 불과하다. 1989년 강남 대치동의 99제곱미터(30평)짜리 은마아파트는 약 9000만 원, 92제곱미터(28평)짜리 압구정동 한양아파트는 9000만원을 거론하며 예전에는 부동산 가격이 쌌기 때문에 집 구하기가 쉬웠다고 말한다. 그러나 소득 대비 집값을 따지면 지금보다 1980년대에 집을 구하기가 더 어려웠다.

앞으로 부동산 가격은 물가 상승률 수준에 맞춰서 오를 가능성이 높다.

하지만 중요한 것은 서울·수도권 지역에 과잉 공급됐던 물량이 최근 점차 소진돼 가고 있다는 점이다. 이 때문에 오히려 지금이 집을 사기에 가장 좋은 시점이라고도 할 수 있다. 2015년이 지나면 과잉 공급된 물량은 대부분 소비될 것이고, 다시 수요와 공급에 따른 부동산 가격 널뛰기가 시작될 가능성이 크다. 또 현재 우리나라 역사상 가장 이자율이 낮기 때문에 낮은 금리로 돈을 빌릴 수도 있다. 이처럼 부동산에는 거품이 낀 적도, 낄 예정도 없다고 할 수 있다. 거품 붕괴 식의 급격한 가격 하락은 더더욱 예상하기 어렵다.

하지만 현재 과거 부동산 가격의 급격한 상승을 주도한 호황이 다시 재현되기가 어려운 상황이고, 인구 감소가 주택 수요 증가를 막을 수 없다고 해도 수요 증가율은 떨어질 것으로 전망되는 상황에서 무리하게 집을 구매하는 것은 위험하다. 다만 거품 붕괴 식의 급격한 가격 하락보다는 점진적인 변화가 예상되기 때문에 거주나 사업체 활용 등 실수요자들의 경우에는 미래 계획에 맞춰 구매하는 것이 바람직할 것이다.

대한민국,
성장 사회에서
성숙 사회로
변해야 한다

이재열
서울대 사회학과 교수

서울대 사회학과를 졸업하고 같은 대학에서 석사 학위를 받은 후 미국 하버드 대에서 사회학 박사 학위를 받았다. 한림대 사회학과 교수, 워싱턴 주립대 방문 교수, 서울대 사회발전연구소장, 한국사회학회 연구 이사 등을 역임했다. 현재 서울대 사회과학대학 사회학과 교수로 재직하고 있다. 한국 사회의 연결망에 주목하여 네트워크 사회에 관한 3부작(《한국사회의 연결망 연구》, 《한국사회의 변동과 연결망》, 《네트워크사회의 구조와 쟁점》)을 묶어 낸 바 있으며, 공저로 《삶의 질과 지속가능한 발전》, 《한국 기업과 사회의 경쟁력》, 《저출산 고령화와 삶의 질 1》, 《당신은 중산층입니까》가 있다. 최근에는 '성장 사회'에서 '성숙 사회'로 나가는 데 관심을 가지고 사회의 질(Social Quality)에 관한 국제 공동 연구에 참여하고 있다.

대한민국은
과연 선진국일까?

과연 대한민국은 선진국일까? 외국에서 보기에 대한민국은 분명 선진국이다. 삼성전자는 갤럭시 스마트폰으로 세계를 호령하고 있고, K팝으로 대표되는 한류는 우리나라를 문화 선진국으로까지 끌어올렸다. 현대 · 기아차 역시 세계 시장에 내놓아도 손색이 없을 정도의 자동차를 출시한다. 더 이상 세계를 부러워만 하는 개발 도상국이 아니라는 의미다. 글로벌 기준으로도 우리나라는 분명 선진국이다. IMF 기준으로 1인당 국민 소득은 3만 달러에 가깝고, 선진국의 모임이라는 OECD 회원국이다. 또 G20의 의장국을 역임했고 경제 규모도 세계 13위에 달한다.

하지만 대부분의 국민은 우리나라가 선진국이라고 생각하지 않는다. 그만큼 삶이 팍팍하다는 얘기다. 연평균 노동 시간은 2002년 2410시간에서 2012년 2163시간으로 많이 줄어들었다고는 하지만, OECD국가들 중에서는 멕시코 다음으로 최장시간 노동하는 나라다. 그러다 보니 누적된 피로를 풀 시간이 없다. 2010년 〈OECD 통계연보(OECD Factbook)〉를 보면 우리나라는 일본, 핀란드 등 전통적으로 자살률이 높다는 국가보다 자살률이 더 높아졌다. 2013년 UN에서 발표한 〈2013 행복 보고서(World Happiness Report 2013)〉에 따르면 우리나라 사람들의 행복 지수는 조사한 82개국 중 41위에 불과하다. 2012년 소득 기준으로 이스라엘 국민과 한국은 비슷하지만 한국인의 행복감은 이스라엘 국민에 비해 훨씬 낮았다. 이외에도 우리나라 사람들이 느끼는 삶의 질 만족도는 훨씬 낮다. 도대체 왜 이런 결과가 나타나는 것일까.

성장의 역설

이를 알기 위해서는 제2차 세계 대전 이후 미국 사회의 모습을 살펴보아야 한다. 전후 미국 경제는 국내 총생산이 3000억 달러에서 10년 만에 5000억 달러로 증가했고, 많은 미국인이 중산층에 편입되었다. 그런데 폭발적인 경제 성장에 비해 행복하다고 말하는 사람은 많아지지 않았다. 1974년 미국의 경제사학자이자 '행복 경제학'의 창시자로 유명한 리처드 이스털린 교수는 이런 현상에 의문을 품었고 일정 수준의 부를 달성하면 그 이후부터는 더 이상 돈이 행복에 영향을 미치지 않는다는 점을 강조했다. 학자들은 이를 '이스털린의 역설'이라고 부른다.

정치학자 잉글하트는 선진국과 개발 도상국, 자본주의 체제의 국가와 사회주의 체제 국가 등 30개국의 국민들을 대상으로 조사를 시행했다. 1995년을 전후해 조사한 자료를 바탕으로 부와 행복 사이의 그래프를 그렸더니 처음에는 부가 증가할수록 행복 지수가 크게 증가했지만, 점차 그래프의 곡선은 완만해졌고, 어느 시점에 접어들자 부가 늘어나도 행복감은 전혀 증가하지 않는다는 것을 발견했다. 게다가 방글라데시, 바누아투 등 세계에서 가장 가난한 나라들의 행복 지수가 미국, 영국, 프랑스보다 더 높게 나왔다. 이 결과는 풍요의 역설이 존재함을 보여 준다. 우리나라도 국민 소득 2만 달러 달성 이후 부의 증가가 행복에 영향을 미치지 않는 이스털린의 역설에 빠진 것으로 볼 수 있다.

UN에서 발간한 〈2013 행복 보고서〉에서 82개국의 행복감과 연관성을 맺고 있는 변수들을 살펴보니, 행복과 소득 간의 상관관계가 0.786으로 가장 높았지만, 다음으로는 투명성(0.687), 신뢰(0.544), 언론 자유(0.513)로 나타났다. 이는 우리나라 사람들이 스스로를 선진국 국민으로 여기지 못할뿐더러 행복하지 않은 이유가 어디에 있는지를 보여 준다.

사실 과거 우리나라는 물질적 욕구를 채우는 것이 가장 중요한 '배고픈 사회'였다. 보릿고개의 고통스러운 기억을 가진 세대에게 한국 경제의 고도성장은 그 자체만으로도 큰 행복이었다. 그리고 고도 성장의 신화는 내

일은 오늘보다 더 나을 것이라는 확고한 믿음이 있었기에 가능했다.

현재 우리 사회는 사람들의 바람대로 당장 굶어 죽을 걱정은 하지 않아도 되는 수준에 올랐고, 교육의 기회는 많아지고 원하는 이는 모두 대학에 진학하는 사회가 되었다. 그러나 역설적으로 대학 입시와 양질의 일자리를 둘러싼 경쟁은 더 치열해졌으며, 미래에 대한 불안감은 더 커졌다. 예를 들어 한국 전쟁 이후 1955년부터 1963년 사이에 태어난 제1차 베이비붐 세대의 대학 진학률은 30%에 불과했던 데 반해 이들 베이비붐 세대가 낳은 1979~1985년 세대, 즉 에코부머의 대학 진학률은 70%에 달한다. 그러나 대졸 고학력의 노동 인구는 급증한 반면, 대졸자에게 걸맞은 안정적인 양질의 일자리는 늘어나지 않다 보니, '니트(Neet)족'이 급격히 증가했다. 즉 교육이나 훈련을 받지도 않고 그렇다고 일자리를 찾지도 않으니 실업자도 아닌 잉여 인간이 급증한 것이다. 또한 전체 노동 인구의 절반 이상이 비정규직일 만큼 노동 시장 내의 불평등과 양극화 경향이 증가하고 있다. 저임금 노동자의 비율은 27.5%로 OECD 평균인 16.3%에 비해 월등히 높다. 노인 빈곤율도 45.1%로 OECD 평균 13.5%의 세 배에 달한다. 이처럼 한국 사회에 만연한 불신과 미래에 대한 불안감이 사람들의 행복감을 앗아 가고, 나아가 사회적 갈등이 증폭되는 '분노 사회'를 만들고 있다.

문제는 사회의 질

갈등은 갈등 해소 시스템이 해결할 수 없을 정도로 갈등 소지가 커질 때

폭발한다.

$$갈등 = \frac{잠재적 \ 갈등 \ 소지}{갈등 \ 해소 \ 시스템}$$

우리나라는 불평등·배제·이질성 같은 잠재적 갈등 소지는 비교적 적지만 갈등을 해결할 수 있는 시스템인 복지·민주주의·공정성은 크게 부족하다. 이 때문에 사회 갈등이 계속되는 것이다. 정치학자 헌팅턴은 정치 불안정이나 폭력 정도는 사회와 정치·제도의 근대화 속도에 따라 그 정도가 다르게 나타난다고 했다. 이 말을 적용하면 한국 사회의 근대화 속도는 빠른 반면, 정치·제도의 근대화 속도는 느리기 때문에 불안정이 커지고 폭력성이 크게 나타난다는 것이다.

실제로 한국 사회는 1950년대 극심한 가난을 겪었고, 1960년대 이후 1980년대까지 군사 정권 하에 민주적인 의사 결정은 무시되고 사회적인 갈등은 '억압'되는 시기를 겪었다. 민주화 이후 위계적인 권위주의 모델에서 벗어났지만 신뢰도와 투명성은 사회의 변화를 따라가지 못했다. 아직 선진국과 같은 수준의 높은 신뢰도, 높은 투명성 단계에 진입하지 못한 것이다. 이런 늦은 전환 속도는 한국 사회의 질적 성장 저해의 가장 큰 요소다. 이런 현상의 역사적 배경에는 우리나라의 급속한 성장이 자리 잡고 있다. 1950년대 한국은 '배고픈 사회'로서 가난했지만 매우 평등한 사회였다. 하지만 사회가 급격한 속도로 발전하면서 불평등이 급속히 증가했고, 금세 고착화됐다. 또 상승 이동에서 배제된 사람들 사이에 좌절감이 확산되면서 성실하게 노력해 성공한 사람들에 대한 인정의 문화가 사라졌다. '존경'의 문화 대신 '시기'의 문화가 자리 잡은 것이다.

특히 한국 사회에 만연한 낮은 투명성으로 인해 심판이나 결과를 믿지 못하는 세태가 널리 퍼졌다. 규칙을 만들고 집행하는 심판을 불신하다 보니 지배 체제의 정당성도 크게 약해진 것이다. 특히 우리 국민들은 사회 지도층의 도덕성과 준법성에 문제가 있다고 본다. 대표적인 것이 매번 고위 공직자의 인사 청문회에 등장하는 불법 행위와 재벌, 고위 공무원, 정치인 등 사회 지도층의 부정부패 등이다.

사회적 발전을 위해 체계·제도 수준에서 바람직한 가치는 '분배적 정의'인데, 이는 사회적·경제적 안전성이라는 조건을 충족시킬 때 이룰 수 있는 것이다. 각 조건을 어떻게 채우느냐에 따라 긍정적인 사회성이 발현되는지, 부정적인 사회성이 발현되는지가 달라진다. 하지만 지난 10년간 우리 사회의 변화를 요약해 보면, 각종 조건 가운데 불신 심화가 두드러졌다. 사회의 질이 크게 떨어진 가장 중요한 이유도 늘어난 불신 때문이다.

복지와 안전망, 인적 자본 투자, 정치 참여, 사회적 응집성 등 네 가지가 모두 충족돼야 선순환 구조가 마련되고 이에 따라 사회의 질도 좋아지는데, 어느 한 고리가 끊어지면 분노 사회, 불신 사회로 변할 수밖에 없다. 우리나라는 OECD 30개국 가운데 사회적 질 순위가 28위(2011년 기준)에 그쳤고, 이 중에서 복지와 투표율로 측정한 정치 참여는 29위, 지역 사회 활동, 관용, 기부나 자선 활동 등을 측정하는 사회 응집성은 23위에 그쳤다. 1위인 덴마크와 비교해 보면 우리나라의 복지 역량, 정치 참여 부분이 얼마나 부족한지 알 수 있다.

또 낮은 사회의 질은 경쟁의 질조차 낮춘다. 창의성을 경쟁하기보다 위험 회피를 경쟁하고, 실력보다는 간판, 공생 발전보다는 승자 독점을 위해 노력한다. '공무원'이라는 간판을 달기 위해 9급 공무원 시험에 수십만 명씩 뛰어드는 세태가 바로 대표적인 사례다. 또 일자리의 비정규직화가 계속되면서, 현재 우리나라 비정규직 비중은 OECD 국가 중 가장 높은 축에 속한다. 비정규직의 숫자는 계속 늘어나는 데 반해 비교적 안정적인 시간제 비정규직은 14%에 불과하다. OECD 국가 평균인 30~50%에 한참 뒤떨어지는 수치다.

그렇다면 대안은 무엇?

대한민국은 이제 과거 '배고픔으로부터의 자유', '억압으로부터의 자유'를 넘어 '분노로부터의 자유'를 향해 나아가야 한다. 그렇다면 분노로부터의 자유를 달성하기 위해서는 어떻게 해야 할까?

행복을 느끼지 못하게 하는 요인은 결국 낮은 '사회의 질'이다. 이는 사회적·경제적 안전성을 보장할 복지에 대한 투자 이외에도 활발한 정치 참여, 신뢰와 투명성 제고를 통한 사회 응집성의 강화 등을 통해 해결될 문제이다. 이런 점에서 한국 사회의 질은 연 소득 3만 달러를 향해 나아가는 국가에 걸맞지 않게 매우 낮은 수준이다. 우리 사회는 과거 노력만 하면 가난을 벗어날 수 있다는 미래에 대한 높은 희망을 가진 사회였고, 의기투합으로 뭉친 위계적 권위주의 사회였다. 그러나 경제가 성장할수록 사회에 대한 신뢰는 낮아지면서 투명성은 크게 개선되지 않은 전환의 계곡에서 헤어나지 못하고 있다. 한때 한국에 수해 복구 지원비를 원조할 정도로 잘나가던 필리핀이 현재 어떠한 사회가 되었는지 생각해 보자. 사회 전반에 퍼진 부패와 심각할 정도의 경제적 불평등은 사회의 통합을 저해했고, 결국 한국보다 저발전 상태에 놓이게 만들었다.

한국이 행복한 사회로 발전하려면 성숙한 사회로 나아가는 길을 찾아야 한다. 성숙한 사회로 나아가기 위해서 갖춰야 할 것은 우선 갈등 해소다. 사회적 신뢰와 투명성을 담보로 역동적 조화와 상생을 위한 소통, 규범적 합의를 이루어서 사회 통합성을 높이는 사회를 만들어야 한다. 또 높은 지배 정당성을 갖춰 지속 가능성을 이뤄야 하는 것도 과제다. 이를 통해 삶의 질과 사회의 질을 모두 높여야 하는 것이다.

중국이 국가가 한 단계 더 발전하기 위해서는 신뢰와 투명성 확보가 급선무라는 사실을 깨닫고 시진핑 주석을 중심으로 '부패와의 전쟁'을 벌이는 것도 이와 다르지 않다. 또 성장과 분배, 이상주의와 현실주의, 대기업과 중소기업 등 공생 발전을 통해 역동적인 균형을 확보해야 한다. 단순한 양적 성장 사회에서 질적 성숙 사회로의 전환이 사회 갈등 해소의 핵심인 것이다.

더 공부하고 싶을 때 읽어 볼 만한 책들

1. 당신은 중산층입니까

이재열 외 지음 | 21세기북스 | 2014

우리 사회는 얼마나 행복할까. 국가 경제는 성장했는데 왜 국민 생활은 힘들어지는가. 사회적 갈등의 기저에 계층 격차라는 새로운 균열이 부상하고 있다. 양극화 시대, '계층'은 '계급'의 또 다른 표현이 되었다. 계층 간 격차와 갈등은 21세기 대한민국의 가장 근본적인 문제로 자리 잡고 있다. 이 문제를 풀지 않고는 사회 통합과 안정, 그리고 발전을 이루기 어렵다. 사회 과학의 다양한 전문가들이 학제적 연구를 통해 계층 갈등 해결을 통한 사회 통합 방안을 모색한다.

2. 한국사회의 질 : 이론에서 적용까지

서울대 사회발전연구소 기획 | 이재열 외 지음 | 한울 | 2015

대한민국은 이제 과거 '배고픔으로부터의 자유', '억압으로부터의 자유'를 넘어 '분노로부터의 자유'를 향해 나아가야 한다. 국민들이 행복을 느끼지 못하는 요인은 결국 낮은 '사회의 질' 때문이다. 이는 사회적·경제적 안전성을 보장할 복지에 대한 투자 외에도, 활발한 정치 참여, 신뢰와 투명성 제고를 통한 사회 응집성 강화 등을 통해 해결될 문제이다. 한국이 행복한 사회로 발전하려면 성숙한 사회로 나아가는 길을 찾아야 한다. 성숙한 사회로 나아가기 위해서는 사회적 신뢰와 투명성을 담보로 역동적 조화와 상생을 위한 소통을 이끌어 내고, 규범적 합의를 이루어 사회 통합성을 높여야 한다. 높은 지배 정당성을 갖춰 지속 가능성을 이뤄야 하는 것도 과제다.

삼성의 배우는 전통

　　삼성그룹의 CEO들은 우리나라에서 가장 바쁜 사람들이라 해도 과
언이 아니다. 삼성그룹 최지성 미래전략실장(부회장)은 부하 직원들이 새벽 1
시에 이메일을 보내도 30분 안에 답장을 하는 경우가 많다고 한다. 상당수 삼
성 사장들은 바빠서 휴가도 가지 못한다고 한다.

　이런 사람들이 모자라는 시간을 쪼개 강의를 듣는 것은 배우는 것, 특히 각
분야의 일류 전문가에게 듣는 것을 최우선시하는 삼성그룹의 전통 때문이다.
이건희 회장과 오래 같이 일한 손병두 전 전경련 부회장은 "이건희 회장은 각
분야의 전문가들을 많이 만나 많이 듣기 때문에 아는 게 많다"고 했다.

　이건희 삼성전자 회장은 특히 1등, 일류에 집착했다. 이 회장은 1989년《월
간조선》과의 인터뷰에서 "대한민국 1등이라면 어떤 사람과도 만나 이야기하
고 싶다"고 말했다. 1등과 만나 1등 비결을 배우겠다는 것이다. 그는 배우는
상대도 가리지 않았다. '사기 전과 20범, 절도 전과 20범'이라도 '세계 일류라
면 만나고 싶다'고까지 말했을 정도다.

　말만 그렇게 한 것이 아니다. 이 회장은 일본 유학 시절 당시 세계 최고 격
투가란 평을 듣던 역도산, 심지어 거물 야쿠자와도 만났다. '여러 분야의 1급
들을 보면서 그 사람이 정상에 올라가기 위해서 어떻게 노력했는가를 연구했
다'는 것이다. 그가 찾은 여러 부류의 최정상에 오른 사람들의 성격상 공통점
은 '철저하지만 인간미가 넘쳐흐른다는 것. 또 상을 줄 때는 깜짝 놀랄 정도로
주고, 벌을 줄 때는 사정이 없다'는 공통점도 있었다.

　훗날 이건희 회장은 당시 보고 배운 것을 실천했다. 삼성그룹 사장단의 보

수가 이를 잘 보여 준다. 2014년 상장 기업들이 처음으로 등기 이사 보수를 공개했을 때 삼성그룹 등기 이사 연봉을 보고 깜짝 놀란 사람이 많다. 삼성그룹 내에서도 최고 연봉을 자랑하는 삼성전자 IM(IT모바일) 사업부 신종균 사장이 2014년 1분기 회사에서 받은 보수는 96억 원이었다.

삼성그룹 직원들은 연초에 받는 보수가 연간 보수의 절반 이상인 경우가 많다. 전해 성과에 대한 특별 성과급이 1월에 지급되기 때문이다. 특별 성과급은 최대 연봉의 절반에 해당하는 거액이다. 이런 것을 고려해도 한 분기에 샐러리맨이 100억 원에 가까운 돈을 받았다는 사실은 세간의 화제가 되기에 충분했다. 사상 최대 실적을 올린 삼성전자 스마트폰 사업 책임자인 신 사장에게 깜짝 놀랄 정도의 상을 준 것이다. 업계 관계자들은 2013년에도 신 사장은 150억 원 이상의 연봉을 받은 것으로 추정하고 있다. 일당이 4000만 원이 넘는다는 이야기다.

이재용 부회장도 아버지인 이건희 회장과 마찬가지로 전문가의 의견을 듣고 배우기를 즐기는 것으로 보인다. 지난 2010년 미국 라스베이거스에서 열린 국제가전박람회(CES) 행사장에서 있던 일이다. 당시 이 부회장이 나타나면 수십 명의 기자가 그를 둘러싸고 질문을 퍼부었다. 이 부회장이 "국내외 경쟁 업체들이 전시해 놓은 제품을 차분히 볼 수가 없다"고 불평했을 정도다.

며칠 지나 이건희 회장이 행사장에 나타나자 사정이 달라졌다. 모든 기자와 삼성 관계자들이 이번엔 이건희 회장을 뒤쫓기 시작했다. 이건희 회장이 몇 년 만에 처음으로 공식 행사장에 나타났기 때문에 기자들은 그의 숨소리조차 놓치지 않으려고 최대한 이건희 회장 가까이 가기 위한 경쟁을 벌였다. 이 회장은 삼성 전시관을 지나 소니·샤프·파나소닉·도시바 등 경쟁 업체 전시관을 돌았다.

처음 이건희 회장 뒤를 따라 걷던 이 부회장은 점차 뒤로 처졌다. 궁금한 것이 많았기 때문이다. 회장이 보고 지나간 다음에도 경쟁사 제품을 찬찬히 살펴보고 설명을 들었다. CES 행사장에 가장 많이 진열된 제품이 TV였기 때문에 당시 TV 사업부장이었던 윤부근 사장이 이 부회장에게 경쟁 업체 제품의 특징과 기술에 대해 설명을 했다. 두 사람이 대화에 빠져 있을 때 한 삼성 직원이 달려와 이 회장이 행사장을 떠난다고 알려 줬다. 이 부회장은 아버지를 배웅하기 위해 허둥지둥 달려 나갔다. 이야기를 경청하느라 주변 상황을 완전히 망각했던 것이다.

삼성 관계자들은 앞으로도 분야를 막론하고 최고 전문가를 불러 직접 이야기를 듣는 전통이 계속 이어질 것으로 본다.

CHAPTER 3

혁신과 성장
INNOVATION

전혀 다르게
생각해야
새로운 길이 열린다

"사장단 특강은 외부에서 지혜를 찾는 것이다.
비즈니스와 무관해 보이는 강좌에서도 상상력을 발휘하면
경영과 연결시킬 수 있다."

세종은 어떻게
역사상 가장 창의적인
시대를 만들었을까

이홍
광운대 경영학과 교수

고려대 경영학과를 졸업하고 카이스트에서 경영과학 석사와 박사 학위를 취득했다. 미국 미시건 대의 교환 교수를 지냈다. 조직 혁신 문제에 대해 관심을 갖고 연구하고 있으며, 현재는 연구 영역을 넓혀서 어떻게 조직의 창의성을 극대화할 것인지를 주제로 활발한 연구 활동을 하고 있다. 정부혁신관리위원회 위원장, 금융감독선진화 위원회 위원, 외교통상부 외교정보화 추진위원회 위원, 국무총리실 정상화위원회 위원 등으로 정부 활동에도 활발하게 참여해 왔다. 삼성그룹, LG그룹, 포스코, 효성그룹을 포함해 한국의 내로라하는 기업들과 다양한 프로젝트를 수행하면서 국내 최고의 창조 멘토이자 변화 전도사로 활약하고 있다. 이외에도 한국지식경영학회 회장, 한국인사조직학회 편집위원장, 한국경영학회 부회장을 역임하는 등 활발한 학회 활동을 펼치고 있다. 현재 광운대 경영학과 교수와 한국장학재단 이사로 재직 중이다. 대표 저서로는 《창조습관》, 《비즈니스의 맥》, 《자기창조조직》, 《지식과 창의성, 그리고 뇌》, 《지식점프》, 《한국 기업을 위한 지식경영》 등이 있다.

세종 시대에
창의적인 인재가 많았던 이유

왜 세종조에는 유독 창의적 인재가 많았을까? 과학으로는 이천과 장영실, 학문으로는 성삼문 같은 집현전 학자들, 음악에는 박연, 관료로는 황희 그리고 국방으로는 대마도와 여진족 정벌에 성공한 최윤덕과 6진을 개척한 김종서 등 모든 분야에 인재가 넘쳐 났다. 왜 이런 사람들이 이 시기에 즐비하게 있었을까? 이 시대에만 하늘이 창의적 인재를 쏟아부어 주신 것일까?

일본전산이라는 기업은 매우 창의적인 곳으로 소문이 나 있다. 광디스크 모터, 디지털카메라 셔터, 가전용 초소형 모터, 액정 유리 운송용 로봇 등에서 몇 년째 세계 1위를 달리고 있다. 그런데 이 회사는 신입 사원을 뽑을 때 도저히 이해가 안 되는 짓을 한다. 큰 소리로 말하기, 밥 빨리 먹기, 화장실 청소시키기 그리고 오래달리기를 통해 사원을 뽑는다. 웬만큼 머리가 이상하지 않고서 어떻게 이런 짓을 할 수 있을까?

일본의 대표적인 자동차 기업 닛산의 엔지니어들 중에는 도쿄 대 출신이 90% 이상을 차지한다. 반면 도요타는 나고야 주변의 별 볼일 없는 지방대 출신이 많다. 그런데 도요타는 세계 1위의 자동차 회사가 되었고 닛산은 망해 프랑스의 르노에 합병되었다. 도요타는 이들을 데리고도 도요타 생산 시스템이라고 하는 창의적인 방법론을 개발하기도 하였다. 도대체 이게 이해되는가?

이런 예들을 살펴보면 국가나 기업의 창의성은 무엇이 결정하는가를 고민하게 만든다. 이에 대해 이야기해 보려고 한다. 결론부터 말하자면 리더의 창조 습관이 가장 중요하다. 이 말은 리더가 나서서 창조를 한다는 말이 아니다. 주위를 창의적이 되도록 하는 리더의 사고 습관이 중요하다는 말이다. 이 습관을 가진 리더가 있는 곳에서는 구성원들의 창의성이 극대화되는 마술이 일어난다. 반대라면 아무리 훌륭한 인재를 쏟아부어도 창의성은 만들어지지 않는다. 세종조에만 인재가 특별히 많이 태어난 것이 아니라 세종이라는 리더의 창조 습관이 당시 사람들을 창의적으로 변모시켰다는 것이다.

그러면 리더의 창조 습관은 어떻게 만들어지는가? 이 질문에 대답하는 것은 무척 어렵다. 그러니 반대로 질문을 해 보자. 리더의 창조 습관은 어떤 경우에 사라지는가? 바로 '박스 사고'를 가질 때다. 우리는 누구나 라면 박스 같은 것을 머리에 하나씩 이고 산다. 단 이 박스는 투명하다. 그래서 마치 아무것도 없는 것처럼 느끼지만 실제로는 누구나 이것을 하나씩 이고 있다. 박스는 왜 생기는가? 자신의 경험 때문이다. 사람은 자신의 경험 밖으로 나가 생각하는 것이 불가능하다. 창의적인 사람은 바로 이 박스 밖을 볼 줄 아는 사람이다. 이런 리더가 있으면 국가나 기업의 창의성은 폭발한다.

▎박스 밖을
▎보는 법

도대체 박스 밖을 무슨 수로 보는가? 세 가지가 있다. 하나는 창조적 요동을 지속적으로 유지하는 것, 둘째는 창조적 다양성을 수용하는 것, 셋째는 창조적 마찰을 활용하는 것이다. 이 세 가지에 가장 능숙했던 사람이 바로 세종이다.

창조적 요동이란 '문제'를 인식하는 것을 말한다. 이 이야기를 하기 전 같이 생각해 볼 것이 하나 있다. 이런 경우 어떤 선택을 하는가? 커피믹스도 있고 컵도 있다. 그리고 뜨거운 물도 있다. 그런데 커피를 저을 막대나 스푼이 없다. 열에 아홉은 커피믹스 봉투로 저어서 마신다.

이때 세 종류의 사람이 있다. 먼저 봉투로 저어서 마시는 것에 아무런 문제를 느끼지 않는 사람이다. 이들은 봉투라도 있으니 다행이라고 생각한다. 평범한 생각을 하는 사람들이다. 이런 부류는 절대 창의적일 수 없다. 두 번째 부류는 저어서 마시기는 하지만 찝찝함을 느낀다. 이들은 창조력이 2% 부족한 사람들이다. 마지막으로 이 상황을 문제로 느끼고 다른 대안을 찾는 데 골몰하는 사람이다. 이런 사람들이야말로 창의적이다. 이들만이 창조적 요동을 경험한다. 창조적 요동이란 문제를 인식하고 이것을 과제화하여 해결하려는 성향을 말한다.

왜 사람들은 커피믹스 봉투로 아무 생각 없이 저어서 마실까? 커피믹스가 최선의 대안이라고 생각하는 박스 사고 때문에 그렇다. 왜 못 빠져나오는가? 이 행동에 문제가 없다고 생각하기 때문이다. 문제가 없다고 생각하면 사고는 고요하다. 과거의 방법을 사용하면 되기 때문이다. 이것을 문제로 인식한 사람은 생각이 요동친다. 해결책을 찾기 위해서다.

왜 세종은 그토록 창조적인 리더가 되었는가? 그의 머리는 늘 문제로 가득 차 있었다. 왜 세종이 아닌 다른 왕들은 한글을 못 만들었을까? 세종 이전의 어느 왕도 우리말이 한자와 맞지 않는다는 문제를 인식하지 못했기 때문이다. 우리말을 표현하는 문자가 없어 백성이 고통받는다는 문제를 이해한 최초의 왕이 바로 세종이다. 그의 머리는 그렇게 요동쳤다.

문제를 찾는 데 집중한 세종의 독특한 일과

세종의 일과는 특이했다. 오전 5시에 기상한 후 9시에서 11시까지 한 일이 있었다. 바로 윤대(輪對)다. 누군가와 돌아가면서 독대를 하는 거다. 영의정 또는 우의정과 같은 고위층과 독대한 것이 아니다. 지금으로 치면 사무관 이하의 관료들과 이야기를 나누었다. 여기서 어떤 정보를 얻으려고 했을까? 바로 정부 조직의 밑바닥에서 일어나는 일들에 대한 정보, 특히 문제점들이 무엇인지를 파악하려고 했을 것이다.

점심을 먹고 오후 1시부터 3시까지는 경연을 했다. 경연은 신하들이 임금을 가르치는 자리다. 이때 특이한 방법을 사용했다. 나이 든 관료들과 집현전의 젊은 학자들을 동시에 참여시켰다. 맨날 '아니 되옵니다'만을 외치는 고위 관료들과 달리 젊은 학자들은 세상을 어떻게 볼까 궁금했기 때문일 것이다. 여기서 세종은 고위 관료들과 젊은 학자들 사이의 갭을 발견했다. 이게 바로 문제를 보는 눈이다. '갭＝문제'이기 때문이다.

마지막으로 저녁 10시에서 12시에는 구언(求言)을 했다. 백성들로부터 이야기를 듣는 것이다. 이를 통해 세간에서는 어떤 일이 일어났고 정부 정책에 어떤 문제가 있는지를 파악했을 것이다.

정리하면, 세종은 늘 문제와 이를 해결할 정보를 찾아다니는 사람이었다. 왜일까? 내 생각이 그리고 당대에 통용되던 방법이 틀릴지도 모른다는 문제 인식을 가지고 있었기 때문이다. 또는 내가 진짜 문제를 보고 있지 못하다고 생각했기 때문일 것이다. 이것이 세종이 자신의 박스 사고를 벗어나는 첫 번째 방법이었다. 바로 창조적 요동을 활용한 것이다.

세종의 창조 습관이 이끌어 낸 놀라운 성과들

그 결과 세종은 엄청난 일을 한다. 세종 즉위 후 수년 동안 온 나라가 가뭄에 시달렸다. 보통의 왕 같으면 아마도 기우제를 지내 자신의 부덕을 고했을 것이다. 하지만 세종의 처방은 달랐다. 문제의 근원을 조선과 맞지 않는 중국의 역법이라고 파악했고 농사짓는 방법에도 문제가 있다고 생각했다. 전혀 다른 시각에서 문제의 본질을 본 것이다. 그는 집현전 학자들에게 새로운 역법을 만들 것을 주문했고 동래현 관청의 노비였던 장영실을 등용하여 하늘을 관찰하는 천문 기구를 만들게 했다.

이런 정보는 어디서 얻었을까? 일상적으로 반복되었던 윤대와 구언 그리고 경연에서 비밀을 찾을 수 있다. 이런 추측을 뒷받침하는 강력한 증거가 있다. 바로 정초 등에게 명하여 지은 《농사직설》이라는 책이다. 도대체 농사라고는 근처에도 안 가 본 사람이 어떻게 이런 책을 지으라고 했을까? 책의 내용은 전국에서 가장 뛰어난 농부들의 노하우를 정리한 것이다. 이런 생각을 하게 된 계기가 다름 아닌 가뭄 때문이었다. 세종은 가뭄이 극성을 부리던 강원도를 수시로 방문하면서 농부들과 의견을 나누었다. 이렇게 다양한 사람들을 통해 정보를 얻고 문제의 본질을 이해하는 과정에서 전라도 지역의 아무개가 농사를 기가 막히게 잘 짓는다는 말을 들었을 것이다. 이런 것을 모은 것이 《농사직설》이다.

세종의 창조 습관 1 - 문제를 직시하라

우리를 돌아보자. 어떤 기업의 리더들은 자신의 기업에 문제가 있음을 무진장 싫어한다. 기업은 항상 아무런 문제가 없는 상태로 존재하여야 한다고 생각한다. 그런데 이것이야말로 리더가 갖는 잘못된 박스 사고다. 박스 사고에서 벗어나는 것은 문제를 보는 사고에서 시작된다. 창조적 요동이 있어야 한다는 말이다. 창의적인 사람들은 없는 문제를 만들어 내기도 한다. 그런데 문제를 지독히 싫어하는 박스 사고를 가진 사람들은 문제가 드러나면 야단부터 친다. 이런 기업에서는 구성원들이 문제를 숨긴다. 당연히 기업은 집단적인 박스 사고에서 벗어나기 어렵다. 문제는 숨기는 대상이 아니라 드러내 해결하는 대상이다. 이것을 앞장서서 하는 사람이 바로 리더다. 이것을 보고 아랫사람들이 배우고 자극 받으면 그 조직은 창의적이 된다.

세종의 창조 습관 2 - 반대 의견을 다양성으로 인정하라

세종의 두 번째 박스 사고 탈출법은 반대 의견에 관대하기였다. 다른 말로 하면, 반대 의견을 창조적 다양성으로 인식했다는 점이다. 역사상 세종조만큼 반대를 많이 한 신하들이 득실거리던 때도 없었을 것이다. 사소한 문제부터 큰 것까지 그는 온통 반대를 안고 살았다. 그래도 그의 반대에 대한 관용은 도의 경지에 이르렀다. 집현전 부제학이었던 최만리는 한글 창제를 극렬하게 반대했다. 반대가 너무 심해서 세종도 화가 났던 모양이다. 그런데 죄를 묻는 방식이 귀엽다. 하루만 상징적으로 옥에 가두고 다음 날 빼 주었다.

  이런 일도 있었다. 우리가 듣는 말 중에 '참 고약한 사람이야!'라는 말이 있다. 일설에 의하면 세종조에 있었던 고약해(高若海)라는 신하 때문에 만들어진 말이라고 한다. 이후 반기를 드는 사람들을 세종은 "고약해 같은 놈"이라고 했다고 한다. 실록에 의하면 고약해의 반기를 드는 정도가 지나쳤다. 눈을 부라리며 세종을 노려보는 행동은 차라리 귀여운 것이었다. 보란 듯이 휑하니 나가기조차 했다. 그래도 세종은 그를 대사헌이라는 자리에까지 올려 주었다. 오늘날 검찰총장에 해당하는 자리다. 그에게 반성의 의미로 유배를 명하였다가 후에 다시 기회를 준 것이다. 왜 그랬을까? 그는 반대가 나쁜 것이 아님을 알고 있었다. 이것을 통해 자신이 틀렸을지도 모른다는 박스 사고에서 벗어나고자 했다. 그리고 그래야 다른 신하들도 용기를 내어 말문을 열 수 있다는 것을 알았기 때문이다. 세종은 반대가 주는 다양성의 의미를 깊이 있게 알고 있었던 것이다. 다양성을 통해 박스 사고에서 빠져나올 수 있다는 것을 그는 알고 있었다.

세종의 창조 습관 3 – 견광지를 활용하라

세 번째 방법이 재미있다. 그는 회의를 하면 꼭 싸움을 붙였다. 이것을 창조적 마찰이라고 한다. 사용한 방법은 견광지(絹狂止)였다. 견은 하지 말자라는 뜻이다. 반대라는 것이다. 광은 해 보자라는 뜻이다. 찬성이라는 말이다. 둘 다 《논어》에 나오는 말이다. 지는 잠깐 쉬어 다시 생각해 보자는 뜻이다. 경연에서 고위 관료들은 대체로 '아니 되옵니다'를 외쳤다. 집현적 학자들은 '해 봅시다'라고 우겼다. 세종은 이 둘의 어느 한편을 드는 것이 아니라 왜 안 된다고 하는지 그리고 왜 해 볼 만하다고 하는지 그래서 이 둘을 통합할 수 있는 방법은 없는지를 고민했다. 이것을 통해 무엇을 얻으려고 했을까? 바로 박스 사고에서 벗어나고 싶었던 것이다.

사족을 하나 붙이자. 정승 황희에 대한 이야기다. 《세종실록》에 보면 '황희의 말대로 하라'라는 말이 가장 많이 나온다고 한다. 그만큼 세종은 황희를 신뢰했다. 그 비결은 바로 황희의 통합 능력에 있었다. 각종 회의에서는 찬성과 반대가 쏟아져 나온다. 듣기만 하면 누구의 말이 옳은지 알기 어렵다. 그런데 황희는 이것을 기가 막히게 통합했다. 견광지에서의 지에 매우 능했다는 말이다.

기업이 창의적이기 위해서는 무엇이 중요할까? 구성원들이 창의적일수록 당연히 좋다. 하지만 이보다 더 중요한 것은 리더의 창조 습관이다. 세종이 그런 습관을 가진 리더다. 이런 리더 아래에서는 창의성이 꽃을 피운다. 그 요체는 창조적 요동의 유지, 창조적 다양성의 수용, 그리고 창조적 마찰을 활용하는 것이다.

세종과 정반대의 길을 걸었던 중국의 왕이 있다. 바로 진시황이다. 그는 중국의 문자와 화폐를 통일하고 고속 도로를 건설하는 등 엄청난 창의력을 발휘하였던 인류 최초의 왕이다. 이런 업적을 가진 그가 이후 지독한 박스 사고에 갇혔다. 자기만 옳고 남들은 모두 틀렸다는 것이다. 결과는 어떻게 되었는가? 중국 역사상 최초로 통일을 이룬 지 15년도 안 돼 제국을 망가뜨린 왕으로 전락하고 말았다.

1. 창조습관

이홍 지음 | 더숲 | 2010

이 책은 구성원들이 어떻게 창의력을 발휘하게 되는지를 설명하고 있다. 창조에 쉽게 다가가는 습관, 보이지 않는 것을 보는 습관, 고착에서 빠져나오는 습관, 영감 창고를 활용하는 습관 그리고 벼랑 끝에 서는 습관 등 다섯 가지를 집중적으로 설명한다. 창조에 쉽게 다가가는 습관과 벼랑 끝에 서는 습관은 창조 동기와 창조 에너지에 관한 것이다. 나머지 세 가지는 창조적으로 생각하는 습관에 관한 것이다.

2. 비즈니스의 맥

이홍 지음 | 삼성경제연구소 | 2013

기업에서의 창조는 기본적으로 비즈니스를 기반으로 한다. 따라서 비즈니스가 어떻게 성립되고 설계되는지를 알지 못하면 비즈니스 창조를 하기 어렵다. 창조 자체를 설명한 책은 아니지만 비즈니스가 움직이는 기본적인 원리를 설명하고 있다. 이 원리를 모르고 창의성을 발휘하면 기업은 위험해진다. 쓸데없는 창조를 남발하기 때문이다. 연구와 개발에도 낭비가 있다. 팔리지도 않는 제품이나 서비스를 개발하는 것이다. 비즈니스의 기본 원리를 모르면 이런 일을 하게 된다.

3. K 매니지먼트

이홍 외 6인 지음 | 클라우드나인 | 2015

기업에서의 창조는 기업 환경을 정확히 읽고 이에 대처하는 과정에서 일어난다. 환경은 끊임없이 변화하게 되는데 이로 인해 기업과 환경 사이에 갭이 만들어진다. 이 갭이라는 문제를 줄이기 위해 기업이 취하는 노력들이 바로 기업 경영이고 여기에는 많은 창의적인 노력이 들게 된다. 그런데 많은 기업들은 이런 원리를 모르고 과거에 성공적으로 행하던 방식으로 기업을 운영하려고 한다. 이렇게 되면 기업은 어려워진다. 이런 과정들을 설명한 책이다. 특히 과거 한국 기업들이 사용하던 성공 방정식이 격변하는 새로운 환경에서 문제를 일으킬 수 있음을 지적하고 있다. 이에 대한 해결 방안도 제시하고 있다.

저성장 시대의
마케팅 전략

홍성태
한양대 경영학부 교수

미국 일리노이 대에서 박사 학위를 취득한 후 미주리 대에서 3년 동안 조교수로 재직했다. 미주리 대 재직 당시 탁월한 강의 덕분에 '올해의 교수'로 선정되었으며, 국내에 돌아와서도 학교 및 많은 기관에서 우수 강의 교수로 늘 꼽히고 있다. 현재 한양대 경영학부 교수로 재직 중이다. 한국마케팅학회의 학회지 《마케팅연구》의 편집장을 역임하였고, 한국마케팅학회 회장, 한국경영학회 부회장을 비롯해 한국소비문화학회 부회장, 한국디자인경영학회 부회장을 맡으며 학회 활동 역시 활발히 하고 있다. 연구 및 저술 활동에도 남다른 성과를 보인 그는 소비자 연구 분야의 최고 저널인 《JOURNAL OF CONSUMER RESEARCH》, 《PSYCHOLOGY & MARKETING》, 《JOURNAL OF CONSUMER PSYCHOLOGY》 등 유수한 저널에 많은 논문을 발표해 왔다. 주요 저서로는 《나음보다 다름》, 《모든 비즈니스는 브랜딩이다》, 《보이지 않는 뿌리》, 《소비자 심리의 이해》, 《앞선 사람들의 앞서가는 생각》 등이, 역서로는 《위대한 상인의 비밀》, 《마케팅의 10가지 치명적 실수》, 《해빗》 등이 있다.

바야흐로 저성장 시대에 들어섰다. 이 말은 성장의 속도가 줄어들었다는 뜻일 뿐 절대 매출이 줄어들었다는 뜻은 아니다. 저성장 시대가 되었기 때문에 매출이 늘지 않는다고 생각하고 있다면, 엄연히 게임의 룰이 다른 시대가 되었는데도 여전히 예전의 방식으로 게임을 하고 있다는 이야기다.

저성장 시대에는 고성장 시대에 비해 오히려 전반적인 경제력도 커져 있고 사회도 더 안정되어 있다는 점을 간과해서는 안 된다. 저성장 시대에 접어들면 소비자들의 소비 행태가 달라진다. 이를 이해하고 빨리 눈을 뜬 기업은 새로운 기회에 가슴이 설렐 것이고, 여기에 적응하지 못한 기업은 레드오션에서 허우적거릴 것이다.

급속한 경제 발전의 여지가 있는 고성장 시대의 소비자들에게는 필요한 물건이 있느냐 없느냐가 관건이었지만, 저성장 시대의 소비자들에게는 기본적인 필요의 문제가 아니라 어떤 물건을 갖느냐가 관건이다. 예를 들어, 예전에는 자동차를 갖고 있느냐 없느냐가 관심사였다면, 이제는 어떤 종류의 무슨 브랜드를 갖고 있느냐가 이슈가 된다. 즉 고성장 시대 마케팅의 핵심 용어가 '니즈(Needs)'였다면, 저성장 시대 마케팅 핵심 용어는 '원츠(Wants)'다. 오늘날 마케팅에서 이 용어들을 명확하게 구별하는 일은 대단히 중요하다.

니즈는 '필요' 또는 '욕구'라고 해석돼 왔다. 말하자면 꼭 필요한 것을 가지려는 욕구라는 의미다. 반면 원츠는 기본적 욕구에 지장을 받지 않는, 즉 반드시 갖고 있어야 하는 것은 아니지만 갖고 싶은 욕망이라고 볼 수 있다. 유사 이래 경제적으로 가장 풍족해진 지금의 상황에서는 아이러니하게도 니즈 충족의 경쟁을 벗어나 원츠를 자극하는 아이디어 게임으로 변해 가고 있다.

두 용어의 차이를 더 쉽게 이해하려면, 니즈는 기능적 필요(Functional Needs)의 약자이고, 원츠는 심리적 욕망(Psychological Wants)의 줄임말이라는 점을 숙고해 보기 바란다.

원츠를 자극하면
수요와 가격의 제한이 없어진다

사람들은 왜 넥타이를 매는 걸까? 다시 말해 넥타이의 기능은 무엇일까? 추워서 매는 것도 아니고, 나온 뱃살을 가리려는 것도 아니다. 실상 넥타이 자체의 기능적 필요는 없는 거나 마찬가지다. 다만 사회적 지위를 드러내고 자신의 개성을 표현하려는 심리적 욕망이 있을 뿐이다. '에르메스', '루이비통' 등과 같은 넥타이가 좋긴 하지만, 원가 대비 수십만 원의 가격이 비싼 것임에는 틀림없다. 그러나 유명 브랜드의 넥타이를 맨다는 것은 생존에 꼭 필요하지 않은 것에 이 정도의 돈을 쓸 수 있다는 부와 사회적 지위를 과시하는 의미이다. 이러한 욕망이 바로 '원츠'다.

여기에 중요한 포인트가 있다. '기능적 필요'로만 보면 수요와 가격에 한계가 생기지만, '심리적 욕망'의 관점에서 보면 수요나 가격의 한계가 사라진다는 점이다. 고전 경제학에서 말하는 '한계 효용 체감의 법칙'이 더 이상 적용되지 않는다는 말이다. 소비자가 재화를 소비할 때 그 재화의 최종 단위에 따라 얻어지는 만족감을 한계 효용(Marginal Utility)이라고 하는데, 소비하는 재화의 수가 늘어날수록 효용은 점차 줄어든다. 예를 들어 배가 고플 때 빵을 하나 사 먹으면 당연히 빵에 대한 만족감이 매우 크다. 이때 빵 가격이 100원이라면 기꺼이 100원을 지불하지만, 빵을 이미 5개나 먹어 배가 부른 상태라면 빵을 50원에 준다고 해도 살 생각을 하지 않는다.

다시 넥타이를 생각해 보자. 똑같은 원리로 넥타이를 이미 10개 넘게 가지고 있는 사람이 새로운 넥타이를 선물 받는다면 만족감이 떨어질까? 빵과 달리 새로 받은 넥타이가 마음에 든다면, 만족감이 오히려 더 커진다. 니즈가 아니라 원츠를 자극하면 수요의 제한이 없어지고 만족감이 떨어지는 상황도 피할 수 있는 것이다. 20세기 위대한 경제학자이자 케네디 대통령의 브레인으로 활동했던 갤브레이스는 한계 효용에 대해 인간의 '물질적 필요'에만 해당되는 것이지 '심리적 욕망'에는 해당되지 않는다고 말했다.

수요가 포화 상태에 이르렀다는 말은 이제 더 이상 통하지 않는다. 사람들은 휴대 전화가 고장 나지 않았는데도 아이폰6나 갤럭시S6 등 새로운 기종이 나오면 비싼 값을 치르고서라도 바꾸려 한다. 인구수와 니즈를 중심으로 잠재 수요를 예측하는 시대는 지나갔다. 원츠의 세상에서는 수요를 얼마든지 창출할 수 있기 때문이다.

원츠를 자극하면 가격의 한계도 없어진다. 소위 명품 핸드백이나 의류가 좋긴 하지만, 그 가격만큼의 가치는 아닐 것이다. 500원짜리 모나미 볼펜은 글씨를 쓰는 기능에 있어 하등 손색이 없다. 그러나 똑같은 볼펜이라도 소위 명품 볼펜들의 값은 수십만 원이 넘어도 잘 팔린다.

기능과 니즈만을 생각하면 매출이 답답해지고 아이디어가 안 떠오른다. 이른바 레드오션이다. 그러나 원츠의 세상으로 눈을 돌리면 블루오션이 펼쳐진다.

개성, 소속감, 자기만족, 선물의 기쁨 등 자극할 수 있는 원츠는 많다

선글라스의 기능은 태양으로부터 눈을 보호하는 것이다. 그런데 멋쟁이들은 볕이 없는 실내에서도 선글라스를 낀다. 그리고 막상 햇빛 아래에서

는 선글라스를 머리 위에 쓰곤 한다. 말하자면, 햇빛으로부터 눈을 보호
한다는 선글라스의 기능 때문에만 착용하는 것이 아니다. 원래의 필요보
다 자기의 개성을 나타내기 위한 욕망이 더 크게 작용한다. 그래서 사람
들은 선글라스를 여러 개 가지고 있어도 멋진 선글라스를 보면 또 사고
싶어 한다.

할리 데이비슨은 모든 남성들의 로망이라고 할 만큼 인기가 많은 모터
사이클이다. 요즘에야 할리 데이비슨의 품질이 아주 많이 좋아졌지만, 한
때는 하루 타면 일주일을 수리해야 한다는 우스갯소리를 할 만큼 고장이
잦았다. 고장 나지 않는 신뢰성이 구매 기준이라면, 혼다나 야마하 같은
일제 모터사이클을 택해야 할 것이다.

게다가 속도라도 낼라 치면 할리의 엔진 소리는 대단히 커진다. 혹시
길을 가다 할리의 커다란 엔진 소리에 놀란 적 없으신가. 어쩌다 한 번 들
어도 놀랄 만큼 시끄러운데 타고 있는 사람은 오죽하겠는가. 할리는 순항
용(Cruising Bike)이지 스피드를 즐기기 위한 모터사이클이 아니다. 고속
의 스피드를 즐기려면, BMW나 두카티가 더 좋은 선택일 것이다. 고장률
이 낮은 것도 아니고 스피드를 즐길 수 있는 것도 아니라면, 할리는 왜 그
리 인기가 많은 걸까?

할리를 타는 사람들은 어떤 심리적 소속감을 갖는다. 서양 사람들이 몸
에 문신을 할 때 가장 많이 쓰는 단어가 '맘(Mom)'이다. 그리고 두 번째가
바로 '할리 데이비슨'이란다. 얼마나 브랜드에 대한 소속감이 강하면 로
고를 문신으로 새겨 평생 몸에 남기겠는가. 나이키나 애플도 인기가 좋은
브랜드지만, 브랜드 로고를 문신까지 하는 사람은 없을 것이다.

할리 데이비슨의 웹사이트 첫 페이지에는 '할리 데이비슨을 구입한다

는 건 그저 관계의 시작에 불과합니다, 끝이 아니고요(At Harley Davidson, the purchase of motorcycle is the beginning of the relationship, not the end)'라고 쓰여 있다. 브랜드를 통해 관계를 맺고 소속감을 계속 갖도록 해 주는 것이 브랜딩의 핵심이다.

기업 입장에서는 이런 소속감을 가진 소비자를 확보하는 것이 굉장히 중요하다. 그래서 H.O.G.(Harley Owners Group)처럼 직접 모이지 않더라도 '유저들의 모임' 등 웹사이트도 큰 역할을 한다. 웹사이트에서는 단순한 '기능적 정보(Information)'가 아니라 '감정이 담긴 정보(Emomation : 감정을 뜻하는 Emotion과 정보를 뜻하는 Information의 합성어)'들이 오가기 때문에 그 영향력이 대단히 크다. 예를 들어 누군가 '이 예쁜 스마트폰을 가지고 친구들이 모이는 자리에 나가니 모두가 부러워했어요. 특히 뒷면의 흰색 커버는 아주 고급스러워 보여서 좋아요'라는 상품평을 남겼다고 해 보자. 이모메이션은 단순 정보보다 온라인상에서 파급력도 크고 훨씬 빨리 전파되기 때문에 소비자에게 미치는 영향도 크다. 이런 정보를 전하는 사람들은 단순한 '의견 선도자(Opinion Leader)'가 아니라 파급 효과가 시작되는 진원지라는 의미에서 '알파 소비자(Alpha Consumer)'라고 불린다. 알파와 오메가(시작에서 끝까지)라는 표현에서 착상된 이 용어는 미국 남가주대(USC)의 박충환 교수가 만든 이후 널리 쓰이고 있다.

자기만족에 대한 원츠를 공략하는 것도 좋은 마케팅 포인트다. 어떤 집에 가면 간혹 거실이나 서재의 한 벽을 가죽 장정으로 된 백과사전이 장식하고 있는 걸 볼 수 있다. 이런 백과사전은 한 질에 150만 원에서부터 200만 원을 넘는 것도 있다. 그런데 그렇게 비싼 책을 사면 과연 자주 열어 볼까? 오늘은 'ㄹ' 까지 봤으니 내일은 'ㅁ' 부터 봐야겠다는 생각을 할까? 모름지기 아닐 것이다. 그럼에도 백과사전을 사는 이유는 백과사전을 거실에 꽂아 둠으로써 자신이 '교양 있는 사람'인 것처럼 느껴지는 자기만족 때문이다.

고가의 명품을 사는 것도 비슷한 경우일 것이다. 일본의 나카무라 우사기라는 여성이 쓴 《나는 명품이 좋다》라는 책에 재밌는 사례가 나온다. 샤넬에서 우산을 살 때 일어난 에피소드다. 작고 예쁜 우산 케이스 안에 든 샤넬 우산을 구매하려 하자 종업원이 "손님, 이 우산은 비가 많이 올 때는 사용하지 말아 주세요"라고 말하기에 이유를 묻자 "명품 우산은 컬러를 보호하기 위해 일반 우산같이 방수 처리를 하지 않아 비가 많이 내리면 샐 우려가 있습니다"라고 대답하더란다. 그런 우산이 살 만한 가치가 있는 것일까? 물론 있다. 왜냐, 천하의 샤넬이기 때문이다. "나, 우산도 샤넬을 써요"라고 말할 수 있다면 그걸로 구매할 이유는 충분하다.

값비싼 명품 시계 중에는 숫자판에 수백 미터 물속에서도 방수가 된다고 표시된 제품들이 있다. 천안함 사태에서도 보아 알겠지만, 전문가도 50미터 이상 잠수하기 힘들다. 그러니 명품 시계를 차고 바다 속 수백미터까지 들어갈 일은 절대로 없을 것이다. 그런데 이 방수 기능 때문에 가격이 무척이나 비싸다. 왜 쓸데없는 기능 때문에 가격을 더 치르려고 할까? 그냥 기분이 좋아서다. '자기만족'의 욕구가 충족되는 것이다.

다른 이에게 선물로 줄 때의 기쁨도 마찬가지다. 수십만 원짜리 명품 볼펜이라고 '볼펜 똥'이 안 나오는 것은 아니다. 그런데 똥 나오는 볼펜을 사람들은 왜 비싼 돈을 주고 사 가는 걸까? 거꾸로, 똥이 나오는 볼펜을 어떻게 하면 수십만 원을 받고 팔 수 있을까?

그렇게 비싼 볼펜을 본인이 쓰려고 구매하는 사람은 많지 않다. 대부분

선물용으로 구매하는 것이다. 선물을 줌으로써, 즉 남을 기쁘게 함으로써 얻게 되는 '즐거움을 누리려는 욕구', 그것은 이미 기능의 문제가 아니다.

원츠를 자극하는 것이 꼭 비싼 명품에만 해당되는 건 아니다. 청심환은 아시다시피 중풍이나 뇌졸중 등에 쓰는 위급약이고 수험생들이 입학시험 볼 때 먹기도 한다. 어쩌다 한 번씩 먹는 약인데, 1년 중 몇 월에 가장 수요가 많을까? 아무래도 기온이 낮은 11~12월, 그리고 그때가 입시철이기도 하다. 그러면 언제 가장 수요가 적겠는가? 아주 더운 8월에는 일사병 등으로 오히려 수요가 좀 있고, 날이 따뜻해지는 5월에 수요가 가장 떨어진다. 그러면 매출이 언제가 가장 많을까? 5월에 매출이 가장 적을 것 같은데, 그렇지 않다. 월별로 따지면 5월에 매출이 가장 많단다. 왜 그럴까?

추운 겨울에 급하게 위급약으로 쓰거나 수험생이 사는 것은 기껏해야 한두 알이다. 그러나 당장 쓰일 일은 적지만, 5월에는 어버이날이나 스승의날 선물용으로 판매하기 때문에 10~20개 묶음으로 포장된 걸 사 간다. 기능만 생각하며 판매하려고 했을 땐 보이지 않던 시장이 원츠를 자극하면 새로이 눈에 보이는 것이다.

왜 필요하지도 않은 물건을 살까?

미국의 베스트셀러 중 《사람들은 왜 필요하지도 않은 제품을 살까(Why People Buy Things They Don't Need)》라는 책이 있다. 즉 사람들은 앤티크 가구나 크리스털 컵처럼 꼭 필요하지도 않은 물건들을 왜 비싼 돈을 주고 사려는 걸까라는 질문이다. 저자인 패밀라 댄지거의 대답을 한마디로 요약하자면 '그들이 원하기 때문(Because they want)'이다. 필요하지는 않지만 단순히 마음이 원하기 때문에 산다는 것이다. 니즈만 생각하면 어떤 제품 시장도 레드오션처럼 보이고 아이디어도 생기지 않는다. 사람들 마음속에는 개성을 표현하려는 욕망, 소속감을 갖고자 하는 욕망, 자기만족을 얻으려는 욕망, 기쁨을 나누고자 하는 욕망 등 수많은 심리적 욕망이 내재되어 있다. 그 욕망을 자극하는 원츠의 관점에서 바라보면 수요와 가격의 제한이 없어진다. 시장을 끝없이 넓혀 갈 수 있는 블루오션이 여기에 자리하고 있다.

마케팅은 이제 원츠를 자극할 아이디어를 찾는 아이디어 게임이라 볼 수 있다. 영화 〈러브 액추얼리〉에서 주인공은 관심을 가진 여성에게 크리스마스 선물로 무엇을 받고 싶은지 묻는다. 그러자 그 여성이 이렇게 말한다.

"필요한 것보다 제가 원하는 것으로 주세요."

이 영화는 이 시대의 가치는 이제 니즈가 아니라 원츠임을 말하려는 것 아닐까.

1. 나음보다 다름
홍성태 · 조수용 지음 | 북스톤 | 2015

우리는 무언가를 팔아 가며 산다. 문제는 어떻게 하면 잘 팔 수 있을까이다. 이 책이 주장하는 무기는 딱 하나, 차별화다. 시장의 승자가 되기 위해 반드시 최고일 필요는 없다. 일류대 나왔다고 좋은 직장을 얻고, 최고 미남 · 미녀라고 꼭 톱스타가 되지 않는다는 근거다. 하지만 모두가 차별화를 추구하다 보니 그 효과를 내기가 좀처럼 쉽지 않다. 핵심은 실질적인 차별화가 아니라 인식상의 차별화에 있다. 이 책은 차별화를 달성하는 과정을 단계별로 현실적인 사례를 곁들여 풀어낸다. 진정한 다름을 추구함으로써 시장에서 승리하는 법을 알려 주는 책이다.

2. 모든 비즈니스는 브랜딩이다
홍성태 지음 | 쌤앤파커스 | 2012

우리 각자는 인식하든 못하든 매 순간 본인의 이름을 비롯하여 수많은 브랜드를 관리하고 있다. 이 책은 브랜드에 '의미'를 부여하는 과정상 중요한 고려 사항과 브랜드를 직접 사용하고 체험하면서 느낄 수 있는 '재미'를 극대화시키는 요소들을 매우 쉽고 재미있게 설명해 주고 있다. 저성장 시대에서도 승승장구하려면 꼭 읽어 봐야 할 책이다.

소비자를
설득하기 위한
역발상 전략

여준상
동국대 경영학과 교수

고려대 경영학과를 졸업하고 같은 학교에서 마케팅을 전공하여 석사와 박사 학위를 받았다. 경영학과 심리학을 접목한 경영심리학의 전문가로 소비자 심리와 행동, 브랜드 관리 등이 주요 관심 분야다. 2006년부터 동국대 경영학과 교수로 재직하고 있다.

국내 유수 기업들을 대상으로 마케팅 및 브랜드 관련 강의, 자문을 하고 있으며 《Journal of Consumer Psychology》 등 저명 학술지에 논문을 실었다. 저서로는 '2003 올해의 책' 후보로 선정된 바 있는 《한국형 마케팅 불변의 법칙 33》, 《회사의 운명을 바꾸는 역발상 마케팅》 등이 있다.

삼성은 역발상 전략을 지향한다. 대표적인 것이 이건희 회장의 '위기일 때 투자를 늘려야 한다'는 지론이다. 삼성은 글로벌 금융 위기 이후 오히려 투자를 늘리고 있다. 삼성 사장단도 늘 역발상을 고민한다. 여준상 동국대 경영학과 교수는 2015년 삼성 수요 사장단 회의에서 '불황, 저성장기의 역발상'을 주제로 강연했다.

여 교수 강의 핵심은 불황과 저성장 속에서 수많은 경쟁자를 따돌리기 위해서는 기존과 전혀 다른 역발상이 돌파구가 될 수 있다는 내용이다.

기존 생각으로는 차별화에 한계가 있어 눈 높은 소비자를 설득하기 어렵다는 논리다.

상식은 독이나 바이러스 같은 것 모순을 잘 창조해야

로마 시대 시인 유베날리스는 '재산가 중에는 상식을 가진 자가 드물다'라고 말했다. 《역발상 경영(Contrarian Management)》의 저자 스미스&바텐은 '상식은 독이나 바이러스 같은 존재다. 상식에 대해서는 해독제나 바이러스 예방 백신이 필요하다'고 말했다. 역발상의 중요성을 전해 주는 말이다.

그렇다면 역발상이란 과연 무엇인가. 역발상은 기존의 생각을 바꿔 새로운 생각을 내놓는 것이다. 상식, 관행, 관습, 습관, 고정 관념, 편견, 선입견을 벗어난 새로운 생각이다. A=B라는 공식이 A≠B, A=C, D로 변하는 것이다.

여준상 교수는 역발상은 모순에서 출발한다고 설명했다. 모순은 두 사실이 서로 배척돼 양립할 수 없는 관계를 의미하지만, 여 교수는 모순 속에 진리가 담겨 있다고 설명했다. '찬란한 슬픔', '소리 없는 아우성', '살려고 하는 자는 죽을 것이고, 죽으려고 하는 자는 살 것이다' 등의 명언은 상식에 거슬러 모순적 표현으로 진리를 전달한다. 심리학자 프로이트는 모순이란 인간의 본능, 즉 속마음을 가장 잘 표현하는 것이라고 설명했다.

"최고의 마케터가 되는 것은 모순을 얼마나 잘 창조해 소비자를 설득하느냐에 달렸습니다."

여 교수는 역발상은 평소 상쇄 관계에 있는 것을 떠올리는 데서 시작된다고 조언했다. 아름다우면서 민첩한, 정확하면서도 빠른, 강인하면서도 품격 있는, 맛있으면서도 건강에 좋은, 우아하면서도 강인한, 겸손한 프리미엄 같은 것이 역발상의 예다.

역발상 훈련 도표를 활용해도 된다. 연구, 구매, 생산, 마케팅 등 각 분야의 상식(A=B)을 적어 보고 이를 부정해 본 뒤(A≠B), 전혀 다른 새로운 등식(A=C, D)을 만들어 보는 방식이다.

이면을 바라보고 모순을 만드는 자세도 필요하다. 사람들이 싫어하는 것을 긍정적인 모순으로 감싸 새로운 개념을 만들어 주는 방식이다. 예를 들어 불확실성은 누구나 싫어하지만, 즐거운 불확실성이라면 생각이 바뀐다. 소음은 누구나 싫어하지만 착한 소음이라면? 긴장감은 싫지만 건강한 긴장이라면? 기다리는 것은 싫지만 즐거운 기다림이라면? 인식이 바뀔 것이다.

소비자는 이기적이다. 어느 하나를 얻기 위해 어느 하나를 포기하지 않는다. 소비자 마음속에는 상쇄가 없다. 몸에 좋아도 맛없는 음식을 찾지는 않는다. 정확한 것을 원하지만, 신속함도 원한다.

미국 친환경 세제 회사 메소드는 친환경 제품의 고정 관념을 깬 세제를 선보여 큰 인기를 끌었다. 보통 친환경 세제 하면 세척력은 일반 세제보다 좀 뒤져도 괜찮다고 생각하고 디자인도 소박해야 한다고 생각한다. 하지만 메소드는 디자인 상을 300개 이상 받고 3000여 개의 작품을 디자인한 유명한 산업 디자이너 카림 라시드에게 디자인을 맡겼다. 또한 세척력도 아주 뛰어난 세제를 만들었다. 친환경 세제에 대한 소비자의 고정 관념을 깬 제품을 선보인 것이다.

소비자는 더 이상 설득 대상이 아닌 감정적 치유 대상

여 교수는 이제 소비자는 더 이상 이성적 설득의 대상이 아니라고 말했다. 그는 인간은 끊임없이 타인과 감정을 교환하는 감정 노동자이며, 감정 교환 과정에서 공감에 실패하면 스트레스를 많이 받는다고 덧붙였다.

"앞으로는 소비자를 감정적 치유 대상으로 보는 역발상이 필요합니다. 소비자들은 서로 공감해 주고 공감 받기를 원하고 있습니다. 앞으로 마케팅은 감정 스트레스가 많은 소비자를 치유하는 데 초점을 둬야 성공할 수 있습니다."

인간은 늘 해 오던 자기중심적 사고에서 벗어나지 않으려고 한다. 새로운 것을 받아들이는 데 경계심이 있다.

"생각의 습관은 거스르기 어려운 게 현실이지만, 성공하면 결국 강력한 차별화 전략이 될 수 있죠."

역발상에 앞서 자기 이론을 확증하려는 편향을 벗어나야 하는 이유다.

역발상에 도움이 되기 위해 기존의 예방, 평가, 유지, 근거리 지향 관점을 향상, 행동, 변화, 원거리 지향으로 바꾸는 것도 방법이다. 불확실성을 두려워하지 않고 도전하고 시간 낭비하지 않고 바로 행동에 옮기는 것, 무엇이든 변화시킬 수 있다고 생각하고 멀리 내다보는 습관을 키우는 것이 역발상 사고에 도움이 된다.

한 실험 결과에 따르면 노트북 광고에서 낯선 외국 이미지를 배경으로 한 결과 구매 의향이 높아졌다고 한다. 먼 장소를 배경으로 해서 소비자의 관점을 확대함으로써 다른 기능이나 기술까지 좋아 보이게 하는 긍정적인 효과를 본 것이다.

역발상 성공의 키워드
간결함, 일관된 변화, 역세분화

역발상에 앞서 유의해야 할 점도 있다. 전달하는 정보는 많을수록 좋을까? 정보가 부족했던 시대에는 정보와 자극이 많을수록 좋았다. 하지만 오늘날과 같이 정보 과부하 시대에는 어느 정도 선까지는 정보와 자극이 많은 게 좋겠지만, 그 이상을 넘어서면 소비자는 선택을 연기하거나 포기한다. 과다한 정보는 때로는 불필요한 비용을 발생시키기도 한다. 간단하고 간결한 정보일수록 소비자는 쉽게 이해한다.

미국 인앤아웃 버거의 사례가 대표적이다. 인앤아웃은 1948년에 설립된 패스트푸드 전문점으로 미국에서만 매장을 운영한다. 250여 개의 지점이 있는데 대부분 캘리포니아에 있다. 참고로 이 기업은 설립 당시 세계 최초로 드라이브-스루 시스템(매장에 들어가서 주문하는 것이 아니라 차를 탄 채로 주문, 포장까지 할 수 있는 시스템)을 도입했다. 당시에는 매장 직원이 고객의 차에 가서 주문을 받은 다음 다시 매장으로 돌아와 햄버거를 주는 것이 보통이었다.

인앤아웃의 경영 모토는 '단순함을 지키자(Keep it Simple)'다. 그래서인지 메뉴는 햄버거, 치즈버거, 더블더블 딱 세 가지이다. 사이드 메뉴도 감자튀김과 음료수가 끝이다. 보통 다른 패스트푸드점을 방문하면 다양한 메뉴 때문에 무엇을 먹을까 고민하게 되는데 인앤아웃은 메뉴를 단순화시켜 소비자의 쓸데없는 고민을 덜어 줬다. 게다가 인앤아웃은 다른 식당과 달리 매장에 냉장고가 없다. 당일 공급 받은 신선한 재료만을 제공한다는 것인데 단순한 메뉴 구성으로 품질 관리와 재고 관리가 쉽기 때문에 가능한 전략이다. 그리고 이 전략으로 햄버거 맛의 향상을 가져

왔고 미국에서 가장 맛있는 햄버거를 맛볼 수 있는 곳이라는 명성을 얻었다. 실제로 인앤아웃은 2010년과 2011년 미국 53개 패스트푸드 체인점 중 소비자 만족도에서 1위를 차지했다. 맥도날드의 연간 매출의 1%밖에 안 되지만, 순이익률은 20%에 이르는 것으로 알려져 있다.

변화에도 역발상 개념이 연관돼 있다. 변화는 기존 것을 포기하고 새로운 것을 만드는 것이라고 오해하기 쉽지만, 브랜드 특유의 이미지와 전통은 일관된 변화를 통해 지속된다. 대표적인 것이 포르쉐다. 포르쉐는 자동차 디자인을 끊임없이 바꾸지만, 큰 그림에서의 디자인은 유지한다. 여교수는 "다수의 국내 브랜드가 일관성 없이 제품에 변화를 줘 브랜드 정체성을 찾기 어렵다는 아쉬움이 있습니다"라고 말했다.

세분화와 거래 수단에 대한 역발상도 필요

일반적으로 시장과 제품은 세분화될수록 좋다고 생각하겠지만, 역발상을 통해 대박을 낸 제품이 있다. 바로 BB크림이다. 우리가 자주 쓰는 화장품을 보면 스킨로션, 핸드크림, 보디로션은 기본이고 발에 바르는 로션 등 많은 제품이 있다. 기존의 화장품 업계에서는 화장품 산업이 트렌드에 민감하고 거대한 시장이기 때문에 소비자의 성별, 피부 특성, 한방이냐 천연이냐 등의 세분화된 제품을 개발해야 한다는 것이 정설이었다. 그러나 BB크림은 오히려 역세분화로 기초 화장품, 메이크업 베이스, 재생 크림, 자외선 차단제 기능 등을 하나의 제품에 담아 냈다. BB크림은 무조건 나누고 세분화하는 것이 답이 아니라는 점을 증명했다.

거래 수단에도 역발상을 적용할 수 있다. 거래 수단이 꼭 화폐일 필요는 없다. 영국 친환경도시디자인 대상 작품은 자전거 페달 회전으로 만들어진 운동 에너지가 전기로 전환돼 버스 이용시 그 에너지로 요금을 지불하는 아이디어를 담고 있다. 버스는 그 에너지로 운영이 된다. 아직 현실화되지는 않았지만, 거래 수단이 꼭 화폐일 필요가 없다는 신선한 발상이었다.

자사 제품의 매출을 올리기 위해 경쟁사 제품을 공격할 필요도 없다. 더 중요한 목표를 위해 내가 만든 다른 제품을 희생시키는 방법도 있다. 스스로 미끼가 되는 것이다. 예전에 소니는 고가의 고화질 TV를 선보였지만, 반응이 미지근했다. 소니는 초고가 제품을 개발해 시장에 선보였다. 새로운 초고가 제품 덕에 이전에 선보인 고가 제품이 싸다는 인식이 생겨 판매가 늘었다. 고통스럽겠지만, 더 큰 것을 잡기 위해 내가 잡은 물고기를 미끼로 던진 방법이다. 더 못한 미끼를 넣어 나의 목표물 매력을 상대적으로 돋보이게 하는 방식이다. 타사 제품이 우연히 미끼가 되기도 한다. 프라이드 자동차는 엑셀에 비해 처지는 안전성이 약점이었다. 하지만 티코가 나오면서 상대적으로 티코보다 안전하다는 점이 부각돼 판매가 늘었다.

음지에서 소비의 의미를 찾을 수도 있다. 피어싱, 타투, 유명 게임이나 만화, 애니메이션, 영화에 등장하는 캐릭터의 복장을 따라서 입는 코스프레, 1990년대 일본에서 시작된 것으로 진한 화장을 의미하는 갸루 화장, 튜닝 등 남들과는 다른 독특한 소비 세계에 빠진 사람을 이해하면 새로운 시장과 마케팅 기법이 생겨날 수 있다. 독특한 것에 흥미를 느끼는 사람들은 이를 통해 삼매경(탈자아)에 빠져 스트레스를 덜어 내고 자기 존재감을 갖는다. 자기 멋대로 가꾸는 자유도 느낀다.

대표적인 것이 중국의 코스프레 산업이다. 중국에서는 매년 '차이나조이 코스플레이(ChinaJoy Cosplay)'라는 세계적인 규모의 코스프레 행사가 열린다. 우리나라에서는 보통 코스프레 행사를 일반 기업체나 지자체에서 이벤트성으로 개최하는 경우가 많다. 그러나 중국은 중앙 정부가 나서서 이 행사를 개최한다. 그 내막은 이렇다. 2000년대 들어 젊은 층들 사이에서 코스프레와 해외 게임, 애니메이션 등이 유행했다. 중국 정부는 이런 움직임을 규제한다면 젊은 층의 반발만 사고 효과가 없을 것이라고 판단했고 '역발상'을 발휘해 관련 중국 애니메이션, 게임 등의 문화 콘텐츠 성장을 위해 주도적으로 육성하기로 했다. 실제로 이 행사는 단순히 코스프레만을 위한 행사가 아니라 '중국 디지털 엔터테인먼트 엑스포&콘퍼런스'와 함께 개최되고 있는데 이는 중국 게임 산업 발전과 연계하겠다는 정부의 의지이다. 그 결과 중국의 코스프레 산업은 엄청난 부가 가치를 창출하는 산업으로 발달했다. '차이나조이 코스플레이'는 TV로도 방영되는데 시청자가 수억 명에 이르기 때문에 방송사에서도 큰 수익이 나며 많은 기업과 단체들이 협찬하기를 원한다. 그리고 한국의 게임을 주로 수입하던 중국 게임 업계들이 이제는 한국을 비롯해 해외에 콘텐츠를 수출할 정도로 경쟁력을 갖췄다.

몰상식도 경우와 도리, 예의만 갖춘다면 필요

삼성 사장단은 이날 강연이 끝난 후 몰상식에 대한 질문을 던졌다. 몰상식이라는 말은 흔히 부정적으로 쓰이는데 여 교수가 '상식은 바이러스'라고 소개했기 때문이다.

"몰상식은 지켜야 할 도리, 갖춰야 할 예의에서 벗어나지 않으면 문제가 되지 않습니다. 오히려 눈여겨볼 필요가 있습니다. 몰상식을 무조건 나쁘다고 치부해 버리면 역발상을 하기 어렵죠. 때로는 상식에 반하는 행동이 우리한테 새로운 발상을 가져다줄 수 있습니다."

더 공부하고 싶을 때 읽어 볼 만한 책들

1. 회사의 운명을 바꾸는 역발상 마케팅
여준상 지음 | 원앤원북스 | 2011

역발상의 개념에 대해 잘 설명하고 있으며, 역발상을 위해 필요한 자세와 마인드에 대해서도 얘기하고 있다. 다양한 역발상 사례를 소개하면서 성공, 실패의 이유, 그리고 실무적 시사점을 전달하고 있어 비교적 쉽게 읽을 수 있다.

2. 한국형 마케팅 불변의 법칙 33
여준상 지음 | 더난출판사 | 2012

한국에서 유독 잘 통하는 마케팅을 찾고 그 이면에 한국인, 한국 사회의 어떤 특수성이 있는지 살펴본다. 판에 박힌 수박 겉핥기 식의 상식적 마케팅 개념에서 탈피하여, 소비자 내면의 고유 심리를 터치하면서 그것이 마케팅 설득에 어떻게 작용하는지를 실생활의 사례에 비추어 다루고 있다.

CEO가
주목해야 할
기술 트렌드

이병태
카이스트 경영대학 교수

서울대 산업공학과를 졸업하고 카이스트에서 경영과학 석사 학위를 받았다. 신도리코에 입사해 전산팀, 신규사업팀을 거치며 약 6년 동안 직장 생활을 했다. 1990년 미국으로 건너가 1994년 미국 텍사스 오스틴 대에서 경영정보시스템(MIS)으로 박사 학위를 받았다. 애리조나 대, 일리노이 대 교수를 거쳐 2001년 카이스트 경영대학 교수로 임용되었다. 경영공학 학과장, 경영대학 학장, 테크노경영대학원 원장, 테크노경영연구소 소장을 역임했고 현재 카이스트 경영대학 교수로 SK사회적기업가 센터장 겸 카이스트 청년창업투자지주회사 대표로 재직하고 있다. 정보경제학 및 e비즈니스 전략 분야에서 국내 최고 전문가로 평가받는다. 국민은행과 신한은행, 신한금융그룹, 하나은행, 삼성생명 등 다수의 금융 기업과 증권 선물 거래소 등에서 IT 자문 교수 및 IT 고문을 맡은 바 있으며, 2009년에는 세계 3대 인명 사전 중 하나인 《후즈후》에 등재되었다.

인간은 다른 개체들과 비교해 가장 열악한 생존 조건을 가지고 있다. 힘이 세지도 않고, 빨리 달리지도 멀리 보지도 못한다. 태어나서 몇 시간 안에 걷는 다른 동물들과 달리 인간은 몸을 뒤집는 데만 몇 달이 걸린다. 다른 동물들은 태어날 때 이미 뛰어난 능력을 지니고 있지만 인간은 언어를 익히는 데에도 몇 년이 걸린다. 하지만 인간에게는 다른 동물과는 비교할 수 없이 뛰어난 두뇌와 손재주가 있다. 이런 독보적인 능력을 갖게 된 데는 두 발로 걷기 시작한 것이 결정적이었다.

인간은 두 발로 걷기 시작하면서 두 손을 자유롭게 쓸 수 있게 됐다. 직립 보행을 하면서 다른 동물보다 멀리 볼 수 있게 됐고, 몸 크기에 비해 더 커 보이는 효과도 얻었다. 손을 사용해 도구를 만들 수 있었고 그 덕분에 사냥과 채집이 가능해졌다. 사냥과 채집이 가능해지면서 공동체 생활을 시작했다. 수렵 사회, 농경 사회가 생긴 것도 두 발로 직립 보행을 한 덕분인 셈이다.

직립 보행과 함께 인류를 바꾼 결정적인 발명품이 있다. 바로 불에 대한 통제이다. 인류 역사상 첫 번째 범용 기술인 불은 인류의 삶을 드라마틱 하게 바꿔 놓았다. 음식을 익혀 먹을 수 있게 되면서 인간은 육식·채식을 가리지 않는 잡식 동물로 거듭났고 식량의 대상이 크게 확대됨으로써 아프리카를 벗어나 전 세계로 이주할 수 있는 토대를 마련했다. 또 이런 식습관은 인류의 뇌를 키워 인간을 생각하는 동물로 만들었다. 커진 두뇌와 직립 보행으로 좁아진 여성의 골반은 인간이 머리가 커지기 전에 태어나게 하여 부모가 함께 양육해야 할 필요를 만들었고, 덕분에 다른 포유동물과는 달리 부모가 가정을 이루는 사회적 동물로 진화하게 되었다. 기술적 진화(불), 신체적 진화(커진 두뇌), 사회적 진화(공동체)를 통해 인류는 지구상 생명체 가운데 가장 빠르게 발전하는 존재로 탈바꿈했다.

환경의 변화도 인간의 발전에 한몫을 했다. 빙하기를 지나 온난기가 온 것이다. 덕분에 인류는 농경 사회를 만들 수 있었다. 즉 환경적 변화와 기술적·신체적·사회적 진화가 인류를 비약적으로 발전시킨 것이다.

산업 시대로 접어들면서 기술의 발전 속도는 훨씬 빨라지고, 인간의 몸도 훨씬 커졌다. 1955년부터 2005년까지 인류의 수입은 3배, 섭취하는 칼로리 양과 기대수명은 1.3배 늘었고, 영아 사망률은 3분의 1로 줄었다. 이동 수단의 발달로 공동체의 규모는 국경의 한계를 지워 버렸다. 컴퓨터와 인터넷의 등장으로 이런 변화는 더욱 빨라졌다. 2007년 컴퓨터에 들어가는 반도체 칩의 생산량은 세계에서 생산되는 쌀알의 개수를 능가했다. 밥보다 칩이 더 필요한 시대가 온 것이다. 또 반도체 칩의 집적 회로 밀도가 18개월마다 2배로 늘어난다는 무어의 법칙은 정보 기술, 통신의 발전을 단적으로 보여 준다.

디지털 혁명은 실재하는가?

인류의 경제사는 두 차례의 농업 혁명과 산업 혁명으로 크게 전환기를 맞고 있는데 여기에 더해 오늘날 우리는 디지털 혁명 시대에 살고 있다. 과연 디지털 혁명은 실재하는 것일까? 컴퓨터의 핵심 부품인 트랜지스터나 1기가바이트 저장 공간의 가격을 보자. 20년 사이 이들의 가격은 급격하게 떨어졌다. 1990년 트랜지스터 하나를 사려면 55만 원을 내야 했으나 2012년에는 50원이면 족하다. 1기가바이트짜리 저장 공간 역시 1992년에는 58만 원이었지만 이제는 20원도 하지 않는다. 통신 비용도 급감하고 있다. 광대역 통신망의 사용료는 1999년에는 100만 원이 넘었으나 이제는 1만 5000원 수준에 불과하다. 스마트폰 가격 역시 처음 등장했던 2008년만 해도 평균 50만 원 선이었지만 최근에는 25만 원까지 떨어졌다. 전 세계 대부분의 사람이 스마트폰과 초고속 통신을 사용할 수 있게 된 것이다.

실물 경제의 형태도 달라졌다. 예를 들어 2008년 처음 등장한 핏비트 같은 손목시계형 웨어러블 하드웨어는 정보 기술 발전의 산물이다. 심박동 센서, GPS 등 각종 센서가 스마트폰과 웨어러블 기기에 들어가면서 자신이 어디서 무엇을 하는지나 운동량 등을 기록해 다른 사람과 공유까지 하는 서비스가 등장한 것이다. 이런 행위를 통해 개인은 자신을 내보이고, 기업은 돈을 번다. 한국계 미국인이 설립한 핏비트는 2015년 기업 공개를 통해 약 6조 7000억 원의 시가 총액을 기록했다.

개인의 삶과 소득의 사용처 역시 달라졌다. 1790년 영국 사람들은 소득의 75%를 음식 구입에 썼다. 하지만 2005년 미국 사람들이 먹는 데 쓴 돈은 소득의 14%에 불과하다. 집, 자동차, 가구, 에너지 등 소비의 종류도 다양해졌다. 이렇게 소비의 종류가 다양해졌다는 것은 기업이 사업을 할 수 있는 영역도 다양해졌다는 의미다.

그중에서도 가장 많이 소비하는 것은 바로 정보다. TV가 대표적인 예다. 1960년대에는 미국에도 3대 공중파를 제외하고는 볼 만한 채널이 별로 없었다. 1980년대 들어 CNN, MTV, HBO 등 영향력 있는 케이블 방송국이 생기면서 다양한 채널이 나타나기 시작했다. 2000년대 들어서 케이블 방송국이 급증했고, 2010년대에는 넷플릭스 같은 콘텐츠 서비스가 등장하면서 채널 숫자가 1000여 개로 늘어났다. 훨씬 다양한 정보를 소비한다는 뜻이다.

또 정보의 저장량도 커졌다. 1986년만 해도 세계 정보의 총량은 2.62 엑사바이트(1엑사바이트는 1,000,000,000,000,000,000바이트)에 불과했고, 이 중 1%도 되지 않는 0.02엑사바이트만 디지털 정보였다. 나머지 정보는 대부분 책이나 신문 같은 텍스트 형태였다. 하지만 2007년에는 정보의 총량이 299엑사바이트로 110배 증가했다. 이 가운데 93%인 280엑사바이트는 하드 디스크 같은 디지털 저장 공간에 들어 있다. 30년 전보다 무려 1만 4000배가 증가한 양이다. 최근에는 클라우드 서버가 확산되면서 저장량이 훨씬 더 늘어난 것으로 추정된다. 이에 따라 정보 폭발이라 할 수 있을 정도의 변화도 생겼다.

과거 200만 년간은 사냥과 수렵·채취의 시대였다. 그리고 1만 년간은 농경의 시대였다. 산업 혁명 이후 최근 200년 동안은 제조·생산의 산업 시대였다. 앞으로 최소 60년간은 정보의 시대가 될 것이다. 그리고 새로운 정보 소비 형태가 나타나고 경제는 지식 기반으로 바뀔 전망이다. 또 산업과 경제의 경계가 급격히 허물어질 것이다.

┃ 사물 인터넷이
┃ 가져올 변화

과거에는 지구상에 존재하는 물질을 이용해 에너지를 만들어 내는 것이 중요했다. 예를 들어 석탄, 석유 등의 물질을 이용해 전기 등의 에너지를 만들어 내는 것이다. 이런 물질과 에너지는 생존에 필수적인 요소이기 때문에 오랫동안 중시됐다. 이에 비해 정보는 물질과 에너지의 생성, 이동 등의 변화를 기록한 부산물에 불과했다. 생존과 직결된 요소가 아니었기 때문이다.

하지만 정보 시대에는 가치가 완전히 뒤바뀌었다. 정보는 기록이 아니라 물질과 에너지를 지배하는 계획서이다. 한 예로 애플은 디자인과 마케팅만 자사가 하고 제품 제조는 중국에 하청을 준다. 그만큼 정보가 경제적 가치에서 차지하는 비중이 확대되었다. 정보가 부족하면 사회에서 뒤처진다. 정보에 느린 사람은 정보에 빠른 사람보다 뒤처질 수밖에 없다. 정보가 경제에서 가장 중요한 요소가 된 것이다.

이런 정보를 활용해서 산업의 승자가 된 것이 바로 페이스북, 월마트, 구글 등이다. 페이스북은 13억 명이 넘는 사용자를 모아 스스로 정보를 생산하게 하고, 기업의 광고 마케팅 수단으로 활용할 수 있게 했다. 월마트는 고객의 특성을 분석해 소비자보다 소비자를 더 잘 아는 기업으로 자리매김했다. 어떤 물건을 많이 사는지 분석해 고객 맞춤형 할인 행사, 쿠폰 등을 제공하는 것이다. 또 빅 데이터를 분석해 고객들이 쇼핑하기 편하게 상품을 배치한다. 구글은 말 그대로 정보로 먹고사는 기업이다. 세계의 정보는 모두 구글에 있다고 할 정도로 수많은 정보를 정교한 알고리즘을 통해 결과로 표현해 준다.

정보 가운데에서도 상대적으로 더 나은 정보가 있다. 텍스트보다는 멀티미디어, 3D 등 더욱 생생한 정보가 훨씬 가치가 높다. 또 다른 이로부터 주어진 정보보다 소비자 스스로 생산한 정보, 자발적 정보의 가치가 훨씬 더 크다. 바로 이런 정보를 수집하는 것이 사물 인터넷(Internet of Things)이다.

사물 인터넷은 컴퓨터, 스마트폰, 태블릿PC를 넘어 웨어러블 기기, 가전제품 등 모든 전자 제품을 인터넷에 연결해 각종 정보를 수집하는 것을 뜻한다. 사용자가 직접 제품을 사용하면서 자신도 모르게 정보를 기기에 제공하고, 이 정보는 다시 모여서 사용자의 편의를 높이는 역할을 한다. 과거 기업이 수많은 인력을 채용하면서 연구 · 고민했던 라이프 스타일 파악, 소비자 수요(니즈) 분석을 집 안에 있는 에어컨, 냉장고가 대신하는 시대가 열린 것이다.

이렇다 보니 사물 인터넷 때문에 많은 일자리가 사라질 수도 있다. 그동안 수많은 사람이 해 왔던 업무가 자동으로 처리되기 때문이다. 센서가 장착된 기계가 지금까지 일반 노동자가 해 왔던 컨베이어 벨트 작업을 대신하고, 지식이 필요한 금융 거래 등도 인공 지능을 갖춘 컴퓨터로 대체할 수 있다. 이미 애플의 아이폰에 탑재된 음성 비서 서비스 시리는 아직 부족하긴 하지만 비서의 자리를 대체할 수 있는 가능성을 보여 주고 있다. 구글 번역기 역시 머지않아 통역가, 번역가의 입지를 위협할 것이다. 최근 아마존은 자사의 쇼핑몰에서 구매한 물품을 집 앞까지 자동으로 배달해 주는 드론(무인기) 배달 시스템을 구축했다. 택배 기사가 위기를 맞은 것이다.

이런 현상이 계속되면 결국 고용이 증가하지 않는 성장이 지속될 가능성이 크다. 소위 말하는 차가운 성장이 바로 이것이다. 국내 총생산은 계속 상승하지만 일자리는 그대로이거나 줄어들고, 여기서 나온 매출, 자본은 소수에게만 돌아가는 것이다.

사물 인터넷 경제는 결국 소수의 승자가 모든 것을 독식하는 구조다. 수천 명, 수만 명이 하던 일을 기계로 대체할 수 있기 때문에 굳이 많은 인력이 필요하지 않다. 좋은 서비스, 좋은 제품을 만들기만 하면 된다. 과거 코닥은 세계 카메라 시장과 필름 시장의 90%를 장악한 회사였지만 결국 파산하고 말았다. 반면 인스타그램은 단 13명의 직원이 사진을 찍어 올리는 서비스를 만들어 10억 달러의 돈을 벌었다. 페이스북이 20조 원에 인수한 모바일 메신저인 왓츠앱의 직원은 55명에 불과했다. 이처럼 소수가 뛰어난 서비스를 만들어 거액의 돈을 독식해 버리는 것이다. 사물 인터넷 경제는 앞으로 이런 추세를 더욱 강화할 것이다.

사물 인터넷 안에서 산업의 변화와 분열

1954년 설립한 캐나다의 금광 회사 골드콥은 북미에서 세 번째로 큰 금광 회사다. 2000년 회사가 보유한 금광에서 금 생산량은 크게 줄고 채광 비용은 크게 증가하면서 회사가 위기에 처했다. 당시 CEO였던 롭 매큐언은 새로운 시도로 돌파구를 찾았다. 그때까지 회사가 수집한 지질학 정보를 인터넷에 공개하고 새로운 금광을 찾는 이에게 5억 원의 상금을 주겠다고 발표한 것이다.

전 세계 50개국에서 1400명의 참가자가 지도를 분석해 110개의 새로운 금맥을 발견했다. 그중 절반 가까이는 회사가 전혀 파악하지 못했던 금맥이었다. 그리고 110개의 금맥 가운데 80% 이상은 상업적인 가치가 있는 것이었다. 그 결과 골드콥은 탐사 기간을 2~3년 단축시켰을 뿐만 아니라 당시 시세로 약 6조 원 규모의 새로운 금광을 발견했다.

반면 고객이 자발적으로 제공하는 데이터를 분석해 활용하는 기업도 있다. 세계 최대의 유통 업체인 월마트는 매장을 찾는 모든 고객의 데이터를 수집하고 분석한다. 단순히 고객이 구입한 상품을 분석하는 것이 아니라 나이, 사는 곳 등 기본 정보부터 식습관, 선호 의류, 선호 브랜드, 구입 시기 등 다양한 정보를 분석해 고객 개인에게 딱 맞는 마케팅을 진행한다. '어떻게 이렇게 나한테 딱 맞는 정보를 주지?'라는 생각이 들게 할 정도다.

완전히 산업을 바꿔 버린 곳도 있다. 일반적으로 의류 업체들은 연간 두 번 라인업을 바꾼다. 이른바 SS(봄·여름), FW(가을·겨울) 라인업이다. 그러나 스페인의 대표적인 패스트패션 회사 자라는 단 2주 만에 모든 의류 라인업을 교체한다. 이는 수많은 디자인을 찍어 낼 수 있는 생산력과 이를 빠르게 전 세계에 유통시키는 유통망의 힘 덕이다. 이를 통해 2주마다 트렌드를 바꾸는 것이다. 자라는 향후 몇 년 안에 옷도 3D 프린터로 찍어서 생산하게 될 것이라고 예측한다. 만약 3D 프린터로 옷을 제작할 수 있게 되면 의류 노동자가 불필요해진다. 기계로 뽑아낸 옷의 원가도 크게 낮아져 훨씬 저렴한 가격에 옷을 만들어 팔 수 있다. 이미 속옷 브랜드인 빅토리아 시크릿은 3D 프린터로 찍어 낸 속옷을 만들어 패션쇼 현장에 세우기도 했다.

완전히 새로운 플랫폼들도 생기고 있다. 월간 활동 사용자가 20억 명에 달하는 중국의 대표적인 인터넷 기업 텐센트가 만든 모바일 메신저 위챗은 단순한 메시지를 주고받는 프로그램이 아니다. 한국에서는 최근에 선보인 콜택시 서비스와 금융 서비스를 이미 2014년 초 시작했다. 맛집도, 쇼핑도, 게임도 위챗으로 다 할 수 있게 만들었다. 스마트폰과 GPS 등 다양한 기능을 한데 모아 하나의 생활 플랫폼으로 자리 잡게 한 것이다.

공유 경제의 두 슈퍼스타인 에어비앤비와 우버 역시 기존 산업에서는 할 수 없었던 플랫폼을 만들었다. 에어비앤비는 여행을 가면 호텔, 호스텔, 게스트하우스에 묵어야 한다는 편견을 깨고 일반 가정집에서도 묵을 수 있게 했다. 우버는 택시 외에 다른 차를 불러서 타고 갈 수 있는 세상을 만들었다. 새로운 경제, 산업을 만들어 낸 것이다. 에어비앤비와 우버의 회사 가치는 20조~50조 원에 이른다고 평가받고 있다.

디지털 스트레스 속에서 잘 사는 법

인간이 두 발로 걷기 시작한 이후 200만 년 만에 기술적 · 신체적 · 사회적 진화가 동시에 일어나고 있다. 정보 통신 기술의 발달로 기존에는 상상하지 못했던 일들이 하나하나 현실로 나타나고 새로운 산업이 태어난다. 현대인들은 과거보다 훨씬 빠른 속도로 걷고 더 많이 일한다. 공동체에 갇혀 살던 시대를 벗어나 완전히 세계화된 새로운 시대에 산다. 미국에서 일어난 사건이 한국, 아프리카 등지에 실시간으로 영향을 미친다.

삶을 즐기는 법도 달라졌다. 불과 10년 전만 해도 콘서트장에서는 모두가 뛰어노는 것이 일반적이었다. 하지만 이제는 콘서트장에서 뛰어노는 대신 사진을 찍고, 이를 페이스북, 트위터, 인스타그램 등에 올리고 글을 쓴다. 이것이 요즘 일반적인 콘서트를 즐기는 행태다. 이성 간 만남도 클럽, 나이트클럽 등이 아니라 모바일 앱에서 이뤄진다. 국내에서도 다양한 모바일 커플 매칭 서비스가 인기다.

이런 현상은 익숙한 이들에게는 편리함이지만 익숙하지 않은 기성세대에겐 스트레스다. 너무 빨리 변하고, 과거와 너무 많이 달라진 현실에 거부감을 가질 수도 있다. 또 정보 과잉으로 인해 모든 정보가 빠르게 지나가고, 깊이 곱씹을 만한 시간적 여유가 없다. 이렇다 보니 오히려 많은 정보를 진지하게 접하는 게 아니라 가볍게 생각하며 자신의 생각을 방해한다고 믿는다. 따라서 정보 과잉은 오히려 결핍보다 위험한 것이다.

이런 디지털 스트레스에서 벗어나기 위해 천천히 사는 삶을 찾아 나서는 방법도 있다. 뱁새가 황새 따라가다 다리가 찢어지듯 무리해서 좇는 게 아니라 천천히 가되 더 깊이 보는 것이다. 미디어 다이어트도 한 방법이다. 수많은 미디어에서 과잉 정보를 얻는 것보다는 관심 있는 미디어를 잘 보고 자신에게 적절한 정보를 찾는 방법을 익혀야 한다.

더 공부하고 싶을 때 읽어 볼 만한 책들

1. 미국 기술의 사회사

루스 슈워츠 코완 지음 | 김명진 옮김 | 궁리 | 2012

기술이 기업, 노동, 경제, 사회, 환경에 미치는 영향을 기술사 관점에서 잘 설명하고 있다. 기술과 사회 변혁의 관계를 잘 알 수 있다.

2. The Internet of Things : Making sense of the next mega-trend

Goldman Sachs 지음 | 2014

사물 인터넷에 대한 경영자들의 이해를 위해 간결하게 정리된 핵심 요약 보고서이다. 다음 링크에서 다운로드 할 수 있다. http://www.goldmansachs.com/our-thinking/outlook/internet-of-things/iot-report.pdf

3. The Internet of Trends 2015

Kleiner Perkins Caufield & Byers 지음 | 2015

매년 인터넷의 흐름을 요약해서 발표하는 보고서이다. 정보 통신 기술이 가져오는 변화를 잘 요약하고 있다. 다음 링크에서 다운로드 할 수 있다. http://www.kpcb.com/internet-trends

일이관지
– 핵심을 꿰뚫는 콘셉트 중심의 사고방식

김근배
숭실대 경영학부 교수

고려대 경영학과를 졸업하고 미국 사우스캐롤라이나 대에서 경영학 석사를, 미국 펜실베이니아 대 와튼스쿨에서 마케팅 분야 경영학 박사를 취득했다. 서양에서 개발된 마케팅 이론 체계가 이성적·분석적 사고에 바탕을 두고 있어 감성적·통합적 사고를 하는 동양에 그대로 적용하는 데 한계를 절감해, 그 한계를 공자 사상에 기초해 보완하는 작업을 했다. 제일기획 마케팅연구소 선임 연구원을 지냈으며 CJ그룹, LG전자, 한국야쿠르트, KT 등 우리나라 굴지의 기업들에서 신제품 개발 및 마케팅 조사와 관련된 자문 역할을 하고 있다. 현재 숭실대 경영학부 교수로 재직 중이며, 한국유통학회 부회장과 숭실대 경영혁신연구소장을 역임했다. 저서로는 《끌리는 컨셉의 법칙》, 《컨셉 크리에이터》, 《의사결정을 위한 마케팅 조사론》, 《마케팅을 공자에게 배우다》 등이 있다.

콘셉트
– 핵심을 꿰뚫는 사고방식

어느 날 공자는 제자인 자공에게 "너는 내가 많은 것을 배워 아는 줄 아느냐?"고 물었다. 자공이 "네. 그렇지 않습니까?"라고 되묻자 공자는 "아니다. 나는 일이관지(一以貫之)로 안다"고 말했다. 이 일화에서 유래한 '일이관지'라는 말은 흩어져 있는 것을 하나로 꿰어 파악하는 능력을 말한다.

공자는 많이 알아서 제자들의 질문에 답변할 수 있던 것이 아니었다.

인간사의 핵심이 되는 원칙을 하나로 꿰뚫고 있어서 상황에 맞는 가르침을 줄 수 있었던 것이다. 여기서 일관성이라는 단어가 나왔다.

김근배 숭실대 교수는 '콘셉트를 이끄는 경영'을 주제로 삼성 사장단에게 강연을 했다. 그는 공자의 일이관지를 현대 사회에 적용하면 '콘셉트에 의한 사고'라고 했다. 콘셉트에 의한 사고란 핵심을 꿰뚫는 사고방식을 의미한다.

흔히 콘셉트를 개념이라고 번역하지만 사실 콘셉트의 콘(con)은 '여럿을 하나로'를 의미하고 셉트(cept)는 '꿰뚫는 것, 이어 주는 것'을 의미한다. 콘이 상징이라면, 셉트는 상징의 내용이다. 나무와 숲을 이야기할 때 하나로 꿰어지는 숲이 '콘'이고, 수단인 나무가 '셉트'다.

여러 개를 하나로 꿰어 주는 '콘셉트'

콘셉트가 사업의 성패를 좌우하는 경우는 비일비재하다. 강원도 춘천과 경기도 가평 사이에 있는 남이섬은 1943년 청평댐이 건설된 후 생긴 섬이다. 2000년까지만 해도 남이섬은 주로 대학교 MT 장소로 이용되는 별다른 특색이 없던 유원지였다. 그러나 2001년 그래픽 디자이너로 활약하던 강우현 대표가 '상상나라'라는 콘셉트로 남이섬을 새로운 유원지로 탈바꿈시켰다. 굴러다니던 술병, 말라 버린 낙엽들을 버리는 대신 이들을 디자인 소품으로 활용했다. 이것이 경치와 어우러져 운치 있는 장소가 되면서 입소문을 타고 많은 사람이 모여들었다. 2001년 20만여 명의 방문객이 지금은 270만 명으로 껑충 뛰어올랐다. 하나 더, 미국 텍사스

주 휴스턴에 우드랜드 교회가 있다. 1993년 설립된 이 교회는 '모든 가족에게 재미를 주는 교회'란 콘셉트를 가지고 있다. 이 콘셉트에 맞춰 목사는 실용적인 주제로 연극 무대와 같은 분위기에서 설교하고, 친교실에선 가족끼리 게임을 할 수 있다. 교인들은 함께 스킨 스쿠버, 산악자전거 같은 활동을 한다. 그 결과 비기독교 신자들을 효과적으로 끌어모으면서 20년 만에 미국에서 아홉 번째로 큰 대형 교회이자 미국에서 가장 빨리 성장하는 교회가 되었다.

TV 예능 프로그램에서도 출연자들끼리 "우리 프로그램 콘셉트가 좋다", "이번 프로그램 개편은 뭔가 콘셉트가 이상하다" 같은 이야기를 한다. 콘셉트는 디자인이나 영화, 건축 등 모든 창작과 관련된 분야에서 두루 사용되는 용어다. 마케팅에서의 콘셉트는 '다른 제품이 아닌 바로 이 제품을 사야 할 이유'를 소비자에게 제시하는 것이다.

《논어》에는 공자가 "증자야, 우리의 도리는 일이관지이다" 하니 증자가 "예" 하고 대답했다는 내용이 나온다. 다른 제자들이 이해하지 못하자 증자는 그것은 '충서(忠恕)'라고 설명한다. 충(忠)은 가운데 중(中)과 마음 심(心)이 합쳐진 말로 '진심' 혹은 '정성'을 뜻한다. 서(恕)는 같을 여(如)와 마음 심(心)이 합쳐진 단어다. '같은 마음', '동감', '공감'을 의미한다. 다시 말해 충서란 '남과 같은 마음'이다. 경영적으로 이야기하면 종업원과 고객이 진심으로 동감해야 한다는 뜻이다. 고객과 한마음을 가지란 의미다.

프로스펙스 마케팅 사례를 보면 더 쉽게 이해가 간다. 프로스펙스는 나이키, 아디다스 등에 밀리던 상황에서 신제품 'W'를 출시했다. 그리고 '걸을 때는 러닝화 대신 워킹화를 신으세요'라는 광고를 내보냈다. 운동화 시장을 러닝화와 워킹화 시장으로 나눈 것이다. 러닝용 신발과 별도로 걷기용 신발인 '워킹화'라는 콘셉트를 제시한 것이다. '걷기'라는 최근의 새로운 트렌드 속에서 운동화를 신고 출퇴근하는 도시 여성을 공략했다.

유한킴벌리의 하기스 매직팬티는 시장 상황에 맞게 콘셉트를 바꿔 성공한 예다. 입고 벗는 것이 가능한 하기스 매직팬티는 원래 미국에선 '배변 훈련용'이란 콘셉트를 가진 제품이었다. 아기가 스스로 볼일을 보는 연습을 할 때 채우는 기저귀란 의미다. 미국 사람들은 아기를 독립적으로 키우고 싶어 한다. 그래서 이런 콘셉트의 제품을 만든 것이다.

그러나 우리 문화는 다르다. 엄마가 아기를 평생 옆에 두고 싶어 한다. '배변 훈련용'이란 어감도 좋지 않았다. 그래서 한국에선 배변 훈련용 대신 '걷는 아기용 기저귀'란 콘셉트를 제시했다. '걷는 아기용'이란 콘셉트는 성공적이어서 국내 출시 1년 만에 시장 점유율 14%를 달성했다.

"마케팅도 결국 콘셉트 싸움이에요. 열등한 제품은 우월한 제품을 이길 수 있습니다. 반면 열등한 콘셉트는 결코 우월한 콘셉트를 이길 수 없습니다."

콘셉트를 통해 고객에게 가치를 제공하고 살 이유를 적극적으로 제시해야

"우리나라 기업 마케터들은 콘셉트를 잘 제시하지 않습니다. 소비자가 알아서 살 것이라고 생각하는 것이죠. 그러나 마케터는 명확하고 확실한 콘셉트를 제시해야 합니다."

소비자가 알아서 하길 바라지 말고 기업이 콘셉트를 잡아 고객에게 가치를 제공하고 살 '이유'를 적극적으로 '제시하라'는 의미다.

지금은 밀폐 용기 대명사가 된 락앤락이 1994년 국내에서 처음 출시됐을 당시 소비자 반응은 차가웠다. '밀폐 용기'나 '4면 잠금 방식'이란 말이 생소해 제품에 대한 감이 없었기 때문이다. 고심 끝에 회사는 해외로 눈을 돌렸다. 먼저 국제 주방 생활용품 전시회에 참가해 해외 소비자의 관심을 끌었다. 덕분에 2001년에는 세계 최대 홈쇼핑 업체 QVC를 통해 제품을 판매할 수 있었다. 제품 홍보 동영상은 밀폐 용기에 돈을 가득 넣어 물속에 담가 흔드는 것이었다. 꺼내서 뚜껑을 열자 돈은 처음 상태 그대로였다. 홈쇼핑 방송 직후 준비해 간 물량 5000세트는 순식간에 동났다. 북미에서 인기를 얻자 국내에서도 여기저기서 문의가 이어졌다.

　　콘셉트를 잡을 때는 언어가 중요한 역할을 한다. 단어 순서만 바꿔도 콘셉트가 바뀔 수 있다.

　　"소비자가 제품을 인식하는 생각의 틀을 어떤 언어로 소개하느냐에 따라 동일한 제품도 다르게 인식합니다."

　　2007년 한국에 처음 선보인 스웨덴 에그팩은 초기 '팩처럼 쓸 수 있는 비누'라는 콘셉트를 가지고 있었다. 소비자들은 '비누를 어떻게 팩으로 쓸까, 비누치고 너무 비싸다, 너무 자극적이지 않나'라는 생각을 했다. 당연히 팔리지 않았다. 그러나 제품 콘셉트를 '비누처럼 쓸 수 있는 팩'으로 바꾸자 상황이 달라졌다. 말을 살짝 바꾼 것이지만, 비누처럼 쓸 수 있는 팩으로 표현하자 '팩치고 가격이 싸다, 간편하게 팩을 할 수 있다, 매일 아침 팩으로 세수할 수 있다'는 인식이 생겼다. 에그팩은 요즘 홈쇼핑에서 가장 인기 있는 상품 가운데 하나다.

　　인간의 인식은 언어 구속적이다. 어떤 틀로 표현하느냐에 따라 사람들의 인식이 바뀐다. 마케팅에서도 언어 상징, 표현 콘셉트가 중요하다. 비전을 제시할 때도 유용하다. 디즈니랜드에서는 종업원을 '캐스트 멤버(배역)'라고 표현한다. 연극에서 고객을 즐겁게 해 주는 역할을 맡은 것처럼 일하라는 의미다.

김근배 교수는 "이건희 회장이 쓴 자서전을 보면 이 회장도 결국 콘셉트를 꿰는 것을 중요시했다"고 말했다. 다음은 이 회장의 자서전 일부다.

'핵심 역량은 저절로 얻어지는 것이 아니다. 핵심 역량을 개발하기 위해서는 끊임없는 연구 노력과 투자가 뒷받침되어야 한다. 회사가 추구하는 '업(業)의 개념'과 회사가 가진 강점과 약점이 무엇인지를 확실하게 파악하는 일이다. 그래야만 그 업이 나아갈 방향에 맞게, 그리고 그 업에 맞는 회사의 강점만을 살려서 제대로 연구하고 투자할 수 있기 때문이다.'

"이건희 회장이 말한 업의 개념은 결국 업을 어떻게 이끌어 갈 것인지 콘셉트를 잡아야 한다는 뜻입니다."

더 공부하고 싶을 때 읽어 볼 만한 책들

1. 도덕감정론

애덤 스미스 지음 | 박세일 · 민경국 옮김 | 비봉출판사 | 2009

대표적인 고전 경제학자이자 《국부론》의 저자인 애덤 스미스의 또 다른 대표작. 인간이 지닌 '공감' 능력 덕분에 분업과 협업이 가능하다고 역설한다. 애덤 스미스의 사상과 인간의 본성인 공감을 깊이 이해하는 데 도움이 되는 책이다.

2. 마케팅을 공자에게 배우다

김근배 지음 | 리더스북 | 2012

마케팅 이론을 동서양 고전과 철학을 바탕으로 풀어낸 책. 인간관계의 본질인 충(진심), 서(동감)를 마케팅에 접목시켜 경영 혁신을 위한 새로운 마케팅 모델을 제시한다.

반대하는
사람이 없다면
새로운 아이디어가
아니다

김영희
PD

서울대 국어교육학과를 졸업하고 1986년 MBC에 입사했다. 1992년 '웃으면 복
이 와요'를 연출할 당시 푸근한 외모를 지닌 덕분에 옆집 쌀집 아저씨같이 생겼
다는 말을 들으면서 '쌀집 아저씨'라는 별명으로 불리고 있다. 그는 '이경규의 양심냉장고', '느낌표', '신동
엽의 신장개업', '신동엽의 러브하우스', '칭찬합시다' 등 만드는 프로그램마다 히트를 시키면서 MBC 간판
예능 PD로 활약했다. 현재 예능 프로그램에서 사용하는 화려하고 위트 있는 자막, 인물 중심의 카메라 워
크 구성, PD는 물론 스태프들이 화면에 등장하는 기법 등은 모두 그가 처음으로 예능에 도입한 것들이다.
처음 시도할 때는 많은 반대에 부딪혔으나 현재는 대한민국 방송계의 혁신으로 기억되고 있다. 또한 '칭찬
합시다', '21세기 위원회', '전파견문록', '느낌표' 등의 연출을 통해 예능 프로그램은 자극적이어야 한다는
통념을 깨고 재미와 공익이 공존할 수 있다는 사실을 증명해 냈다. 이러한 연출력을 인정받아 대통령상, 서
울시장상, 한국방송대상, PD대상, 백상예술대상, ABU특별상, 골든로즈본상, 대한민국 대중문화예술상 대
통령 표창 등을 수상했다. 2005년에는 방송 역사상 초고속 승진, 최연소 국장이라는 기록을 세웠다. 이후
2007년 MBC PD협회장에 이어, 2008년 제22대 한국PD연합회 회장직을 맡았다. 2010년에 다시 현장
으로 복귀해서 '나는 가수다'를 제작하고 히트시켰다. 중국 후지 위성TV에서 연출 지도와 자문 역할을 하
는 '플라잉(Flying) 디렉터'로 활동하면서 '아빠! 어디가?'와 '나는 가수다' 중국판 제작을 지도했다. 중국은
방송 채널이 30여 개라 시청률이 1%만 넘어도 성공이라고 하는데 중국판 '나는 가수다'의 초반 시청률은
1.9%, 막판 시청률은 4%였다. '아빠! 어디가?'는 첫 방송 시청률이 2%를 넘었고 끝날 때는 5.8%를 기록했
다. 두 프로그램 모두 성공시키면서 '예능 한류'를 일으켰다. 2015년 현재 MBC를 퇴사하고 중국에서 활동
하면서 중국에서 만든 프로그램으로 세계 시장에 도전하려는 포부를 지니고 있다. 대표 저서로 《소금사막》
과 《헉! 아프리카(HUG AFRICA)》가 있다.

누구도 반대하지 않는 아이디어는
아무것도 아닌 아이디어

삼성 사장단은 늘 혁신을 고민한다. 2012년 7월 삼성 수요 사장단 회의
에는 MBC 김영희 PD가 강연자로 참여, '세상을 바꾸는 혁신적 아이디
어'에 대해 말했다. 그가 만든 프로그램의 공통점은 그동안 없던 신선한
형식의 방송이라는 것이다. 그는 사내외에서 가장 창조적인 방송인 가운
데 한 사람이라고 불린다. 그가 삼성 사장단에게 한 강의의 핵심은 '누구
도 반대하지 않는 아이디어는 구태의연한 아이디어'라는 것이다. 김 PD
가 말했다.

"아이디어를 냈을 때 누군가 그건 '절대 안 된다'고 하지 않으면 오히려
그게 문제입니다"

'나는 가수다', '이경규의 양심냉장고', '책을 읽읍시다' 등 한국 예능의
새 장을 열었다는 평가를 받으며 대박 예능 프로그램 제조기란 별명을 가
진 김 PD지만 새로운 프로그램 아이디어를 낼 때 주변 사람들의 반응은
한결같다. '안 된다', '하지 말'고 하면 다행이다. 앞에서는 그냥 반대하
지만 뒤돌아서면 이상하다거나 미쳤다고 욕하는 경우도 많다. 앞서 말한
대박 프로그램들 모두 처음에는 MBC 내부에선 환영받지 못했다.

"'양심 냉장고'를 하자고 했을 때 차만 굴러다니는 영상을 누가 보겠느
냐는 이야기를 들었습니다."

첫 녹화는 거의 반강압적으로 진행했다고 한다. 스태프들은 한밤중에
이게 무슨 고생이냐라고 하거나 안 될 일에 힘을 뺀다는 말로 불만을 노
골적으로 드러냈다. 그러나 결과는 대박이었다. 프로그램을 진행하기 전
까지 심야 시간에 차가 다니지 않는 길에서는 신호등의 신호를 무시하는

것이 일반적이었다. 한밤중엔 빨간불이라도 차가 횡단보도 앞에 서지 않았다. 그러나 양심 냉장고 이후 사람들의 생각이 바뀌면서 요즘은 한밤중에도 신호등에 빨간불이 들어오면 차가 선다.

MBC PD로 복귀한 이후 '나는 가수다'를 기획할 때도 스태프들의 극심한 반대에 부딪혔다고 한다. 기존 가요 프로그램과 달리 최정상급 가수들이 서바이벌을 벌여 탈락자를 가려 내는 방식이 시청자들에게는 흥미가 있겠지만, 해당 가수들이 이미지 관리를 위해서 출연을 하지 않을 수도 있다는 것이었다.

"스태프들 모두가 섭외 자체가 불가능할 것이라고 말하더군요. 그래서 모두를 설득해 일단 7명의 가수를 선정하고, 1명이라도 섭외가 안 되면 기획을 백지화하겠다는 초강수를 두고 진행했습니다."

석 달 가까이 밤을 새우면서 프로그램을 철저히 준비했고 가장 섭외가 어렵다고 생각하는 가수부터 섭외를 진행했다. 결국 7명의 가수를 모두 섭외할 수 있었고, '나는 가수다'를 성공적으로 런칭 할 수 있었다.

▌혁신이란 새로운 것을 실행해 내는 것

자신의 생각에 늘 반대하는 주변 사람들에 대해 그는 당연하다고 이야기했다. 어디서 봤던 것이나 비슷한 게 아닌, 새로운 것이기 때문이다. 그는 기업이든, 방송이든 새로운 것을 반대하는 이유는 평소에 보지 못한 것을 두려워하는 본능 때문이라고 말했다. 상상을 하기 힘드니 주파수를 맞춰 동조해 주기 어려워한다는 것이다.

"어떻게 보면 아이디어를 냈을 때 누군가 반대를 안 한다면 그건 새로운 것이 아닙니다. 그 반대를 이겨 내야 성공을 얻을 수 있습니다. 그리고 반대를 이겨 내려면 자기 아이디어에 확신이 있어야 합니다. 일단 확신이 생기면 그 반대와 싸워 이기고 아이디어를 실현하는 것까지가 내 역할입니다."

김 PD는 1995년 국내 예능 프로그램에 자막을 처음으로 도입한 사람이다. 지금은 예능 프로그램에 자막이 들어가는 것을 당연하게 생각하지만, 당시에는 제작 시간이 길어진다는 이유로 자막을 넣지 않았다. 김 PD는 시청자의 흥미를 끌고 프로그램에 대한 이해도를 높이면 시청률이 더 상승할 것으로 예측했고, 이것이 자막으로 가능하다는 판단을 했다. '바로 이거다!'라는 생각도 잠시, 첫 방송을 내보내자마자 많은 사람들에게 비난을 받았다. 국장마저도 자막을 넣지 말라고 강력하게 반대했다. 그러나 한 달 후 시청자들의 좋은 반응을 얻으면서 다른 방송사에서도 자막을 넣기 시작했고, 지금은 자막 없는 예능 프로그램을 찾아보기 힘들게 되었다.

김 PD는 새로운 아이디어를 구상하는 것도 어렵지만, 문제는 그것을 실현하는 것이라고 말했다. 창작의 방해 요소는 자기 자신 혹은 자기 조직 내부에 있다고 말했다. 김 PD는 삼성 사장단에게 주변의 반대를 당연히 여기고 흔들리지 말고 실행할 것을 주문했다.

"창의적인 것을 만들어 내는 것도 어렵지만 실은 자기 자신 혹은 내부 조직이 반대하는 것을 극복하는 일이 더 어렵습니다. 하지만 그것이 가장 중요하고 그것이 바로 혁신입니다. 아이디어가 떠올라도 실천하지 못하면 아무것도 아닙니다."

아이디어를 성과로 만드는 것은
자신에 대한 확신

말은 쉽지만, 자기의 생각이 옳다고 자신과 조직을 설득하는 일은 쉽지 않다. 김 PD는 어떻게 확신을 얻을까? 그는 프로그램을 제작하고 연출할 때 가장 중요한 판단 기준은 그 프로그램을 볼 사람이 좋아할 것인가 싫어할 것인가라고 말했다.

"삼성도 마찬가지죠. 예를 들어 스마트폰을 만들 때 사용자의 선호도를 생각해야 합니다. 하지만 프로젝트가 진행되는 어느 순간 자기도 모르게 그것을 잊습니다. 그런 순간에도 최종 사용자를 잊지 말아야 합니다. 방송이나 기업이나 마찬가지입니다. 방송은 보는 사람, 기업은 쓰는 사람을 잊지 않고 무언가를 만들어야 좋은 결과가 나옵니다."

김 PD는 어디서 아이디어를 얻을까? 그는 갑자기 떠오르는 아이디어는 없다고 잘라 말했다.

"사람들은 결과만 생각하는 경향이 있습니다. 뉴턴은 나무 아래 있다가 떨어지는 사과를 보고 갑자기 만유인력을 생각해 냈다고 합니다. 그러나 뉴턴이 만유인류의 법칙을 발견한 것은 그가 7년 동안 그 생각을 한 끝에 나온 결과입니다. 얼마나 인내를 가지고 그 일을 꾸준히 생각했느냐에 대한 답이 바로 아이디어입니다."

한마디로 '죽을 만큼 생각하면 아이디어는 나온다'는 것이 그의 결론이다. 그는 프로그램 하나를 만들어야겠다고 생각하면 깨어 있는 모든 순간에는 오로지 그 생각만 한다. 사람을 만나 이야기하고 밥 먹을 때도 그 생각에 집중한다. 하루 이틀이 아니라 몇 달 동안 자면서 꿈에서도 생각하다 보면 어느 순간 아이디어가 나온다고 말했다.

'이경규의 양심냉장고'를 기획할 때의 일이었다. 당시 이 프로그램이 속해 있던 '일요일 일요일밤에'의 시청률은 2%였다. 다른 PD들이 투입되었지만 시청률을 끌어올리기에는 역부족이었다. 그리고 기회는 김영희 PD에게 왔다. 6개월간 기획 아이디어에 집중했지만 이렇다 할 만한 기획안이 떠오르지 않았다. 어느 날 회의를 마치고 새벽 4시쯤 집으로 가는데, 문득 빨간 신호등이 눈에 들어왔다. 평소에는 새벽에 신호를 지키지 않았지만 그때는 무심코 차를 멈추었다고 한다. 그러고 나서 집으로 왔는데 알 수 없는 행복감이 들었다고 한다. 그 순간 '아! 이것을 해야겠다'라는 생각이 들었다. 그리고 탄생한 것이 '이경규의 양심냉장고'였다.

그는 한번 하겠다고 마음을 먹으면 성실하게 최선을 다해야 한다고 말했다. 단 결과는 그다지 신경 쓰지 않는다.

"성실하게 열심히 하는 것은 누구보다 잘할 수 있다고 자부합니다. 단 이 경우 결과에 대해서는 '아님 말고'죠. 자신 있게 최선을 다했다고 생각했을 때 비로소 '아님 말고'라고 말할 수 있죠. '나는 가수다'를 준비하면서 석 달 밤을 새웠습니다. 다행히 성공적이었지만, 실패했다고 해도 어쩔 수 없죠. 최선을 다했다는 제 진정성은 똑같습니다."

한때 농촌에서 천적이 없어진 멧돼지가 기하급수적으로 늘어나 작물과 사람들에게 피해를 끼치는 문제가 이슈가 된 적이 있었다. 김 PD는 멧돼지를 사냥해 개체 수를 줄이자는 취지의 프로그램으로 '헌터스'를 기획했다. 공익을 위한 예능을 한다는 모토로 멧돼지의 실상을 보여 주고 농민들에게 실질적인 도움을 주겠다는 기획이었으나 방영 전부터 동물 애호 단체들로부터 거센 비난을 받았다. 방영 이후에도 프로그램이 제자리를 찾지 못했다. 예를 들어 멧돼지는 다 큰 성체가 300킬로그램이 넘는 데다

힘도 굉장히 세서 호랑이나 늑대조차도 쉽게 사냥하지 못하는 동물이다. 그렇기에 만약의 사태에 대비해 안전 요원들과 전문 사냥꾼들을 대동해 촬영했는데, 안전 문제로 멧돼지를 카메라에 담는 것이 고작이었다. 멧돼지 포획이 주 콘셉트인데 안전 문제로 멧돼지를 잡을 수 없으니 프로그램의 재미가 반감될 수밖에 없었다. 결국 방송 4주 만에 막을 내리고 말았다. 그 이후 기획한 프로그램 '에코하우스'도 이렇다 할 만한 모습을 보여주지 못하고 막을 내렸다. 그 후 기획한 것이 바로 '나는 가수다'였으며, 그는 이 프로그램으로 이전의 실패를 만회할 수 있었다.

중국, 콘텐츠 한류를 향한 새로운 도전

김영희 PD는 한국을 떠나 중국에서 새로운 활동을 모색하고 있다. 2012년 초에 MBC '나는 가수다' 포맷을 적용한 중국판 '워셔꺼쇼' 프로그램 제작 자문 역할을 맡았으며, '아빠! 어디가?' 중국판 제작 · 연출 자문도 함께 맡았다. 이렇게 비행기로 오가며 연출 지도와 자문을 해 주는 글로벌 PD로 활동하며 프로그램 노하우를 알려 주었다. '워셔꺼쇼'의 초반 시청률은 1.9%, 막판 시청률은 4%였다. '아빠! 어디가?' 중국판은 첫 방송 시청률이 2%를 넘었고 끝날 때는 5.8%를 기록했다. 중국은 한국보다 채널 수가 훨씬 많기 때문에 시청률이 1%만 넘어도 성공이라고 하는데 두 프로그램 모두 기대 이상으로 성공시키면서 '예능 한류'를 일으켰다.

김 PD는 2015년 MBC를 떠나 중국에서 활동하면서 새로운 콘텐츠 한류를 위한 도전을 준비 중이다.

CHAPTER 4

문화
CULTURE

CEO가
알아야 할
우리 시대의 교양

"비즈니스 파트너를 만나거나 경영 구상을 할 때
사장단 특강에서 얻은 다양한 정보가 큰 도움이 된다."

중국 상인에게서 배우는
비즈니스의 본질

이화승
서울디지털대 중국학과 교수

대만 국립사범대 역사학과를 졸업하고 미국 미시간 대에서 연수한 뒤, 1997년 대만 국립사범대 역사연구소에서 중국 상인의 구역화(區域化) 연구로 박사 학위를 받았다. 중국의 전통 경제, 특히 상업과 상인, 무역과 분쟁, 사회와의 소통에 관한 연구에 주력하고 있다. 성균관대와 한양대에서 강의했으며, 지금은 서울디지털대 중국학과 교수로 재직 중이다. 대표 저서로는 《중국의 고리대금업》, 《상인 이야기》가 있으며, 《중국의 상업 혁명》, 《동양과 서양, 전통과 근대를 잇는 상인 매판》, 《성세위언》, 《중국 경제사 연구의 새로운 모색》, 《제국의 상점》, 《장거정 평전》 등을 번역했다.

벼슬아치, 동냥아치(양아치), 장사치 등에 붙는 '(아)치'라는 접미사는 그 일을 하는 사람을 얕잡아 일컫는 말이다. '부정부패를 일삼는 관리'라는 의미로 흔히 쓰곤 하는 벼슬아치를 제외하고는 직업을 의미하는 말에 '아치'를 붙이는 경우는 드물다. 그런데 '시정아치', '장사치'처럼 유독 장사를 하는 사람들을 낮춰 부르는 것은 '사농공상'으로 대표되는 유가의 사민론에 의한 사회 가치관 때문이다. 《논어》에 나오는 '군자는 의로움을 추구하고, 소인은 이익을 추구한다'는 말은 오랫동안 상인 차별의 근거가 되었다. 유가 사회에서 상인들은 땀 흘리지 않고 사사로운 이익만을 탐하는 간사한 무리라는 사회적 인식이 이어져 왔다. 과연 상인들은 그러한 직업군인가? 오랜 역사를 가진 중국 상인을 통해 이러한 시각의 배경, 전개 과정, 탈피하려는 노력 등을 살펴본다.

이러한 전통적인 인식을 타파하기 위해 중국 상인들은 스스로 사회적 위상을 개선하기 위해 끊임없이 몸부림쳤다. 나라에 재난이 닥칠 때면 재정적 부담을 지기도 하고, 관리들을 지원해 간접적으로 정치에 영향력을 행사하기도 했으며, 학문, 예술 지원 등 민간 영역에서 역할을 자임하기도 했다. 특히 송대 이후에는 사대부들이 상업에 직접 뛰어들어 얻은 경험을 바탕으로 사회 주류 여론인 유가와 상업을 직접 접목시키기 시작했다. 글 읽는 선비가 상인이 되고, 상인이 관리가 되는, 이른바 '사상합류(士商合流)'가 활발해지면서 중국 상인들은 유가 문화 속에서 상인 고유의 형이상학적 가치관을 만들었다. 왜 장사를 하는지, 장사의 본질적 의미는 무엇이며, 장사에서 얻은 부는 어떻게 행사해야 하는지 구체적인 로드맵을 만들기 시작했다. 이러한 배경에는 그 넓은 중국 전역을 한 발 한 발 내디디며 천하의 온갖 진기함을 직접 겪은 고단한 경험이 있었다.

오랜 세월 억압과 멸시 속에서도 편견을 극복하고 꾸준히 사회에 영향력을 행사했던 중국 상인들의 힘은 어떻게 형성되었을까?

상인의 등장

상인은 생활에 필요한 물건을 생산자와 소비자 중간에서 전달하는 매개체 역할을 한다. 중국은 전통적으로 농업 국가였기 때문에 백성의 대다수가 농민이었고 국가의 모든 정책 역시 농업과 농민에 초점이 맞추어져 있었다.

농업 사회에서도 상인은 필요한 존재였지만 땅과 자연, 근면과 절약 등 전통적 개념과는 다른 동선을 보이는 상인은 오랫동안 푸대접을 받아 왔다. 심지어 위진남북조 시대에는 신발을 짝짝이로 신게 하거나 입는 옷의 색깔과 재질까지도 구별함으로써 일반인들과 차별을 두었다. 그들의 지나친 행동을 법률로 제한하는 것 외에도 사회적 차별을 가함으로써 상인은 돈은 있으나 마음대로 써서는 안 되는 특이한 계층이 되고 말았다.

중국에서 상인에 대한 기록이 처음 등장한 것은 주나라 때다. 주나라는 제후인 서백 창의 아들 무왕이 주변 세력들과 연합해 상나라를 무너뜨리고 세운 나라였다. 상인(商人)이라는 말은 주나라에서 이미 망한 '상나라의 백성'을 가리키는 말이었다.

주나라는 상나라 후예들의 반란을 막기 위해 이들을 원래 살던 곳에서 낯선 곳으로 강제 이주시켰다. 고향을 잃고 농사에 익숙지 않아 여기저기를 떠돌던 상의 후예들은 지역마다 서로 생산, 소비되는 물품에 차이가 있다는 것을 발견했다. 그들은 이후 여러 지역을 돌며 서로 필요한 물품을 교환, 조달하는 일을 하였는데 이 때문에 상나라 백성인 '상인'은 자연스럽게 장사하는 사람을 뜻하는 말이 되었다. 이미 그 단어로부터 태생적으로 사회적 차별이 포함되어 있었던 것이다.

하지만 오랜 시간이 지나고 그 역할의 중요성으로 인해 이들을 사회의 한 구성원으로 자리 잡으면서 점차 새로운 평가를 받았다. 춘추 전국 시대 관중과 여불위 같은 거상들은 장사를 통해 얻은 재력과 뛰어난 현실 감각을 바탕으로 뛰어난 족적을 남김으로써 후세 사가들의 주목을 받았다.

관중은 중국에서 최초로 경제의 중요성을 인식하고 정책에 반영하여 국가 경쟁력을 끌어올린 지도자로 평가받는다. 춘추 시대 제나라 사람인 그는 귀족 출신 친구 포숙아와 함께 장사로 큰돈을 벌었다.

우연한 기회에 정치에 발을 들여놓은 관중은 포숙아의 도움으로 재상이 되어서는 경제 관련 부서를 다수 만들어 상공업을 중점적으로 육성했다. 우선 소금과 철을 나라에서 독점적으로 판매하는 전매 제도를 실시해 국가 재정을 튼튼히 했다. 또 조세 저항을 줄이기 위해 물건 등에 세금을 붙이는 간접세를 신설했고, 부자들의 투자와 소비가 증가하면 전체 국민의 소득이 증가한다는 '낙수 효과'를 간파하고 비옥한 토지의 세금을 감면해 주어 경제에 활력을 불어넣었다. 상인을 끌어들이기 위해 삼십 리마다 상인들을 접대하는 객잔을 설치하고 통과하는 마차 한 대에는 식사를, 두 대가 오면 말의 사료를, 석 대가 같이 오면 하인의 식사까지 제공했다. 수도인 임치에 일곱 곳의 술집을 열고 700여 명의 기생을 고용하여 그저 안 쓰는 것보다는 차라리 사치가 필요하다고 장려해 지금도 중국 화류 업계에서는 관중을 자신들의 시조로 추앙한다.

원래 상인들이란 이익이 있다면 어디든지 가기 때문에 소비가 있으면 상인들이 부지런히 움직일 것이고 부유한 사람들이 돈을 많이 써야만 가난한 사람들에게 일자리가 생긴다는 논리였다. 실제로 흉년이 들어 빈민이 늘어나자 관중은 대규모로 궁궐 확장 공사를 실시해서 일자리를 늘리기도 했다. 그가 재상으로 있는 기간에 제나라는 태평성대를 누리며 중원의 패자가 되었다. 그는 포숙아와의 깊은 우정을 나누어 '관포지교'라는 고사성어의 주인공이 되기도 했다.

주나라 후기, 여러 나라가 난립했던 전국 시대 위나라에서 태어난 거상 여불위는 상인 출신 가운데 가장 강력한 권한을 누린 인물이다. 그는 위나라, 조나라, 한나라를 주 무대로 보석 장사를 하며 지역에 따른 시세 차익을 이용해 큰돈을 벌었다.

여불위가 당시 가장 번성한 도시였던 조나라의 도읍지 한단에 머물고 있을 때 이곳에 볼모로 온 진나라 왕의 손자 이인이 어렵게 살고 있다는 소식을 들었다. 이인은 이웃 진나라의 태자 안국군이 첩에게서 얻은 아들로 20명 남짓한 아들 중 한 사람이었는데, 정치적 희생양이 되어 이곳에 온 것이었다. 여불위는 이인을 반드시 손에 넣어야 할 귀한 재물로 생각했다. 자신의 도움으로 이인이 진나라 왕위에 오르면 엄청난 이익을 챙길 수 있기 때문이었다. 여불위는 과감하게 전 재산을 털어 이인으로 하여금 좋은 환경에서 다양한 사람을 사귀게 했고, 자신은 진나라로 가서 왕에게 실질적인 영향력을 미칠 수 있는 화양 부인에게 진귀한 보석을 선물하며 환심을 샀다. 그리고 화양 부인으로 하여금 안국군을 설득하여 이인을 후계자로 삼게 하는 놀라운 수완을 발휘했다.

30여 년 동안 왕위를 지켰던 소양왕이 죽고 아들 안국군이 왕위에 올랐다. 이미 쉰 살을 넘긴 안국군은 즉위 1년 만에 세상을 떠났고 그 뒤를 이어 이인이 장양왕이 되어 진나라를 다스리는, 전혀 예상치 못한 일이 실제로 발생했다. 장양왕은 여불위에게 자신의 뒤를 돌보아 준 대가로 파격적인 보상을 안겨 주었다. 여불위는 중앙 행정부 최고 자리인 재상에 올라 정치적 권한과 함께 10만 호의 넓은 봉토를 하사 받아 경제적 부까지 거머쥐었다. 상인 여불위가 한단에서 이인을 발견하고 투자를 결정한 지 불과 10년 만의 일이었다. 농사에서는 열 배의 이익을, 장사에서는 백 배의 이익을 얻을 수 있지만 국가의 군주를 세운다면 계산할 수 없는 이익이 보장될 것이라는 그의 생각이 현실화되었던 것이다.

여불위는 재상이 되자 자신의 경험을 바탕으로 정치와 경제에 과감한 정책 변화를 꾀하며 서부 변방의 진나라를 중원을 호령할 수 있는 나라로 한 단계 상승시켰다.

대대적인 정치적 사면을 통해 민심을 안심시키고 새로운 인재 3000명을 모아 언제인가 이루어질 천하 통일의 준비를 진행하였다. 이렇게 편찬한 설계서가 바로《여씨춘추》이다. 고금의 천지 만물에 관한 모든 것을 실었다고 자부하는 이 책은 총 26권, 160편, 20만여 자에 달하는 대작으로 유가, 도가, 묵가, 법가 등 당시 존재하던 학파의 학문을 총집대성하여 이후 중국 역사에 커다란 영향을 미쳤다. 여불위는《여씨춘추》가 완성되자 이 책에 한 글자라도 고치거나 더할 수 있는 사람이 있다면 큰 상을 내리겠다고 호언하며 제국의 설계도에 대한 강한 자부심을 보였다.

여불위가 자신의 재능을 한껏 펼치던 기원전 247년, 서른다섯 살의 장양왕이 갑자기 세상을 떠나고 당시 열세 살이던 태자 영정이 보위에 오르면서 여불위는 '중부'가 되었다. 그의 권력은 가히 정점을 향해 치달았다. 그러나 스물한 살이 되면서 정사를 직접 돌보기 시작한 태자 영정은 여불위가 자신의 어머니와 치정 관계였다는 소문을 듣고는 그를 자신의 봉지로 내려보냈다.

통치자의 명령은 무겁고 엄한 것이었지만 봉지로 돌아간 뒤에도 여불위는 여전히 각 나라에서 오는 사람들과 교류하면서 정치적인 촉각을 거두지 않았다. 이를 바라보는 영정은 마음이 편치 않아 그를 다시 소환했다. 그러나 예순이 넘은 나이에다 누구보다 정치 생리를 잘 아는 여불위는 위험이 가득 찬 수도로 돌아가는 대신 스스로 목숨을 끊는 길을 선택했다. 그를 죽음으로 내몬 영정은 그로부터 10여 년 후 중국을 통일하고 《여씨춘추》에서 설계한 대로 중국 역사상 최초의 황제인 진시황이 되었다.

말로는 비참했지만 상인으로서 얻은 노련한 수완과 과감한 결단력, 그리고 앞날을 예단하는 혜안을 지닌 여불위는 중국 역사에 큰 영향을 끼친 상인이었다.

중국 최고의 역사서 《사기》의 저자 사마천은 각 분야에서 일가를 이룬 인물들을 기록한 '열전' 70편 가운데 마지막 장을 상업과 상인에 대해 서술하는 데 할애했다. 오늘날 경제라고 하는 영역을 당시에는 '화식(재산을 늘림)'이라 하였는데 '화식열전'이라고 이름 붙인 이 장에서 사마천은 크게 성공한 상인 20명을 소개하며 '시대의 현자'라고 평가했다. 농업을 국가의 주요 산업으로 중시하던 시대에 상업과 상인을 긍정적으로 평가하는 작업은 정치적으로 매우 도발적인 시도였다.

사마천이 상인을 높이 평가한 이유는 무엇이었을까? 그는 부에 대한 욕망은 인간의 본성이라 여겼다. 누구나 부를 얻으려는 생각을 가지고 있는데 이를 위해 먼저 세상의 이치를 알아야 한다고 했다. 세상의 변화를 모르면 돈을 벌기 어렵고, 돈이 있어도 쉽게 잃기 때문이다. 그는 이것을 '때를 알고(知時), 때에 맡기고(任時), 때를 취하는(趣時)' 것이라고 표현했다. 백성들에게는 무엇보다 먹는 것이 제일 중요하기 때문에 나라가 잘 돌아가기 위해서는 우선 백성들의 먹고사는 문제를 해결해야 하니 그것이 바로 화식의 본질이라는 것이었다.

사마천은 공자가 천하에 이름을 알린 것도 그의 제자 중에서 가장 부유한 상인이었던 자공의 도움이 결정적이라 했다. 공자님의 말씀이 상인 자공이 모는 경제라는 말을 타고 천하를 누빈 것이었다.

사마천이 역사에서 찾은 부를 유지하는 최고의 비결은 무엇일까? 사마천은 '시장에서 돈을 벌어 토지에 투자하라'라고 말한다. 거상들의 한결같은 공통점은 사물의 이치를 간파하여 시간과 공간의 차이를 이용해 돈을 벌었고, 그 돈을 안정적인 땅에 투자하여 지켰다는 것이다. 수천 년이 지난 오늘날에도 중국 상인들은 장사로 번 돈을 우선 땅에 투자한다. 농업 국가의 백성들이 자연스럽게 몸에 익힌 투자 방식이다.

20세기 초반 우리나라에 들어온 화교들 역시 무역과 장사로 번 돈을 땅에 투자하여 회현동, 명동, 을지로 등 서울 중심지에 조선인, 일본인보다 더 많은 땅을 가지고 있었다. 일제의 탄압과 이후 한국 정부의 규제로 부동산 투자에 큰 제약이 따르면서 재력이 있는 화교들이 한국을 떠난 것 역시 땅이 아닌 다른 투자처를 찾지 못했기 때문이다.

사마천은 '부자가 되는 데는 정해진 직업이 없고, 재물에도 정해진 주인이 없다'면서 돈을 번 방법은 저마다 다르지만 거상들은 예외 없이 세상의 흐름을 읽는 정확한 눈과 그 흐름을 자신의 것으로 만드는 비범한 노하우를 가지고 있었다고 말한다.

상인의 활약

진시황이 세상을 떠난 뒤 유방은 항우와의 대결에서 승리해 한나라를 세웠다. 60여 년 후인 기원전 141년, 일곱 번째 황제 무제는 적극적인 정복 활동으로 한나라의 광활한 영토를 확보했다. 하지만 오랜 전쟁으로 국가 재정은 어려움에 봉착했고 무제는 이를 타개하기 위해 현장 경험이 풍부한 상인 집안 자제 상홍양을 고위 관료에 임명했다. 상홍양은 우선 국고를 늘리는 과감한 정책들을 시행했다. 각 지방에서 많이 생산된 물품을 세금으로 거두어 물건이 모자라는 곳에서 판매하는 균수제, 풍년에 물건을 싼값에 사들여 흉년에 물건을 내다 파는 평준제, 소금·술·철을 국가에서 직접 관리하는 전매제 등이 대표적이다. 이런 정책들은 바로 효과를 나타내어 세수를 크게 늘려 주는 등 국가 경제를 안정적으로 유지할 수 있게 했다.

그는 강력한 정치력과 군사력은 경제가 뒷받침될 때에만 가능하다고 믿었다. 그가 추진했던 정책들은 전국 각지의 특산물을 국가가 직접 관리함으로써 상인이 얻는 이익을 제한하고, 아래에서 새 나가는 물자를 줄였으며, 그에 따라 지방 호족의 힘을 견제함으로써 한나라가 정치와 경제 양면에서 중앙 집권화를 이루는 데 결정적인 역할을 했다.

후한이 멸망하고 여러 왕조가 난립했던 위진남북조 시대에는 막강한 부를 이용해 상인들이 관직에 등용되는 일이 잦았고, 역으로 정치인들이 권력을 이용해 상업이나 무역으로 부를 쌓기도 했다. 석숭은 관직을 이용해 돈을 벌었는데 중국에서 오랫동안 부의 상징처럼 여겨졌을 만큼 이 시대를 대표하는 부자였다.

석숭은 수도 낙양성의 외곽에 금곡원이라는 개인 농장을 짓고 당시로서는 하이테크 농업 도구인 물레방아를 만들었다. 물레방아는 외부에서 물을 끌어와 쓰는 것이어서 너도나도 만들다 보면 공공재인 관개 시설을 해칠 수 있어 조정에서는 몇몇 고관대작에게만 이를 허용했다. 석숭은 30여 개의 물레방아를 가지고 많은 돈을 벌었다. 한번은 황제가 외국 사신이 선물한 화완포로 옷을 만들어 입고 석숭의 집을 방문했다. 화완포는 더러워질 때마다 불에 태우면 다시 깨끗해진다는 귀한 천이어서 자랑하고 싶었던 것이다. 그러자 석숭은 자신은 더 귀한 천으로 만든 옷을 입고 시종 50명에게 화완포로 만든 옷을 입혀 영접하도록 해 황제를 무안하게 만들었다.

위진남북조 시대의 혼란을 300년 만에 정리하고 수나라를 세운 문제는 중국의 역사를 바꿀 큰 사업에 착수했다. 바로 남북을 물길로 연결하는 대운하 건설이었다. 그는 중국 대륙 한가운데에 위치한 장안(당시 영토로는 서쪽 국경 근처)에 도읍을 정했는데 이 지역은 교통의 요지이고 외부 침략을 막는 데는 용이했지만 땅이 척박해 식량 수급에 어려움이 많았다. 그래서 풍부한 남쪽의 물자를 안정적으로 확보하기 위해 강의 지류를 연결하는 대운하 건설에 착수한 것이다. 이 사업은 문제의 아들인 양제 대까지 이어졌다. 30여 년간의 공사 끝에 제2의 도시인 하남성 서부의 낙양을 중심으로 영제거, 통제거, 강남하 등 1700킬로미터에 달하는 운하가 완성되었다. 중국의 강남과 중원을 물길로 이은 것이다.

최초로 중국을 통일한 진나라의 상징이 만리장성이라면, 두 번째로 중국을 통일한 수나라의 상징은 대운하였다. 이렇게 만들어진 운하는 물자 이동 수단으로 활용되며 농업뿐만 아니라 상업을 크게 활성화시켰고, 남과 북의 문화적 융합으로까지 이어졌다. 수나라가 멀리 떨어진 고구려를 침공할 수 있었던 것도 많은 물자를 쉽게 운반할 수 있는 대운하의 도움이 컸다.

수나라가 망하고 새롭게 시대를 연 당나라 때는 상인들을 잡류로 분류하여 천대했다. 관리들이 상업에 종사하는 것을 금지했고, 상인들 역시 관직 진출이 불가능했다. 상인들을 노골적으로 차별하고 천시하는 사회 분위기가 한층 심해졌다. 관리와 자리를 함께하는 것은 불가능했고, 말이나 가마를 탈 수도 없었으며, 검은색 옷만 입어야 했다. '상인의 집과는 통혼하지 마라. 그들은 오직 이익만을 탐하는 무리들이다'라는 말이 유행하기도 했다.

하지만 걸출한 황제인 태종이 서역을 정복하면서 아시아를 거쳐 유럽까지 장장 6400킬로미터에 이르는 실크로드가 열렸고, 덕분에 중국 상인들에게 새로운 기회가 주어졌다. 해상과 육로가 연결된 이 먼 길을 통해 중국의 비단과 도자기가 유럽 시장으로 건너갔고, 7세기 후반에는 이슬람 상인들이 중국에까지 와서 활발한 교역을 진행했다. 지금 중국 정부가 추진하는 일대일로의 시작을 알렸던 것이다.

이렇듯 비단길이 열리면서 성공한 상인들이 꾸준히 나타났다. 중국산 비단이 해외에서 큰 인기를 끌면서 방직업도 호황을 누렸다. 하명원은 500여 대의 방직기로 비단을 대량 생산했다. 그러고는 외국인이 빈번히 오고 가는 북방의 역참들에서 상점을 직접 운영하며 비단을 팔아 엄청난 부를 쌓았다.

상인들이 천대받던 시대라 해도 돈의 위력은 여전했다. 고종 때에 추풍치라는 상인은 등이 굽은 척추 장애인이었는데 전국 각지에서 잡화점을 운영하여 큰 부자가 되었다. 그의 딸 결혼식에 조정 대신들을 비롯한 하객이 수천 명에 이를 정도로 영향력이 막강했다. 유대낭이라는 여성 사업가는 장강 운하에서 운송업으로 큰돈을 벌었다. 그녀는 당시 가장 큰 배를 소유했고 수백 명의 일꾼을 부리며 강서와 회남 지역을 오가며 장사를 했다. 배가 워낙 크다 보니 배 위에서 자급자족이 가능하여 한번 배에 오르면 죽어서야 내리는 선원이 있을 정도였다.

　직접 관직에 나갈 수 없었던 상인들은 과거 시험을 보는 유생들을 지원하는 간접적인 방식으로 정치에 영향력을 행사했다. 후기에 들어 나라의 기강이 해이해지자 상인들은 부를 바탕으로 직접 관직에 진출하는 길을 개척하기도 했다.

　당대는 시가 발전한 시대였는데 한 시인은 다음과 같이 상인의 삶을 노래했다.

　많은 돈을 벌었으니
　세상천지에 내 집 아닌 곳이 어디랴
　북으로 형악을 버리고 남으로 떠난 기러기처럼
　아침에는 (여인과 머물던) 양양을 떠나
　저녁에는 또 다른 꽃을 구경하네
　물길을 따라 바삐 다니는 고달픔 속에서
　추석이면 떠나온 가족 생각에 외로움이 더하네
　바람과 파도를 따라 해마다 떨어져 지내지만
　웃으면서 팔월에 돌아올 것을 약속했다네

사대부가 된 상인, 상인이 된 사대부

당나라가 지방 절도사들의 다툼으로 망하고 이들이 세력을 나누어 가진 오대십국 시대가 시작되었다. 오대의 마지막 왕조인 후주의 장군 조광윤이 분열을 마무리하고 새로운 송나라를 창건했다.

태조 조광윤은 무장이 권력을 가졌을 때 어떤 폐해와 위험이 따르는지 누구보다 잘 알고 있었다. 따라서 그는 새로운 왕조의 기치로 문인들을 중시하는 문치 정부를 표방했다. 나라의 중요 자리를 모두 과거를 거친 문인들로 임명해 조정은 좋은 인재들로 꾸려지고 덕분에 나라의 위상이 크게 바뀌었다. 비록 국방력은 약화되었지만 경제와 문화가 발전할 수 있는 바탕이 마련된 것이다.

우선 농업 기술에 대한 과감한 투자로 생산량이 비약적으로 늘면서 인구가 크게 증가했다. 생필품을 비롯해 다양한 물건에 대한 수요가 증가했고, 생산·유통·거래가 활발해지면서 상인 세력 역시 급성장했다. 상인 신분에 대한 차별과 장사 구역 제한 등의 규제를 폐지하고 상업을 장려해 전국에 크고 작은 시장이 많이 들어섰다.

당시 가장 번화한 곳은 수도인 개봉이었다. 중국 한가운데 평야 지역 하남성에 자리한 개봉은 육로와 운하를 모두 활용할 수 있어 중국 전역의 자원을 장악하기에는 최적이었다. 전국 각지의 생산물이 개봉으로 모여들면서 상업이 크게 융성하여 당시 세계에서는 유일하게 인구 130만 명에 달하는 가장 번성한 도시가 되었다. 게다가 상인들도 과거를 볼 수 있는 자격이 주어져 관직에 나갈 수도 있게 되었다.

송대에는 전국적인 조직을 가진 상점이 나타났는데 이를 연호라고 했다. 또 거래 규모가 커지면서 화폐로 채울 수 없는 부분을 해결해야 하는 문제가 발생했다. 그러자 시장에 신용이라는 개념이 등장하면서 당시로서는 혁신적인 상거래 방식이 등장했다. 미리 대금을 치르거나 혹은 물건을 다 판 뒤에 치르는 방식의 신용 거래가 등장했고, 그에 따라 각 지역적

특색을 가진 산업이 발전했다. 아직 논에서 자라고 있는 벼를 미리 판매하는 입도선매, 특정 품목을 모조리 사들여 폭리를 취하는 독점 등의 방식도 출현했다. 또 대규모 사업에서는 자본주와 전문 경영인이 분리되는 모습도 나타났다. 오늘날 기업을 운영할 때 소유주와 전문 경영인을 분리하는 것과 비슷한 모양이었다. 임안의 대부호 배씨는 신사맹이라는 사람에게 10만 관(쌀 약 12만 가마니를 살 수 있는 돈)을 투자했는데 신사맹은 이 돈으로 금을 사고팔아 3년 만에 30만 관으로 늘리는 뛰어난 경영 관리 모습을 보이기도 했다.

한편 사대부들이 상업에 뛰어드는 획기적인 변화가 나타나기도 했다. 과거에서 낙방한 많은 사대부들이 오직 생활을 위해 장사에 뛰어들었는데 이들은 자신들이 하는 일이 단지 돈을 벌기 위한 것이 아니라 필요한 상품을 유통시켜 세상을 이롭게 하려는 것이라며 자신들의 변화를 정당화했다.

엽몽득은 나라의 재정을 책임지는 대학사의 자리에 있으면서 주점과 목재업을 운영하기도 했다. 사대부가 책을 읽는 것과 상인이 상품을 유통시키는 것이 모두 천하사무(天下事務 : 성현의 가르침대로 황제를 도와 천하 경영에 참여한다)의 하나라는 것이다. 이런 사회적 현상을 유학과 상업이 만났다 하여 사상합류(士商合流)라고 했다.

송을 멸망시킨 것은 북방의 유목 민족인 몽골족이었다. 몽골족은 압도적인 전투력을 앞세워 원나라를 세우고 인류 역사상 단일 제국으로는 최대 영역을 다스렸는데 이로 인해 상인들의 활동 범위도 더욱 넓어졌다. 드넓은 제국을 효율적으로 관리하기 위해 전국 각지에 '얌'이라고 하는 역참을 1500곳이나 만들었다. 얌에는 항시 빠른 말과 기수가 대기하고 있었고 이들이 황제의 명령이나 공문서를 최단 시간에 전달하며 넓은 제국의 효율성을 자랑했다. 후에는 상인들이 얌을 통해 비단, 도자기, 서적 등의 문화 상품을 유럽에 판매했는데, 그 결과 다양한 정보를 공유하고 상거래 범위를 넓히는 효과를 얻게 되었다.

13세기 중국 상인들은 이렇듯 이미 문화와 토양이 전혀 다른 낯선 세계를 발로 뛰며 경험할 수 있었다.

상인,
천하를 밟다

원나라가 통치 80여 년 만에 힘을 잃자 각 지역에서 무장봉기가 일어났다. 농민 출신으로 홍건적에 가담하여 반란을 주도했던 주원장이 새로운 나라 명을 세우고 태조가 되었다. 주원장은 오랜 내란으로 황폐해진 화북 평야를 안정시켜 식량 생산량을 높이고 정통 유가 정치를 회복했다. 이렇듯 농업을 중시하다 보니 상대적으로 대척점에 서 있는 상업과 상인은 크게 위축되었다. 그러나 아이러니하게도 이러한 명나라의 건설에 많은 도움을 준 사람은 바로 거상 심만삼이었다. 주원장 세력의 거점이자 훗날 명나라의 수도가 된 응천부(오늘날의 남경)에 새로운 성을 짓고 도시를 정비하는 데 필요한 비용을 댄 것도 심만삼이었다.

심만삼은 원나라 말기 상해와 남경에서 곡식, 비단, 도자기 등 각종 특산품을 거래하며 부를 쌓았다. 내란이 극심해지자 심만삼은 경쟁 세력에 비해 내세울 게 없었던 평민 출신 주원장을 알아보고 그를 적극적으로 지지하며 도움을 아끼지 않았다. 주원장과 심만삼은 의형제를 맺을 만큼 가까운 사이였다.

명대 역사를 기록한《명사》에 따르면 주원장이 중원 제패를 눈앞에 뒀을 무렵 심만삼은 100만 병사들에게 황금을 주어 위문하자는 제안을 했다. 하지만 이를 주제넘은 생각으로 여긴 주원장은 심만삼을 당시 가장 변방인 운남으로 쫓아냈고 그는 결국 그곳에서 죽음을 맞았다. 그의 가족과 자녀들 역시 온갖 옥고와 송사에 휘말려 비참하게 생을 마감했다.

태조가 죽은 후 심약한 장남이 일찍 세상을 떠난 탓에 어린 손자가 보위에 올랐다. 하지만 태조의 넷째 아들 주체가 어린 조카를 쫓아내고 황제가 되었다. 바로 영락제 성조다.

영락제는 자신의 본거지였던 북평(현재의 북경)으로 수도를 옮기기 위해 자금성을 지었다. 이민족 통치에 대한 두려움이 남아 있던 영락제는 내부 역량을 강화하기 위해 철저하게 쇄국 정책을 펼쳤다. 그 결과 '한 조각의 배도 바다에 띄우지 마라'며 민간 상인들이 바다를 통해 해외 무역을 나가는 것을 금지하는 해금 정책을 실시하게 되었다. 그러나 그는 총애하던 환관 정화에게 대선단을 꾸려 해양 여행을 떠나게 했다. 영락제가 해양 여행을 명령한 이유에 대해서는 여러 가지 설이 있지만 최근에는 그의 모험적인 개척 정신에 연구의 초점이 모아지고 있다.

정화는 서양의 보물을 가져온다는 뜻의 '서양취보선'이라는 이름의 대규모 선단을 조직했다. 큰 배 64척, 작은 배 225척, 선원 2만 7000여 명을 데리고 30여 년간 일곱 차례에 걸쳐 동남아시아와 인도, 중동을 비롯해 멀리 아프리카 남단까지 30여 개 나라를 항해했는데 서양보다 60여 년이나 앞선 해양 탐험이었다. 도자기, 비단, 사향 등 중국 특산물을 싣고 가서 향료, 보석, 동물 등 중국에서는 볼 수 없던 진귀하고 이국적인 물건들을 싣고 왔다.

하지만 영락제가 죽은 후 해금 정책이 강화되면서 당시 세계 최강을 자랑하던 명나라의 조선술과 항해술, 항해 기록, 지도 등이 모두 사라지고 말았다. 대형 선박을 만드는 사람을 사형에 처하는 등 해상 무역을 엄격히 통제했지만 내륙 경제가 발달하면서 해외 상품에 대한 수요가 늘고 높은 이익으로 인해 목숨을 걸고 밀수에 나서는 사람이 끊이지 않았다. 동남 연해의 절강, 복건, 광동에서는 명문가마저 밀무역에 가담하고 밀수에 나서는 사람이 크게 늘어 관가에서도 손쓸 수 없게 되자, 1567년 복건성 천주 부근의 작은 항구 월항을 정식으로 개방해 동서양 무역을 허가했다.

상업이 활발해지고 상인들에 대한 제약이 느슨해지면서 여러 지역 상인들이 전국을 무대로 활동하기 시작했다. 대륙 동남쪽의 휘주상인, 황화 중류의 산서상인 등이 대표적이다. 휘주 지역은 산속 구릉 지역이라 농경지가 적었지만 신안강 상류에 자리 잡고 있어 교통은 비교적 편리했다. 신안강 줄기가 강남의 중심까지 연결되어 있어 휘주 사람들은 일찍부터 이 강을 따라 장사에 나섰다. 지역 특산품인 종이 · 붓 · 먹 · 벼루 등 문방사우를 들고 전국을 누비다가 자본을 축적하면서 쌀, 소금, 귀금속, 비단, 차, 약재 등 거의 모든 품목을 장악했다. '휘주상인이 없으면 장이 서지 않는다'는 말이 있을 정도로 이들은 전국 상권을 장악했고 오늘까지도 그 전통을 이어 오고 있다.

휘주상인들이 중국 상권을 지배할 수 있었던 이유는 무엇일까? 휘주는 송대 최고의 석학이자 성리학의 창시자인 주희가 머물던 곳이었다. 자신들이 주희의 후학이라는 자부심이 강했고 집집마다 주희의 가르침이 적힌 병풍을 가지고 있을 만큼 성리학 이념을 철저히 신봉했다. 장사를 할 때도 유가의 윤리를 지켰다. 근면과 절약을 중시했으며, 신뢰를 이익보다 무겁게 여겼고, 고객을 속이는 일이 없었으며, 기근이 들면 창고를 풀어 빈민을 도우며 사회 참여에도 적극적으로 나섰다. 휘주상인들이 황제도 부러울 만큼 부를 쌓을 수 있었던 비결은 경제적 이익보다는 사람을 중시하고 개인의 작은 이익보다는 사회 전체의 큰 이익을 보는 유가 윤리를 상업에 잘 접목한 덕분이었다.

산서상인의 재력 역시 휘주상인 못지않았다. 산서는 북경의 서쪽, 황화 중류 지역으로 북쪽으로 만리장성, 몽골 평원과 경계를 이루고 있다. 비가 잘 내리지 않고 산세가 험난한 고원 지역이라 땅이 매우 척박했다. 풍족한 강남 지방에 인접한 휘주상인과 달리 산서에는 변변한 지역 특산물도 없어서 사람들은 어렸을 때부터 몸 하나에 의지해 외지로 나가 장사를 했다. 원대에는 낙타에 물건을 싣고 고비 사막을 건너 시베리아까지 진출하는 등 험한 길을 넘어 북방 상권을 스스로 개척했다. 명대 초기, 북방 상권을 중심으로 소금, 양곡, 차 등을 거래했고, 중기 이후부터는 중국 전역으로 나가서 장사를 하다 보니 산서 지역에서는 상업을 농업이나 관직보다 높이 평가할 만큼 그에 대한 자부심이 강했다.

휘주상인들의 정신적 지주가 주희였다면 산서상인들은 동향 출신의 장수 관우를 신봉했다. 관우는 삼국 시대 세가 약한 유비를 도와 한나라를 부흥하려던 장수였다. 조조가 막대한 물품 공세를 펼치며 회유했지만 응하지 않았고 오직 의를 위해 목숨을 초개처럼 버린 무인 중의 무인이었다. 그의 후예라고 자부하는 산서상인들은 돈을 버는 데 신뢰와 인의를 가장 중시했고 특히 돈을 만지는 업종에서 그 힘을 발휘했다. 청대 중엽부터 금융업에서 두각을 나타낸 것은 우연이 아닐 것이다. 당시에는 전국 각지에서 장사를 하는 사람들이 고향으로 돈을 보내는 일이 쉽지 않았다. 교통편도 좋지 않았고 도처에 위험도 많아 오직 믿을 만한 인편에 의존하는 수밖에 없는데 정확한 금액을 제대로 받았는지 확인하는 데도 오랜 시간이 걸렸다.

이런 시절에 산서상인들은 상인들에게 꼭 필요한 예금, 송금, 대출 등의 업무를 다루는 '표호(票號)'라는 금융 기관을 창설하여 부를 쌓았다. 당시 가장 활발하게 활동하던 50여 개의 표호가 있었는데 그중 40여 개를 산서상인이 세웠고, 20여 개의 본점이 산서 지역에 있었다. 사회가 안정되지 않던 시기에 사적인 금융 기관을 운영한다는 것은 어지간한 신뢰가 바탕이 되지 않으면 불가능한 일이었다. 그들은 수많은 금품의 유혹과 온갖 위조와 사기의 도전을 받았지만 끈끈한 조직력과 정교한 기술을 앞세워 절대로 의롭지 않은 돈에는 눈을 돌리지 않았고, 의를 행해야 부가 쌓인다는 철학으로 장사를 함으로써 사회의 절대적 지지를 받았다. 산서 지역의 표호는 산서인의 의리와 믿음을 바탕으로 소유권과 경영권을 분리하는 선진 기법을 창시하고 과감하게 전문 경영인을 영입, 그에게 일정한 지분을 주는 공동 운명체 경영을 꾀함으로써 타 지역 표호들과는 다른 모습을 보였다.

산서상인이 보인 이러한 신의로 인해 산서상인의 정신적 지주인 관우에 대한 믿음은 신앙으로 발전했고, 그는 산서상인뿐만 아니라 중국인이 사는 곳이라면 세계 어디서나 재물의 신으로 추앙받았다. 중국인이 운영하는 가게에서 흔히 관우 그림이나 관우상을 볼 수 있는 것은 바로 이런 연유에서이다.

중국 상인들은 멸시와 차별 속에서 험난한 길을 걸어왔지만 끊임없이 새로운 기회를 찾아 변화했다. 권력의 이동과 제도의 변화에 민감하게 대처했고, 사회적 흐름에 동참했으며 때로 주도적으로 이 흐름을 바꾸기도 했다. 아무리 험한 곳이라도 이익이 있다면 마다하지 않아 중동과 유럽을 지나 아프리카까지 진출했다. 무엇보다 그들이 성공을 거둘 수 있었던 이유는 단순한 상업적 기술보다는 명분과 실리의 균형을 중요시했기 때문이다. 사회 주류 사상이었던 유가의 이념을 사업에 접목하여 '의로써 이를 구한다'는 상업의 도를 세우고 철저히 따랐다. 부정부패와 사치, 쾌락에 빠져 오점을 남긴 상인들도 있었지만 그들의 성공은 오래가지 않거나 후대에 이르러 엄정한 대가를 치렀다. 후세에 이름을 남긴 상인들은 사회의 주류 여론에 부합하며 근검과 절제를 실천하고, 눈앞의 이익보다는 신뢰, 사사로운 이익보다는 사람을 챙기는 사회 전체적인 관점에서 행동하려 했다. 오늘날까지도 산서 지역 기업들은 대형 프로젝트 경쟁 입찰에 참여할 때 관행으로 자리 잡은 '관시(關係 : 개인적 인맥)'를 이용하지 않는 경우가 많다. 사회가 바뀌고 시장이 변하고 환경이 달라도 그들이 여전히 힘을 가지고 있는 이유다. 탄탄한 사업을 오래 유지하려면 결국 사회와 소통하고 모두가 이익을 보는 장사를 해야 한다는 것을 오랜 역사적 체험을 통해 알기 때문이다.

오늘날 중국 상인들의 정신과 문화는 보이는 부분만으로는 이해하기 어렵다. 역사와 함께 성장한 그들의 뿌리와 성장 과정을 제대로 살펴야 중국 경제 성장의 주역인 그들의 진면목을 알 수 있다. 조금 여유를 가지고 우리의 정신적 · 문화적 자산을 바탕으로 중국을 바라보고 착실하게 준비한다면 변화무쌍한 중국 시장에서 실패할 확률은 줄어들 것이다.

1. 제국의 상점

리궈룽 지음 | 이화승 옮김 | 소나무 | 2008

근대에서 중국과 서양은 상업적으로 어떻게 만나게 되었을까? 어떤 시각으로 상대방을 바라보았으며 어떤 과정을 거치면서 갈등과 문제를 해결했을까? 그 답은 중국 청나라 강희제 시대로 거슬러 올라가야 찾을 수 있다. 강희제가 동남 연해 항구 개방을 통해 서양 상인들에게 중국과의 무역을 허가하면서 비로소 서양 상인들이 중국에 발을 디딜 수 있었다. 중국에서는 이들을 전문적으로 상대할 중국식 파트너가 필요했다. 서양 상인들을 접대하고 거래를 성사시킨 사람들이 바로 청나라의 독점 상인 단체인 공행, 일명 광동 13행이다. 황제의 개인 금고 역할을 하며 나라 재정의 한 축을 담당했던 광동 13행을 통해 중국 상인의 모습은 물론 당시 세계에서 가장 돈이 많던 상인을 만날 수 있다.

2. 동양과 서양, 전통과 근대를 잇는 상인 매판

하오옌핑 지음 | 이화승 옮김 | 씨앗을뿌리는사람 | 2002

일반적으로 중국 경제의 근대화 속도가 더뎠던 것은 기업가 정신이 부족했던 탓이라고 말한다. 그러나 19세기 서양 열강들이 중국에 영향력을 행사하는 시기에 중국에는 매판이라는 상인이 있었다. 매판은 자금 투자자로서, 능력 있는 관리자로서, 또 리스크를 감수할 수 있는 혁신가로서 독특한 재능을 가진 명실상부한 근대 기업가였다. 19세기 중국에 진출한 외국 기업의 서신과 보고서에 매판의 활약상이 기록된 신문 기사 등을 더해 중국 최초의 근대식 기업가 매판의 모습을 생생히 보여 준다.

CEO가
꼭 알아야 할
음식 이야기

윤덕노
음식문화평론가

1958년 서울에서 태어나 성균관대 영문과를 졸업했다. 1984년 매일경제신문사에 입사해 25년 동안 기자로 활동하며 사회부장, 국제부장, 과학기술부장, 부국장을 지냈다. 2000년부터 3년 동안 중국 베이징 특파원으로 근무했고 미국 오하이오 주 클리블랜드 주립대에서 객원 연구원으로 일한 바 있다. 기자 시절 출장이나 연수 등으로 20여 개국을 다녔는데 평소 접하기 어려운 다양한 음식들을 맛보며 일화와 자료를 수집했다. 2007년 《음식잡학사전》 출간을 시작으로 방대한 자료 조사를 통한 음식의 역사와 문화, 뒷이야기를 발굴하여 글을 쓰고 있다. 음식 관련서 이외에도 중국 특파원 시절 경험을 바탕으로 다수의 중국 관련 책을 썼고, 번역 작업도 활발하게 하고 있다.

주요 저서로는 《중국권력 대해부》, 《중국벗기기》, 《차이나쇼크》, 《음식으로 읽는 한국 생활사》, 《붕어빵에도 족보가 있다》, 《장모님은 왜 씨암탉을 잡아주실까?》, 《신의 선물 밥》 등이 있으며, 번역한 책으로는 《장자의 내려놓음》, 《유럽의 세계 지배》, 《브랜드 사주팔자》, 《생각을 바꾸면 즐거운 인생이 시작된다》, 《자전거로 나를 세운다》 등이 있다.

 사람들은 국내 최고 기업인 삼성 CEO들이 무엇을 먹는지 궁금해한다. 예를 들어 삼성의 수장인 이건희 회장이 주최하는 생일 및 신년 만찬에 등장하는 음식과 술은 모두의 관심거리다. 이 회장의 만찬에 등장한 술은 불티나게 팔린다. 2012년 이건희 회장 생일 만찬에 등장한 프랑스 와인 '이기갈 콩드리외 라 도리안(E. Guigal Condrieu La Doriane)'은 20만 원대로 비교적 비싼 제품이지만 삼성 만찬에 등장한 것으로 알려지자 금방 동이 났다. 요즘 삼성은 이 회장 생일 만찬에 어떤 술이 오르는지 외부에 밝히지 않는다. 파장이 너무 크기 때문이다.

이런 삼성이 음식에 대해 한 수 배우겠다고 초청한 사람이 있다. 바로 윤덕노 음식문화평론가다. 그는 'CEO의 식탁'을 주제로 삼성 사장단에게 강연을 했다.

"CEO는 배 채우기 위해 먹으면 안 되죠, 밥 먹는 것도 일입니다"

"리더는 단지 배를 채우기 위해 밥을 먹으면 안 되죠. 밥 한번 잘 먹어서 크게 성공하기도, 잘 못 먹어 회사를 망하게 할 수도 있습니다. CEO에겐 밥 먹는 것도 일이죠. 마음가짐이 중요합니다. 한국 전쟁 이후 20년간 적대시하던 미국과 중국 관계를 풀어 준 것은 북경오리고기입니다. '북경오리고기 외교'라고도 하죠."

그는 흔히 '핑퐁 외교'라고 불리는 1970년대 미국과 중국 외교를 '북경오리고기 외교'라고 칭했다.

1970년대 초 미국 닉슨 대통령의 특사인 헨리 키신저와 중국 저우언라이 총리는 비밀리에 북경에서 회담을 가졌다. 하지만 분위기는 좋지 않았다. 오전에 시작한 협상은 서로의 입장 차이 때문에 더 이상 진전되지 못하고 의견 대립으로 깨지기 일보 직전이었다. 저우언라이 총리는 일단 밥을 먹고 다시 협상을 하자고 제안했다. 이때 나온 요리가 오리구이였다.

반주는 마오타이주였다. 저우언라이 총리는 중국에서 북경오리고기는 황제들이 먹던 고급 음식이며, 마오타이는 중국의 국주(國酒)라고 하면서 직접 오리구이의 역사와 먹는 법을 키신저에게 소개했다.

"결국 키신저에게 당신을 황제처럼 대접하고 있다고 말한 것이죠. 저우언라이 총리는 만찬을 준비할 때 자신은 만찬 전 밥을 먼저 먹고 실제 만찬에서는 먹는 척만 한다고 합니다. 상대편이 편히 먹을 수 있게 시중을 들면서 중·미 협상의 실마리를 풀었죠."

일국의 총리가 직접 식당 지배인 역할을 한 것이다. 눈치가 빠른 키신저가 상대가 밥을 먹지 않고 자신을 배려하는 것을 몰랐을 리 없다. 키신저는 훗날 당시를 떠올리며 "차갑던 분위기가 식사 후 달라지기 시작했다"고 말했다. 이후 닉슨 대통령이 중국을 방문했고, 양국은 급속히 가까워지기 시작했다.

"중국에 '주공토포 천하귀심(周公吐哺 天下歸心)'이라는 고사가 있습니다. 손님이 오면 씹고 있던 것까지 내뱉고 대접한다는 이야기죠. 저우언라이 총리는 그런 마음가짐과 태도로 미국 측을 접대했습니다. 그 결과 중국과 미국의 수교를 이끌어 낼 수 있었죠. 저우언라이 총리는 중국과 미국의 수교를 '작은 탁구공 하나가 지구라는 큰 공을 움직였다'라고 표현했습니다. 북경오리고기로 분위기를 만들지 않았다면 탁구는 시작하지도 못했을 것입니다."

북경오리고기가 중국과 미국의 화해를 이끌어 내는 데 결정적인 역할을 했다면 중국을 세계적인 경제 대국으로 만드는 데 공을 세운 음식은 '불도장'이다. 불도장(佛跳牆)이라는 이름은 옆집에서 나는 음식 냄새가 너무 구수해 스님이 담을 넘어갔다는 데서 유래한 것이다. 약 서른 가지

재료가 들어간 불도장은 최고급 중국요리로 꼽힌다.

"중국과 미국이 1970년대 후반 수교를 맺은 이후 미국 로널드 레이건 대통령, 영국 엘리자베스 여왕 등 외국 정상들이 줄줄이 중국을 방문했죠. 덩샤오핑 주석은 중요한 사람이 방문할 때마다 북경오리고기와 더불어 불도장을 대접했어요. 잠은 황제의 별궁인 조어대에서 자게 했죠. 개혁·개방 정책을 펼치던 덩 주석은 경제 특구에 대한 투자가 절실했는데, 각국 정상들은 중국에 투자할 나라의 대표들인 만큼 정성을 다해 대접한 것입니다. 덩샤오핑 주석의 정성이 지금의 중국이라는 결과를 만들어 낸 것입니다."

비즈니스 세계에서는 자신이 원하는 바를 이루기 위해 상대방이 원하는 것을 주어야 하지만, 그 과정에서 상대방의 입장을 헤아려 잘 대접하는 것 역시 중요하다.

▌조직의 사기는
▌밥에 달렸다

그렇지만 리더로서 더 중요한 것은 바로 조직 내에서 구성원들과 함께 먹는 밥이다. 그 이유는 미국 해병대에서 찾을 수 있다. 미국 해병대는 총병력 20만으로 세계 최대 규모이자 소수의 부대원만으로도 어지간한 중소 도시는 장악할 수 있는 세계 최강의 전투력을 지니고 있다. 이런 미국 해병대에 군법은 아니지만 모두가 군법처럼 따르는 규칙이 있다. 야전에서는 계급의 높고 낮음과 상관없이 가장 말단 사병부터 배식을 받는다는 것이다. 군 장성이 와도 예외는 없다. 한번은 어느 중사가 새벽부터 작전 활동을 하고 점심 즈음 막 복귀했다. 새벽부터 점심까지 끼니도 거르고 작전 활동을 한 터라 매우 배가 고팠던 그는 배식을 받으려고 줄을 서 있는 사병들을 제치고 맨 앞줄에 섰다. 그러자 그보다 계급이 한 단계 낮은 하사가 와서 중사의 어깨를 붙잡고 맨 뒷줄에 가서 배식을 받으라고 했다. 중사는 자신이 끼니도 거른 채 작전 활동을 했고 계급도 높으니 먼저 밥을 먹어야겠다고 했다. 그러자 하사는 이렇게 말했다.

"여기서 당신이 얼마나 배고픈지는 중요하지 않습니다."

사실 전장에서 제일 위험한 사람은 최전선에 나가 싸우는 말단 병사들이다. 밥 먹는 것에서 그들에게 존중을 표하는 것이다. 그리고 이것이 조직을 단합하게 만든다. 미국 해병대는 야전에서만큼은 사병들을 최대한 대우해 주어 조직의 단합을 꾀하고 군대의 사기를 드높이게 한다.

실제로 중국의 춘추 전국 시대에 활약한 장군 오기는 이런 점을 간파하고 병법에 운용했다. 그는 장군이 되었을 때 제일 먼저 '사병'처럼 행동했다. 오기는 장군이라는 지위를 이용해 전장에서도 따뜻한 밥과 편안한 잠자리를 누릴 수 있었다. 그러나 그는 그렇게 하지 않았다. 자신이 먹을 것은 자신이 챙겼으며, 밥도 말단 병졸들과 같이 먹었다. 물론 먹는 것도 말단 병졸들과 같은 것을 먹었다. 별것 아닌 일처럼 보이지만, 생사를 넘나드는 전쟁터에서 병졸들은 총사령관이 자신들과 고난을 함께하는 것을 보고 큰 감명을 받았다. 그러자 놀라운 일이 벌어졌다. 전투에서 이기든 지든 상관없이 살 궁리만 하던 병사들이 전투가 벌어지자 두려움을 극복하고 적진으로 맹렬하게 돌진한 것이다. 그는 노나라, 위나라, 마지막에는 초나라에서 활동했는데, 그가 머물렀던 나라들의 군대는 모두 '강군'으로 명성을 떨쳤다.

반대로 음식 대접을 잘못했다가 나라를 말아먹은 사례도 있다. 이것도 중국 춘추 전국 시대의 이야기다. 당시 중산국의 왕이 전국의 장군과 선비를 불러 잔치를 열었다. 메뉴는 양고기 국(羊羹 : 양갱)이었다. 양갱은 양고기를 뜻하는 양(羊)과 국을 뜻하는 갱(羹)을 합쳐 만든 단어다. 고대 중국에서는 양의 고기와 피로 만들어진 음식이었다(참고로 우리가 생각하는 양갱은 일본 승려가 중국에 유학 갔다가 고기가 들어간 중국 양갱을 먹지 못해 대신 현재 우리가 먹는 것과 비슷한 것을 만든 데에서 유래했다고 한다). 그런데 사마자기라는 신하가 양고기 국을 받을 차례에서 그만 준비했던 양고기 국이 떨어지고 말았다. 무시당했다고 생각해 자존심이 상한 사마자기는 적대국이던 초나라로 달려갔다. 그리고 초나라 왕에게 중산국의 약점을 자세히 알려주었고, 초나라는 이 정보를 이용해 중산국을 멸망시켰다.

"사마자기가 중산국을 배신한 것은 양고기 국 한 그릇 때문입니다. 중산국 왕 입장에선 한탄할 일이죠. CEO도 이런 실수를 많이 합니다. 이렇듯 리더는 사소한 일이나 말로 남에게 큰 상처를 줄 수 있습니다."

윤덕노 음식문화평론가는 또 최고의 위치에 오른 사람들이 식사할 때 자기중심으로 생각해 남을 배려하지 않은 옛이야기도 소개했다. 임진왜란 때 조선은 명나라에 지원을 요청했고, 명나라는 이여송을 총사령관으로 임명한 다음 조선에 병사를 보내왔다. 당시 조선의 왕이었던 선조는 명나라 군대를 환영하는 잔치를 열었다. 그때 내놓은 요리가 문어다. 문제는 명나라 사람들은 문어를 못 먹는다는 것이었다. 당시 기록을 보면 명나라 병사들은 음식을 보고 낯빛이 변했다고 한다. 명군 입장에선 생전 듣지도 보지도 못한 이상한 음식이 나왔던 것이다. 이후 명군도 답례 잔치를 열었다. 명군이 내놓은 음식은 계두였다. 계두는 계수나무 속에서 자라는 벌레로 명나라에선 귀한 음식이다. 선조는 계두를 바라보기만 하고 젓가락도 대지 못했다는 후문이다.

"문어는 조선에서는 손님이 오면 대접하는 귀한 음식이죠. 계두도 마찬가지입니다. 중국 사서를 보면 '남월 왕이 조공을 보냈는데 보석은 한 상자 보냈지만 계두는 한 접시 겨우 구해서 보냈다'는 이야기가 나옵니다. 어찌 보면 선조도 명나라 장군도 좋은 음식을 대접한 것입니다. 문제는 상대를 배려하지 않은 것입니다. 《이솝우화》에 나오는 여우와 두루미 이야기와 비슷합니다. 전형적인 자기중심적 사고죠."

▌밥은 결국 비즈니스

밥은 활동하는 데 필요한 에너지를 얻는 수단일 수도 있고, 친목 도모를 위한 수단일 수도 있다. 그러나 비즈니스 세계에서 밥은 최고의 결과를 얻어 내기 위한 과정이자 그 자체가 비즈니스이다. 저우언라이에게 북경 오리고기는 평상시에는 그저 고급 요리일 뿐이었지만, 중국과 미국이 냉전에서 화해의 관계로 나가는 데 있어서는 물꼬를 튼 하나의 '전략'이었다. 덩샤오핑에게 불도장은 중국의 발전을 위한 '투자'였다.

또한 밥은 조직 내 사기를 북돋워 구성원들을 단합시키는 수단이 되기도 한다. 별일 아닌 것처럼 보이지만 말단 사병부터 배식을 받게 하는 미해병대의 전통은 병사들이 최전선에 서서 싸우게 만드는 힘이다. 춘추 전국 시대 명장인 오기에게 병사들과 함께하는 식사는 죽음을 두려워하지 않고 싸우는 정예병들을 키우는 수단이었다.

두 가지 공통점이 있다. 원하는 것을 얻기 위해서는 상대방을 최고로 대접하고 존중하고 있음을 보여 주는 것이 핵심이다. 그리고 사람들은 밥을 통해서 말로 표현되지 않는 존중과 위하는 마음을 느낀다. 선조의 사례처럼 자기한테 최고인 것을 대접하고 최선을 다했다고 여기면 안 된다. 항상 상대방의 입장에서 생각하는 마음가짐이 필요하다. 그리고 그 시작은 '밥'을 어떻게 대하고 먹느냐 하는 것이다.

더 공부하고 싶을 때 읽어 볼 만한 책들

1. 음식의 언어

댄 주래프스키 지음 | 김병화 옮김 | 어크로스 | 2015

스탠퍼드 대 언어학 교수인 저자가 음식의 어원을 토대로 인류의 역사와 세계 문화, 사회, 경제를 풀어 본 책이다. 음식에 관한 관심은 보통 미식을 대상으로 하는 경우가 많다. 음식과 관련된 이야기 역시 흥밋거리를 뛰어넘지 못하는 경우가 대부분이다. 하지만 매일 먹는 음식에서 리더십의 본질을 발견할 수 있는 것처럼 '음식의 언어'에서는 음식을 통해 전혀 뜻밖의 정치, 경제를 발견할 수 있다.

예를 들어 케첩의 어원이 사실은 중국어이고, 케첩이 원래는 생선 젓갈이었다는 사실은 미처 알지 못했던 재미있는 사실이다. 아시아의 생선 젓갈이 어떻게 유럽으로 건너가서 토마토케첩이라는 전혀 엉뚱한 음식으로 발전했는지에 대한 경제사적인 해석은 새로운 지식의 발견이며, 사고의 외연을 확장하는 데도 도움이 된다. 이 책을 통해 사물을 완전히 다른 각도에서도 볼 수 있다는 사실을 새삼 깨닫게 된다.

다만 너무 미국적인 시각에서 음식을 해석하고, 저자가 언어학자인 만큼 음식 어원의 분석은 탁월하지만 음식사와 경제사에 대해서는 약간 깊이가 떨어진다는 점은 아쉽다.

스포츠 명가에게서 배우는
게임을 지배하는 법

김도균
경희대 체육대학원 교수

경희대 체육대학을 졸업하고 중앙대 국제경영대학원에서 석사 학위를, 한국체육대에서 박사 학위를 받았다. 나이키스포츠코리아 스포츠마케팅 팀에서 축구, 야구, 농구, 테니스의 카테고리 매니저로 활동하면서 선수 계약과 팀 관리 업무를 맡았다. 특히 국내 최초로 3 대 3 길거리 농구를 도입해서 전파시켰고, 세계 89개국의 프로 게이머들이 참가하는 세계 사이버 게임즈(WCG : World Cyber Games)를 창설해 마케팅 부분을 총괄했다. 2002년에는 한일 FIFA월드컵 마케팅 컨설턴트, 부산 아시안게임 마케팅 총괄, 문화체육관광부 포럼 위원장, 스포츠산업 잡페어 위원장을 역임했다. 2015년 스승의 날 '대통령 표창'을 수상한 것을 비롯해 문화체육관광부 장관상, 경희대 최우수 연구 교수상 등 여러 상을 받았다. 2008년부터 삼성경제연구소 CERI CEO의 강의 교수로 스포츠와 엔터테인먼트를 결합한 '스포테인먼트 경영'을 강의하며 많은 CEO로부터 사랑을 받고 있다. 현재 경희대 체육대학 부학장 겸 체육부장으로 운동부를 총괄하고 있으며, 스포츠 문화콘텐츠 연구소 소장을 맡고 있다. 2018 평창동계올림픽 조직위원회, 대한체육회, 국민생활체육협의회의 자문 위원으로도 활동하고 있다. 저서로는 《스포츠마케팅》, 《스포츠 비즈니스》, 《전략적인 스포츠 경영》, 《FIFA 월드컵 마케팅》 등이 있다.

맨체스터 유나이티드(맨유) 구장을 방문한 필자는 가족 3대가 모두 맨유의 유니폼을 입고 걸어가는 모습을 보았다. 어떻게 하면 하나의 브랜드와 제품을 1대도 아닌 3대가 좋아하며 대물림할 수 있을까 궁금했다. 모든 소비자는 끊임없이 흔들리는 존재인데 확고하고 두터운 층을 만들어 3대 이상 묶어 놓는 비결은 과연 무엇일까? 스포츠의 경기 상황, 전쟁의 전투 상황, 기업 환경의 변화와 같은 치열한 경쟁 속에서 전문적인 지식과 기술 그리고 판단을 통해 팬들과 소비자들을 사로잡는 기술을 스포츠 명가를 통해 배워 본다.

당신은 변화의 방향을 알고 있는가

스포츠 명가로부터 배우는 가장 중요한 교훈은 변화의 방향을 알고 움직여야 한다는 점이다. 모든 사람이 저마다 미래를 예측한다. 하지만 예측은 빗나가 낭패를 보기 쉽다. 변화는 점점 더 빨라지고 커져서 예측하기 어려운 것이 현실이다. 확실히 예측할 수 있는 것은 모든 것은 변한다는 사실뿐이다.

변화의 방향을 조금이라도 먼저 알고 움직인다면 엄청난 성공을 거둘 수 있다. ESPN 스포츠가 세계에서 가장 위대한 스포츠맨을 선정했는데 미국 아이스하키의 전설이자 캐나다의 영웅인 웨인 그레츠키가 뽑혔다. 그는 내셔널 하키 리그(NHL)에서 무려 아홉 번이나 시즌 MVP를 차지했으며 선수로 생활하는 동안 무려 50개의 기록으로 아이스하키의 모든 역사를 바꾸어 놓았다. 은퇴 기자 회견장에서 한 기자가 성공할 수 있었던 가장 큰 이유가 무엇이냐고 질문하자 그는 "나는 퍽이 있는 위치에서 플레이를 하지 않고, 퍽이 갈 방향에서 플레이를 했다"라고 말했다. 그의 성공 비결은 미래에 대한 예측, 즉 몇 초 뒤 미래를 예측해 남들보다 한발 앞서 움직였다는 것이다.

세계 최대 규모의 수익을 내는 프로 자동차 경주 스포츠인 F1에서 가장 중요한 것도 변화의 방향을 미리 예측하는 것이다. F1이 자동차 경주라는 것을 보고 단순히 좋은 차와 실력 있는 레이서가 겨루는 경기라고 생각해서는 안 된다. 레이서와 코칭 스태프, 그리고 차의 상태를 관리하고 빠른 정비를 하는 피트 크루 등이 한데 모여 협력하지 않으면 절대로 이길 수 없는 경기이다. 이 중 피트 크루와 감독은 가장 조명받지 못하는 자리에 있지만, 급변하는 레이스의 변화를 가장 잘 예측한다.

경기마다 다르지만 한 경기에서 보통 50~60바퀴를 돌기 때문에 한두 번은 피트라 불리는 정비소에 들어가 타이어 교환과 연료 공급을 받는다. 레이스 경기 특성상 영점 몇 초 차이로 순위가 갈리기 때문에 정비 시간을 최소로 줄여야 한다. 타이어 4개를 모두 교체하는 데 3초 이상 걸리면 우승이 힘들다고 하니 피트에서 활약하는 피트 크루의 역할이 얼마나 중요한지 감이 올 것이다.

감독과 피트 크루는 타이어를 언제 교체할지 예측하고, 조금이라도 더 빨리 교체하기 위해 시즌 전 타이어 교체 훈련만 수백 시간씩 한다. 2011년 F1 영국 그랑프리에서 2010년 최연소 챔피언인 세바스티안 베텔은 피트 크루의 실수로 정비 시간이 10초가 되면서 1위로 달리던 중 3위로 내려앉고 말았다.

더 중요한 것은 경기 당일 경기장 상태, 날씨 등을 파악하고 예측해서 정비를 경쟁자보다 빨리 할지, 늦게 할지 판단하는 것이다. 레이서가 서킷에서 10바퀴를 돌아도 줄이기 어려운 1초를 피트 크루는 단 한 번의 피트인만으로 줄일 수 있다. 이것이 변화를 미리 예측하고 움직이는 피트 크루와 감독의 역할이다. 1992년 벨기에 그랑프리에서 소나기가 내리고 금방 그치면서 서킷의 환경이 급변하는 곤란한 상황이 되었는데 슈마허의 피트 크루는 이를 예측하고 적절하게 피트 스톱을 함으로써 여유 있게 우승을 할 수 있게 했다.

자동차 경주처럼 기업 환경 역시 언제나 변한다. 그리고 작은 변화에도 순위가 바뀌듯이 조그마한 산업의 변화가 시장을 전혀 예상치 못한 방향으로 이끌기도 한다. 또 예상치 못한 제품이 잇따라 등장하기도 한다. IT 시장을 주무르는 스마트폰과 태블릿PC는 불과 10년 전만 해도 상상하기 어려운 제품이었다. 구글, 페이스북 같은 온라인 서비스도 마찬가지다. 이런 변화의 방향을 미리 예측해야만 기업이 계속 살아남을 수 있다. 삼성전자가 빠른 속도로 갤럭시 시리즈를 출시해 애플의 아이폰을 따라잡은 것이나 네이버가 라인을 통해 세계 모바일 메신저 시장에 진출한 것 등이 대표적인 예다.

진정 어린 서비스를 제공하라

모든 인간은 행복을 추구한다. 2002년 노벨 경제학상 수상자인 대니얼 카너먼 교수가 "하루 동안 기분 좋은 시간이 길면 길수록 행복한 삶"이라고 말했듯이 경제 활동의 최종 목적은 행복 추구다. 먹고사는 문제가 해결된 사회일수록 비즈니스의 성패 역시 행복 추구 욕구에 얼마나 잘 부합하느냐에 달려 있다. 맨유가 수많은 명문 구단이 있는 영국 프로 축구 리그에서 어떻게 인기 구단이 되었는지를 보면 알 수 있다. 세계적인 축구 구단인 영국 프리미어 리그의 맨유는 실력도 좋지만 인기가 그 이상으로 좋은 팀이다.

영국 프리미어 리그 사상 최다 우승 타이틀을 가진 맨유는 첼시, 맨체스터 시티, 아스널, 리버풀 등 경쟁 팀과 매년 치열하게 순위 다툼을 벌인다. 하지만 인기만큼은 독보적인 수준이다. 유럽을 넘어 아시아, 중남미, 아프리카 등 전 세계적으로 인기를 끌고 있다. 말레이시아나 싱가포르 같은 곳에서는 거의 국가대표 팀과 맞먹는 지지를 받는다. 《포브스》에 따르면 2013년과 2014년 사이 전 세계 모든 스포츠 팀 가운데 매출 규모 2위를 차지했으며, 영국 프리미어 리그에서 두 번째로 매출이 큰 맨체스터 시티와 1억 달러(약 1100억 원) 이상 차이가 난다.

세계적인 온라인 축구 전문 매거진인 '골 닷컴'의 편집장 존 듀어든은 "맨유는 골대를 향해 공을 차는 게 아니라 관중의 마음을 향해 공을 찬다"고 말했다. 맨유는 이제 단순히 축구팀을 넘어서서 하나의 브랜드로 자리 잡았다.

맨유는 매년 20여 개국을 대상으로 '맨유에 대해 얼마나 알고 있나', '바라는 것은 무엇인가' 등에 대해 설문 조사를 실시한다. 현재까지 약 5000만 명 고객의 의견을 데이터베이스로 만들었다. 그리고 이 자료를 바탕으로 팬이 맨유에게 원하는 것을 파악한 뒤 이를 마케팅에 활용해 더욱 인기 있는 팀으로 바꾼다. 예를 들어 선수들의 생활을 간접 체험하고 싶다는 팬들에게 축구 관객이 아닌 선수의 입장에서 축구를 체험할 수 있게 해 주는 것이다. 웨인 루니, 박지성 등 선수들이 쓰던 대기실을 소개해 주거나, 관중이 내는 소리를 녹음해 두었다가 그 소리에 맞춰서 그라운드에 입장하게 하거나, 선수들이 인터뷰하는 장소 등을 안내해 준다. 이처럼 팬 서비스를 통해 고객 충성도를 높여 평생 '맨유맨'으로 살아갈 수 있게 만드는 것이다.

긍정의 마인드를 가져라

딕 호이트와 릭 호이트는 세계에서 가장 유명한 부자(父子) 마라토너다. 부자는 세계 신기록을 세우지도, 주요 대회에서 메달을 따지도 못했다. 그러나 이들은 '가장 긍정적인 마라토너'로 이름을 떨쳤다.

아버지인 딕은 아들인 릭이 중증 뇌성 마비를 갖고 태어나자 치료를 위해 최선을 다했다. 결국 릭은 아버지와 의사소통을 할 수 있게 됐는데, 그가 맨 처음 입 밖으로 꺼낸 말이 바로 '달리고 싶다'였다. 이후 딕은 아들의 휠체어를 밀면서 함께 달렸다. 8킬로미터 단축 마라톤부터 시작해 세계 최대 마라톤 축제인 보스턴 마라톤에서는 완주를 했다. 이후 이들 부자는 보스턴 마라톤 스물여섯 차례 완주, 철인3종 대회 여섯 차례 완주, 미국 대륙 6000킬로미터 완주 등의 기록을 세웠다. 비결은 '긍정주의'. 마음속에 항상 할 수 있다는 긍정의 마인드를 갖고 달린 것이다.

최근 소비자들은 '낚이는 것'을 가장 싫어한다. 기업의 사탕발림에 속아 넘어갔다고 느끼면 그 회사에 정이 떨어지고 다시는 제품을 사지 않는다. 반면 소비자에게 긍정적인 마인드를 줘 '행동하는 긍정주의자'로 만들면 회사에 대한 충성도도 높아지고, 자발적으로 회사를 알린다. 이런 고객을 만들기 위해 기업은 항상 감사하고(Appreciate), 조금씩 나아지고(Better & Better), 섬겨야(Care) 하는 ABC 원칙을 지켜야 한다.

도전과 실행 중심의
문화를 만들어라

메이저 리그는 다른 어떤 프로 스포츠 리그보다 징크스 및 저주가 많다. 가장 대표적인 것이 홈런왕 베이브 루스를 팔아 치운 뒤 생긴 보스턴 레드삭스의 '밤비노(베이브 루스의 애칭)의 저주'다. 밤비노의 저주는 86년 만인 2004년 보스턴 레드삭스가 월드 시리즈에서 우승하면서 깨졌다. 밤비노의 저주에 걸린 보스턴 레드삭스는 트레이드 이후 14년간 여덟 번이나 리그 최하위를 기록하며 무너진 반면, 뉴욕 양키스는 총 스물여섯 번의 우승을 기록하는 상반된 모습을 보였다.

메이저 리그에는 아직까지 깨지지 않은 저주도 있다. 1945년 시카고 컵스의 홈구장에 염소를 데리고 가지 못하게 했다는 이유로 출입을 제지당한 한 농부가 "컵스는 다시는 우승하지 못한다"고 독설을 퍼부었다. 거짓말처럼 컵스는 1945년 이후 단 한 번도 월드 시리즈에 오르지도 못했다. 2007년에는 리그 챔피언십까지 올랐지만 홈구장 관중 한 사람이 파울 플라이를 방해하면서 아웃을 잡지 못했고 그 후 선수들이 동요하면서 결국 다 잡은 게임을 놓치고 말았다.

이런 징크스가 생기는 이유는 결국 정신적인 문제 때문이다. 저주나 징크스는 '남 탓'의 전형적인 형태다. 자신의 실력이 부족했음을 인정하는 대신 환경, 저주, 징크스를 탓하며 실패를 자위하는 것이다. 이런 모습은 기업 경영에서도 나타난다. 많은 기업이 '우리는 후발 주자라서', '인력이 부족해서', '공정하지 못한 환경 때문에' 실패했다고 말한다.

하지만 징크스는 결국 실력과 노력을 이기지 못한다. 한때 미국 프로야구 징크스를 상징했던 보스턴 레드삭스가 멋지게 징크스를 깬 사례를 보

자. 2004년 보스턴 레드삭스는 월드 시리즈 진출을 두고 다투는 아메리칸 리그 챔피언십에서 징크스 상대이자 숙적인 뉴욕 양키스와 맞붙게 된다. 7전 4선승제였기 때문에 4승을 이기면 진출하는 상황이었다. 그러나 상황은 절망적이었다. 이미 세 차례 내리 패했고, 4차전에서도 양키스가 경기를 리드해 갔다. 9회 말 4:3, 보스턴의 마지막 공격에서 양키스의 마무리 투수로 올라온 사람은 마리아노 리베라로 '야구 역사상 최고의 마무리 투수'로 불리던 투수였다. 그런데 기적이 벌어졌다. 9회 말 극적으로 동점을 냈고, 양 팀은 연장전에 돌입했다. 경기는 새벽 1시가 넘어서까지 진행되었고, 12회 말 끝내기 홈런이 터지면서 보스턴이 이겼다. 그리고 이후 3연승을 거두며 아메리칸 리그 챔피언십에서 뉴욕 양키스를 상대로 우승했다. 메이저 리그 역사상 포스트 시즌에서 3:0으로 지고 있다가 3:4로 이긴 사례는 그때가 최초였다. 이후 진출한 월드 시리즈에서 보스턴의 단장이었던 테오 엡스타인은 "세상에 깨지지 않는 징크스는 없다"며 선수들을 독려했다. 결국 레드삭스는 에이스였던 커트 실링이 부상 부위가 터져 흰 양말이 빨갛게 물들일 정도의 투지를 보인 끝에 우승을 차지했다. 실링은 "보스턴이 그동안 우승하지 못한 것은 '밤비노의 저주' 때문이 아니라 우리보다 실력이 더 좋은 팀을 만났기 때문이다"라고 말했다. 실패를 감수하고 끝없이 도전하는 것이 바로 성공의 비결이다.

참고로 밤비노의 주인공 베이브 루스는 행크 에런이 경신하기 전까지 714개의 홈런을 치면서 메이저 리그 최다 홈런 기록을 가지고 있었다. 그는 "내가 714개의 홈런을 칠 수 있었던 것은 1390개의 삼진을 당했기 때문"이라고 말했다. 삼진을 각오하고 집요하게 홈런을 노린 끝에 홈런왕 자리에 오른 것이다.

한국 프로야구의 전설인 장종훈은 통산 홈런왕을 비롯해 공격 부문 7개의 통산 기록을 가지고 있지만 삼진왕의 불명예도 함께 가지고 있다. SK의 감독이자 전설적인 포수인 이만수 역시 홈런왕이자 병살왕이었다. 실패를 두려워하지 않고 도전한 자들이 최고의 결과를 얻은 것이다. 피터 드러커는 "한 번도 잘못을 해 본 적 없는 사람, 그것도 큰 잘못을 저지른 적 없는 사람을 윗자리에 앉게 해선 안 된다"고 말했다.

경쟁자와
윈-윈 하라

스포츠도 기업도 경쟁의 연속이다. 기록과의 경쟁, 라이벌과의 경쟁, 자신과의 경쟁을 통해 발전해 나간다. 우사인 볼트 등 세계적인 단거리 선수들이 뛰는 100미터 레이스는 불과 0.001초 차이가 금메달과 은메달을 결정짓기도 한다. 발가락 하나만큼이라도 먼저 들어오면 우승을 하는 것이다. 이기기 위해서는 결국 남보다 빨리 달려야 한다. 이처럼 상대방과의 경쟁을 통해서 자신의 기록, 성과를 향상시키는 것도 중요하다.

1984년 로스앤젤레스 올림픽에서 100미터, 200미터, 400미터 계주, 멀리뛰기 4관왕이자 세계 육상 연맹이 선정한 20세기 최고의 선수인 칼 루이스는 "인간은 경쟁 상대가 있을 때 에너지가 솟구친다. 만약 경쟁 상대가 없다면 기록은 퇴화하고 말 것"이라고 말했다. 1980년대 그의 최대 경쟁 상대는 캐나다 선수인 벤 존슨이었다. 벤 존슨은 도핑 테스트에서 금지 약물을 복용한 것이 드러나 1987년 세계 선수권과 1988년 서울 올림픽에서 딴 메달을 박탈당하긴 했지만 당시 칼 루이스의 최대 라이벌이었다. 칼 루이스는 벤 존슨에게 뒤처진다는 생각 대신 '나보다 잘하는 선수도 있고, 천재들도 분명 있다. 그러나 이 모든 것을 받아들이고 최선을 다해야 한다. 가장 중요한 것은 내가 이 길을 선택한 것에 대해 책임감을 갖고 포기하지 않는 것'이라는 각오로 혹독한 훈련을 소화했다. 코치에게 지도 받을 일이 있으면 모든 약속을 취소했고, 기록을 앞당기기 위해서라면 요가부터 채식까지 수많은 시도를 했다.

결국 그는 1984년 4관왕의 위엄을 이루었고, 1996년 애틀랜타 올림픽까지 4회 연속 올림픽에 출전했으며, 애틀랜타 올림픽에서 육상 선수로는 환갑의 나이인 서른여섯 살에 멀리뛰기에서 금메달을 따는 기염을 토했다. 경쟁 상대를 부담스러워하거나 피하기보다는 이를 동기로 이용해 철저히 노력한 결과 그는 자신의 실력을 한계치 이상으로 발전시킬 수 있었다. 이처럼 경쟁 상대들과 함께 즐기며 자신의 실력을 향상시켜야 한다.

전통과 규율, 그리고 의식을 만들어라

오랜 전통을 가진 이들에게는 그들만이 지켜 온 엄격한 규칙이 있다. 대표적인 것이 앞서 예를 든 뉴욕 양키스인데 양키스는 규율의 제국이라고 할 정도로 엄격한 규율을 가지고 있다. 대표적인 것이 뉴욕 양키스 선수는 절대 수염을 기를 수 없다는 점이다. 라이벌 팀 보스턴 레드삭스에서 '동굴맨'이라는 별명을 가질 정도로 수염이 덥수룩했던 조니 데이먼은 양키스로 이적하면서 수염을 깔끔하게 잘랐다. 또 양키스의 유니폼에는 선수 이름을 새기지 않는다. 워낙 유명한 스타가 많이 모인 팀이다 보니 각자의 이름값에만 의존했다간 팀워크가 무너지기 십상이기 때문이다. 이 때문에 유니폼에 번호만 붙인 채 경기를 한다. 선수들 역시 '팀의 우승이 개인의 영광'이라는 마음가짐으로 경기에 임한다.

　미국 아이스하키 리그(NHL)의 디트로이트 레드윙스 팀에는 독특한 의식이 있다. 참고로 레드윙스는 NHL 원년 멤버 6개 팀 중 하나고, 열한 번의 리그 우승을 차지한 팀으로, 미국 팀 가운데 가장 많은 우승을 했으며, 리그 전체로는 캐나다 팀인 몬트리올, 토론토 다음으로 우승을 많이 한 강팀이다. 지난 30년간 플레이오프에 28회 진출했으며, 1991년부터 2014년까지 23시즌 연속으로 플레이오프 진출에 성공하기도 했다. 이 기록은 현재 진행형이다. 이 팀의 전통은 바로 경기장에 살아 있는 문어를 던지는 것이다. 1952년 스탠리컵 플레이오프전 당시 생선 가게 주인이던 레드윙스의 팬이 첫 골이 터지자 문어를 던진 이후 생겼다. 현재는 NHL에 30개 팀이 있고, 플레이오프에 진출해 우승을 하려면 16승을 해야 하지만, 1950년대에는 6개 팀에 불과했고, 상위 4개 팀이 플레이오프에 진출해 2경기 8승만 하면 우승할 수 있었다. 그래서 문어 다리의 개수인 8은 당시 NHL 플레이오프 게임 수를 뜻했는데, 공교롭게도 레드윙스는 그해 8게임을 모두 이기고 우승을 차지했다. 이후 레드윙스는 문어 던지기를 팀의 상징으로 활용하고 문어를 캐릭터 상품으로 만들었다.

　이런 전통과 규율은 팀워크를 극대화하고 또 선수들은 이를 통해 특권과 명예를 느낀다. 투르 드 사이클은 참가 선수들 중 일부에게만 노란색 저지(Jersey : 상의)를 준다. 이전 코스에서 우승을 차지한 선수만 노란색 상의를 입을 수 있는 것이다. 윔블던의 흰색 상하의 착용 규정은 참가 선수들에게 자존감, 자부심을 높여 준다. 흰옷을 입고 전통과 규율을 자랑하는 세계 최고의 대회에 나왔음을 실감하는 것이다.

비즈니스도
결국은 스포츠다

비즈니스도 결국 스포츠와 같다. 경쟁이 없다면 아무도 혁신을 하거나 발전이 없을 것이다. 일본 가전의 신화인 소니를 진작에 제치고 현재는 애플 외에 경쟁자를 찾아보기 어려운 삼성전자도 1969년 설립 당시 여러 후발 주자 중 하나였다. 그러나 수많은 경쟁사들과 경쟁하고 그들에게서 배우고 세계 최고가 되기 위해 노력한 결과 현재는 세계 최고의 기업이 되었다. 만약 수많은 경쟁자가 없었다면 지금과 같은 위치에 오르기 위한 노력이나 혁신 등이 없었을 것이다.

경영자들은 종종 경영을 스포츠로 비유하기를 즐긴다. 팀워크와 전략, 경쟁과 승리 등 여러모로 기업의 경쟁과 스포츠가 닮아 있기 때문이다. 이 시대 최고의 경영자 중 한 사람인 잭 웰치 전 GE 회장도 비즈니스를 종종 팀 스포츠에 비유한다. 그는 개개인의 역량과 노력도 중요하지만 서로 같은 목표를 공유하고 이에 맞춰 전략을 짜는 것이 성공 여부를 결정한다고 말한다. 그의 주장은 '얼라인먼트'로 압축되는데 얼라인먼트는 자동차에서 서로 다른 부품을 적절히 연결하고 정렬해서 자동차가 한방향으로 나아갈 수 있게끔 도와주는 장치를 말한다. F1 레이싱 경기에서 우승을 위해서는 드라이버뿐만 아니라 감독 매니저, 피트 크루 등이 하나의 목표를 향해 움직여야 한다. 보스턴 레드삭스의 신화는 결국 개인이 아니라 한 가지 목표에 집중한 팀원들이 이루어 낸 것이고, 뉴욕 양키스가 오랫동안 미국 메이저 리그의 최고 팀을 유지할 수 있는 비결도 팀원들을 하나로 모을 수 있는 규율이 있었기 때문이다.

마케팅의 대가인 필립 코틀러는 그의 저서 《스포츠팬을 잡아라》에서 치열해진 시장에서 진화하는 스포츠팬을 잡기 위해서는 스포츠를 단순하게 승패 위주의 게임으로 여길 것이 아니라 브랜드로 전환하고 차별화 전략을 통한 팬들과의 관계 형성이 중요하다고 지적했다.

살아 움직이는 갈대처럼 변화하는 시장에서 지속적인 승리를 쟁취하기 위해 똑같은 제품이 하나도 없는, 승리하고 패배하는 스포츠에서 그 해답을 찾는다면 큰 영감을 받을 것이다.

더 공부하고 싶을 때 읽어 볼 만한 책들

1. 스포츠 마케팅
김도균 지음 | 오래 | 2011
스포츠 마케팅의 바이블과 같은 책이다. 수많은 스포츠 마케팅 사례를 통해 승리하는 기업이 되기 위한 방향을 제시하고 있다.

젊은 세대와
제대로 소통하려면
우선 소통 능력부터 키워라

김주환
연세대 언론홍보영상학부 교수

역경, 고난, 어려움 등을 극복하는 긍정적인 힘의 개념인 '회복 탄력성'이라 는 말을 국내에 널리 알린 것으로 유명한 커뮤니케이션학 전문가. 과학적인 연구 결과를 바탕으로 한 커뮤니케이션, 대인 관계, 설득, 리더십을 주로 연구하고 있다. 최근에는 신경과 학과 뇌 영상 기법을 바탕으로 소통 지능 향상 프로젝트를 진행하고 있다. 인간과 컴퓨터의 상호 작용(HCI : Human Computer Interaction), 뉴로마케팅, 여론 분석, 고급 통계 분야 등 다양한 분야에서 활발한 연 구 활동을 벌이고 있다. 서울대 정치학과 학사, 동 대학원 석사를 거쳐, 이탈리아 정부 장학생으로 선발되 어 볼로냐 대에서 세계적인 철학자이자 베스트셀러 소설 《장미의 이름》, 《푸코의 진자》의 저자로 유명한 움베르토 에코 교수에게 기호학을 배웠다. 미국 펜실베이니아 대에서 커뮤니케이션학 석사와 박사 학위를 취득했다. 미국 보스턴 대에서 커뮤니케이션학과 교수로 재직한 바 있다.

한국인지과학회 이사와 한국HCI학회 인문사회과학 학술위원장을 역임했으며, 현재 한국마음두뇌교육협 의회 이사로 있다. 2001년 한국 언론학회 신진 교수 우수 논문상, 2012년 한국HCI학회 우수 논문상을 수 상했으며, 현재 연세대 언론홍보영상학부 교수이자 휴먼커뮤니케이션연구소 소장으로 재직하고 있다. 저 서로는 《회복탄력성》, 《구조방정식 모형으로 논문 쓰기》, 《그릿》 등이 있으며, 역서로는 《스피치의 정석》, 《드라이브》 등이 있다.

세계에서 세대 간 편차가 가장 심한 나라

흔히 세대 간의 차이와 갈등은 시대와 장소를 막론하고 보편적인 것이라고 한다. 삼성그룹 온라인 사내외보 '삼성앤유 프리미엄'이 삼성 직원들을 상대로 실시한 직장 내 세대 차이에 대한 설문 조사 결과에서도 세대 차이가 드러난다. 세대 차이를 자주 느끼는가에 대한 질문에 60%는 종종, 10%는 자주 느낀다고 답했다. 대리급 이하 직원들은 이해할 수 없는 기성세대의 사고방식으로 '주말 출근', '회사를 위한 개인의 삶 희생', '예전 시대와 요즘 시대 비교' 등을 꼽았다. 반면에 차장급 이상 직원들은 신세대들의 이해할 수 없는 사고방식으로 '동료 의식이나 고통 분담 의식이 부족한 것'을 들었다.

4000년 전 고대 수메르 점토판에서도, 3000년 전 호메로스의 서사시에서도 젊은 세대를 걱정하는 문구가 발견되는 것을 보면 세대 간의 차이는 늘 있었던 것으로 크게 놀라운 일은 아니다. 다만, 우리나라가 다른 나라와 비교했을 때 세대 차이와 갈등이 심하다는 것은 신경이 쓰인다. 2013년 경제 협력 개발 기구(OECD)에서 우리나라와 미국, 영국, 독일, 일본 등 23개국 16~65세 성인 16만여 명을 대상으로 국제 성인 역량 조사(PIAAC)를 실시했다. PIAAC는 각국 성인들의 일상적인 언어 능력, 수리력, 컴퓨터를 활용한 문제 해결 능력을 조사하여 지수로 나타내는 프로그램이다. 2013년 처음 실시된 이 조사에서 한국인은 언어 능력 11위, 수리력 15위, 컴퓨터 능력 15위로 평균 정도의 결과를 보였다.

그런데 눈여겨볼 것은 한국의 16~24세 사람들은 모든 영역에서 1~2등을 차지할 정도로 높은 점수를 받은 반면, 55~65세에 해당하는 사람들은 모든 영역에서 거의 최하점을 기록했다는 사실이다. 나이가 들면 자연스럽게 여러 능력이 뒤처지는 것이라고 생각할 수 있지만 영국, 미국, 독일 등 다른 나라에서는 젊은 사람들과 나이 든 사람들 간의 점수 격차가 이렇게까지 크지 않았다. OECD에서도 한국을 연령 간 편차가 가장 심한 나라로 언급했다. 이 연구 결과는 그만큼 신세대와 기성세대가 서로를 이해할 수 있는 부분이 적음을 넘어 서로 간의 의사소통이 어렵다는 것을 단적으로 보여 준다. 실제로 지금의 20대와 기성세대들은 다른 나라 사람이라는 말을 한다. 왜 이런 일이 일어난 걸까?

우리나라에서 세대 갈등이 유독 심한 이유

그럴 수밖에 없는 이유가 있다. 한국은 지난 40년간 1인당 구매력이 열네 배 증가했다. 1인당 구매력이 이처럼 증가하는 데 영국은 200년, 미국은 150년 걸렸다. 200년 전 영국은 조지 3세가 왕위에 앉아 미국을 식민지로 두고 있었고, 150년 전 미국은 에이브러햄 링컨이 대통령으로 재임하며 남북 전쟁을 벌이고 있었다. 한국은 선진국들이 수백 년 동안 거쳤던 과정을 초단기로 지나왔다. 한 세대가 대략 30년이라고 하면 대여섯 세대에 걸쳐서 일어났던 사회 변화가 단 한 세대 만에 일어난 것이다.

　다른 나라에 가면 선진국과 저개발국 혹은 개발 도상국 사람들의 세계관이나 가치관, 생활 습관이 다른 것을 경험한다. 우리나라 기성세대와 신세대의 차이도 이와 비슷하다. 30~40년 전 20대였던 기성세대들의 가치관은 대체로 개발 도상국에 머물고 있지만 신세대들의 가치관은 선진국과 비슷하다. 이 두 세대 사고방식의 출발점은 완전히 다르다. 사실상 '다른 나라 국민'임을 인정해야 한다는 말이 나오는 것이다.

게다가 앞으로 펼쳐질 세상 역시 과거와는 완전히 다를 것이기 때문에 세대 간 차이는 더 심해질 것이다. 우리나라는 급격하게 고령화되어 가고 있다. 일반적으로 65세 이상 고령자가 전체 인구의 7∼14%일 때 고령화 사회, 15∼20%이면 고령 사회, 20%를 초과하면 초고령 사회로 분류한다. 우리나라는 2000년에 이미 고령화 사회에 진입했다. 고령화 사회에서 고령 사회로 바뀌는 데 걸린 시간을 보면 프랑스는 115년, 미국은 73년, 일본은 24년이다. 우리나라는 경제 성장 속도만큼이나 고령화 속도가 빨라서 2018년에는 고령 사회, 2026년에는 초고령 사회에 도달할 것으로 전망된다.

경제 활동 인구 100명이 부양해야 할 노년 인구 비율을 노년 부양비라고 하는데 UN 인구국의 예상에 따르면 2050년에는 우리나라 경제 활동 인구(15∼64세) 100명당 65세 이상 인구 비율이 65.7%에 달한다. 2000년에는 10%에 불과했다. 그만큼 경제 활동 가능 인구가 짊어져야 할 부담이 커진다는 의미다.

젊은 세대들의 평균 수명은 지금보다도 늘어날 것이다. 곧 평균 수명이 100세를 넘길 날도 멀지 않았다. 이런 인구 구조의 변화는 경제 활동의 구조가 근본적으로 변할 수밖에 없다는 것을 의미한다. 하나의 직업으로 평생을 먹고사는 시대는 이미 지나갔다. 대기업에 입사해 그곳에서 평생 일하다가 은퇴해 편안한 노후를 보내는 시나리오는 이제 옛날 일이다. 미국 노동부는 현재 미국 학생들은 38세가 될 때까지 최소 10∼14개의 직업을 가질 것으로 예측했다. 학생의 나이를 20세라고 가정하면 평균 1.5년에 한 번씩 직업을 바꾼다는 의미다.

기술이 발달하고 경제 구조가 변하는 만큼 사라지는 직업도 있고 새로 생기는 직업도 있다. 현재 대학의 많은 전공은 불과 10년 전만 해도 존재하지 않았던 것이다. 또한 공학이나 경영학과 같은 분야는 대학에서 가르치는 지식의 반 이상이 2년 안에 완전히 낡은 것으로 바뀐다. IT 업계에서 우수한 프로그래밍 인재가 나오지 않는다고 불평하는 이유는 대학의 교과 과정이 시대 변화를 제대로 반영하지 못하고 낡은 지식을 가르치기 때문이다.

이처럼 급변하는 사회에서 세대 차이는 단순히 서로 간의 불평불만을 넘어서 세대 간 단절을 가져올 수 있다. 사회의 발전 과정에서 기성세대가 겪었던 시행착오에 대한 조언을 젊은 세대는 '꼰대들의 잔소리'로 치부하는 경향이 있으며, 젊은 세대들의 참신한 아이디어나 도전을 기성세대는 '멋도 모르는 새로운 기술'이라 여겨 참신한 아이디어를 받는 데 소홀히 하게 된다. 사회적으로 큰 비용이 발생한다. 결과적으로 미래의 가능성을 잃어버리는 것이다. 그렇다면 기성 세대와 젊은 세대는 서로 어떻게 소통해야 하는 걸까?

▌커뮤니케이션을 ▌어떻게 할 것인가

젊은 세대와의 소통을 위해서 가져야 하는 자세는 '외국인을 대하는 것처럼 서로의 가치관과 세계관을 존중해야 한다'는 것이다. 같은 국민, 같은 사회라고 해서 자신의 가치관만을 강조하는 것은 오히려 소통의 단절을 가져온다.

커뮤니케이션은 서로 관계를 맺고 자신이 가진 내용을 전달하는 것이다. 커뮤니케이션의 핵심 기능 두 가지는 '관계'와 '내용'이다. 원활한 커뮤니케이션을 위해서는 관계를 잘 맺고 내용을 효과적으로 전달하는 것이 중요하다.

그렇다면 어떻게 커뮤니케이션 능력을 키울 수 있을까? 커뮤니케이션은 단순히 서로 이야기를 주고받는 것이 아니다. 진정한 커뮤니케이션은 서로를 존중하고 이해해야만 가능하다. 단순히 상대방만 존중해서도 안 된다. 나를 존중하고, 상대를 존중하는 것이 핵심이다. 이를 '존중력'이라고 한다. 나와 상대방을 존중해야만 서로의 강점과 장점을 볼 수 있으며, 이를 기반으로 커뮤니케이션이 이루어져야 서로에 대한 호감으로 이어진다. 호감에 뿌리를 둔 커뮤니케이션은 사무적인 관계보다 훨씬 깊고 끈끈한 관계를 만든다.

젊은 세대와의 커뮤니케이션도 마찬가지다. 먼저, 기성세대의 입장에서 젊은 세대를 '아무것도 모르는 젊은 친구'라고 치부하면 절대 커뮤니케이션을 할 수 없다. 앞서 말했듯이 젊은 세대가 자라 온 환경은 기성세대와 전적으로 다르다. 따라서 젊은 세대가 자라 온 환경을 존중하고, 그들이 가진 능력 · 강점 · 장점을 존중해야 한다. 기성세대가 가진 가치와 다르다고 이를 무시하거나 존중하지 않으면 절대 호감이 생기지 않으며 서로 간 커뮤니케이션 역시 불가능하다.

두 번째는 '장점에 집중하라'는 것이다. 우리나라는 지금까지 각자가 가진 약점을 지적하고 이를 보완해 조금이라도 완벽한 사회를 만들기 위해 노력해 왔다. 하지만 이런 방식은 결국 발전에 한계가 있다. 장점은 그대로 두고 비어 있는 약점만 보완하면 결국 파이를 크게 만들기보다 파이의 비어 있는 부분만 채우는 형식이기 때문이다. 이 때문에 약점에 치중하는 것은 발전에 도움이 되는 커뮤니케이션 방식이 아니다.

반면 장점에 집중하면 개인을 스페셜리스트로 키울 수 있다. 그 사람이 가진 장점만 특화시켜 특정 분야의 전문가로 만들 수 있다는 의미다. 이렇게 장점에 집중하려면 어떻게 해야 할까? 장점이 지닌 가장 큰 특징은 보려고 하는 사람에게만 보인다는 것이다. 약점과 잘못은 누구나 지적할 수 있지만 장점은 보려고 노력하지 않으면 쉽게 찾을 수 없다. 이 때문에 누구나 장점이 있다는 생각을 하고 이를 보기 위해 노력해야 한다. 뛰어난 업적을 남긴 예술가, 운동선수, 기업가는 대부분 장점에 집중해 이를 키운 사람들이다. 그리고 이들 뒤에는 장점에 집중해 소통해 준 조력자들이 있었다. 헬렌 켈러의 조력자였던 설리번 여사가 대표적이다.

좋은 커뮤니케이션은 좋은 리더십

왜 젊은 세대와 커뮤니케이션을 잘해야 할까? 결국 좋은 커뮤니케이션은 좋은 리더십을 발휘할 수 있도록 해 주기 때문이다. 리더십을 발휘한다는 것은 구성원들에게 행복을 나눠 주는 일이다. 행복을 나눠 준다는 것은 상대방의 강점을 발견하고 그것이 잘 발휘될 수 있도록 배려해 주는 것을 의미한다. 또 상대방의 강점을 발견하고 배려하는 것은 상대방을 존중한다는 의미다. 이는 결국 좋은 커뮤니케이션을 할 수 있는 방법과 연결된다. '리더십=행복을 나눠 주는 것=상대방의 강점을 발견하고 존중하는 것=좋은 커뮤니케이션'으로 연결되는 것이다.

새로운 가치를 발견하는 것 역시 소통의 몫이다. 모든 가치는 인간관계를 통해서 생겨난다. 혁신적인 제품도 개발자, 기획자, 마케터 등의 소통을 통해 개발된다. 마크 주커버그는 하버드 대 동창들과 관계를 맺으면서 '이들이 모여 소통할 수 있는 공간을 만들자'는 의도로 페이스북이란 서비스를 만들었다. 구글 역시 스탠퍼드 대학원에서 만난 세르게이 브린과 래리 페이지의 관계의 산물이다. 구글 안에서도 서비스를 만들기 위해 수많은 개발자, 기획자, 마케터 등이 서로 관계를 맺고 소통하며 새로운 가치를 만들었다. 관계 없이 홀로 가치를 만드는 것은 현대 사회에 절대 존재하지 않는다. 그리고 이런 가치는 결국 내가 얼마나 많은 인간관계를 맺고 있는지에 따라서 달라진다. 결국 내 삶의 인간관계 총합은 나의 가치를 의미하는 셈이다.

마지막으로, 젊은 세대와의 소통, 리더십, 가치 창출을 위해 갖춰야 할 자세는 '긍정적인 정서'와 '감사하기'다. 자신과 다른 가치관 및 생각을 가진 젊은 세대와 소통할 때에는 결국 부정적인 생각을 할 수밖에 없다. 그들의 자유분방함이 기성세대에게는 방만함으로 보일 수 있고, 창의성은 '터무니없는 생각'으로 보일 수 있다. 하지만 이를 긍정적인 방향으로 생각하는 습관을 들여야 한다. 뇌도 습관의 산물이다. 긍정적인 정서를 습관적으로 가지는 것이 결국 나중에는 의도하지 않아도 긍정적인 면을 볼 수 있게 만든다.

이를 위해서는 우선 스스로를 긍정적으로 보는 것이 필요하다. 자신이 가진 창의성, 자발성을 보고 먼저 칭찬을 해 준다. 그리고 다른 사람들을 한번 보자. 다른 이들의 모습 역시 긍정적으로 보이고, 장점을 손쉽게 찾을 수 있을 것이다. 이는 결국 좋은 소통으로 이어지고, 뛰어난 리더십으로도 연결된다. 감사하는 것은 긍정적인 정서를 가지면 자연스레 따라온다. 나를 긍정적으로 보고 상대를 긍정적으로 보면 나와 상대에 대해 감사할 수밖에 없다. 그리고 감사에 대해 생각하면 사람의 뇌와 몸은 최적의 상태를 유지하고, 훨씬 더 높은 효율성을 보인다.

궁극의 선택
– ABC 디자인이란
무엇인가

권영걸
(주)한샘 사장 · 서울대 디자인학부 교수

서울대 응용미술과를 졸업하고, 서울대 환경대학원 환경조경학과를 수료했다. 미국 캘리포니아 대 대학원에서 디자인학 석사를, 고려대 대학원 건축공학과에서 공학 박사를 받았다. 《나의 국가디자인전략》, 《공간디자인의 언어》, 《공공디자인 행정론》, 《서울을 디자인한다》, 《공간디자인16강》, 《색채와 디자인비즈니스》, 《한·중·일의 공간조영》 등 38편의 책을 저술했으며, 공간 디자인, 공공 디자인, 색채 디자인에 관한 여러 논문을 국내외 학회에서 발표했다. 인류 건축 문명권 75개국 680여 도시를 현지 조사하는 등 지구촌의 공간 문화와 인간 행태에 관한 흔적을 탐사했고, 특히 한·중·일 삼국 공간의 유형학적 비교에 관한 많은 연구물을 발표했다. 2007년부터 서울시 부시장 겸 디자인서울총괄본부장으로 '디자인서울' 정책을 기획하고 총괄 추진해 온, 이론과 행정을 겸비한 우리나라 최고의 도시 공공 디자인 전문가이다. 한국공공디자인학회 창설을 주도했으며, '디자인의 공개념'을 최초로 제시한 인물이다. 이 공로로 창조경영대상2009를 수상했고, 국가로부터 황조근정훈장을 수훈했다. 대통령 직속 녹색성장위원회 위원, 서울디자인재단 이사장, 한국색채디자인학회 회장, 국회 공공디자인문화포럼 공동 대표 등을 역임했다. 서울대 미술대학 디자인학부 교수로 공간 디자인과 공공 디자인을 지도했고, 서울대 미술대학 학장, 서울대 미술관 관장을 역임했다. 현재 (주)한샘의 사장이다.

산업 혁명 이후 과학 기술의 힘에 의해 자연에 대한 인간의 무차별적 개입이 시작되었다. 20세기 초 새로운 사고, 새로운 조형을 향한 혁명의 열기로 시작된 모더니즘은 자연에 대한 인간의 이기적 만행을 더욱 촉진하는 동인이 되었다.

'ABC 디자인(Agri-Bio Centered Design)'은 20세기 모던 디자인의 목표와 가치를 맹종해 온 필자의 참회록이자 고백록이다. 지난 세기 두 천재의 생각을 반추하는 것으로 논의를 시작하고자 한다.

직선은 인류의 모든 역사 속에, 모든 의도 속에, 모든 행위 안에 있다. 느슨하고 느긋한 도시는 정복되며 흡수된다. 현대 도시의 건물, 차도, 보도는 직선을 필요로 한다. 곡선은 비용이 많이 들고 위험하며 교통을 마비시킨다.

- 르코르뷔지에, 《빛나는 도시》

도시에 화려한 고향이 있다. 활엽수만으로 된 이 산이 고향의 시각을 가려 버린 이 산촌에는 철골 전신주만이 도시의 소식을 부호로 전하는 것 같다. 일망무제(一望無際)의 초록색이 조물주의 몰취미와 신경의 조잡성으로 말미암은 지구의 공백인 것을 발견하고 놀라지 않을 수 없었다.

- 이상, 〈十二月十二日〉

지난 세기에 살았던 건축과 문학의 두 천재의 어록을 통해서도, 우리는 산업 혁명 이후 근대 사회를 지배해 온 기계론적 세계관, 과학적 물질론을 엿볼 수 있다. 합리와 객관, 기능과 효율 중심의 시대적 패러다임은 세계를 자기 성찰이 결여된 산업화로 몰아갔다. 전체적 시각을 잃어버린 시대는 그 과정에서 무차별적인 자원의 남용과 오염원의 배출로 자연 생태계의 황폐화를 몰고 왔고, 사람들의 무절제한 욕망과 이기심은 환경 파괴를 가속화했다. 이러한 과정에서 디자인은 자연과 인공물 간의 질서를 중재하는 순리의 방책이 되지 못했고, 되레 파괴와 황폐화를 촉진하는 수단이 되는 등 역리의 계책으로만 활용되었다. 생태계와 인간의 이러한 꼬인 관계는 개인적 윤리와 사회적 윤리의 어긋남, 체제의 모순, 정치적·경제적 이데올로기의 충돌 등이 복합되어 있는 문제로 발전해 갔다.

지난 세기의 산업주의는 태생적으로 환경 파괴의 속성을 지닌 체제로, 그 파괴의 속도를 따라잡을 수 있는 대안을 스스로 찾을 능력을 갖지 못했다. 당시 디자인은 산업이라는 맥락에서 상업적 가치 창출을 위한 수단으로만 이해되었다. 디자인에 대한 편협한 이해 방식은 우리로 하여금 삶에서 디자인이 실제로 수행할 수 있고 수행해야 하는 다양한 사회적·문화적·환경적 역할을 외면하게 했다. 기능과 효율 중심의 세기, 개발과 이윤의 극대화를 좇던 20세기는 디자인의 오용·남용으로 자연환경의 혹사를 몰고 왔고, 인간 소외의 문제를 낳았으며, 지구 생물 환경의 균형을 파괴해 인류 문명을 파국으로 치닫게 했다.

세기의 문지방을 넘어올 무렵 사람들은 새로운 세기는 3D의 시대가 될 것이라고 말했다. 3D는 생명 공학을 이르는 DNA, 인류의 삶 전반에 변혁을 몰고 온 디지털(Digital), 그리고 사물에 영혼을 불어넣고 새로움을 창조하는 디자인(Design)을 말하는 것이었다. 그러나 놀라운 것은 새 시대를 이끌어 갈 동력으로 예찬되던 디자인이 세기 초 10년을 넘기기도 전에 지구 환경과 생태계 질서를 교란하는 주범으로 지목되고 있다는 사실이다. 디자인에 대한 그들의 적대감과 반론을 들어 보면, 아이러니하게도 모든 것이 합력하여 악(惡)을 이룰 때, 악의 세력 우편에 디자인이 있었다는 것이다.

디자인의 역기능에 대한 반성적 차원에서 그동안 그린 디자인(Green Design), 지속 가능 디자인(Sustainable Design), 에코 디자인(Eco-Design), 공생 디자인(Symbiosis Design) 등이 논의되었고, 그 실천으로 생체 모방 디자인(Biomimicry Design), 파라메트리시즘(Parametricism) 등이 대안적 방법으로 떠올랐다. 하지만 그들 모두 지구 환경이 직면한 문제들의 특정 상황에 초점이 맞추어져 있어 환경이라는 유기체를 총체적으로 회복시키고 치유하기 위한 대안으로는 부족함이 있었다. 이에 그 모든 것을 망라하는 전일적인 대안으로 'ABC 디자인'을 제안하는 것이다.

ABC 디자인은 자연과 인간의 건강이 제1목표

지난 세기의 디자인은 상업적인 목적을 위해 욕망을 만들고, 그에 대한 갈증과 결핍을 만성화시키는 역할을 담당했다. 또한 소비 주기의 단축을 위해 제품의 계획적 진부화와 의도적 폐기 프로그램까지 정교하게 구사하는 부도덕을 일상화했다. 이는 초국적 기업의 발생과 그 궤를 같이하며, 지구촌의 더 많은 곳에 유통 판매하기 위해 디자인에서 시간과 공간의 맥락을 제거했다. 전 세계의 도시와 건축이 맥락성을 상실한 채 동질적인 모습을 띠고 있는 것처럼 디자인에서도 탈맥락의 경향이 심화되었다. 20세기 디자인에는 사람과 사람, 인간과 자연의 연결을 사람과 물질의 고리로 대체시킨 원죄가 있다.

이제 디자인의 궁극의 목표는 자연의 도를 따르고 인간을 섬기는 것으로 바뀌어야 한다. 즉 생태적 건강성의 확보가 제1의 목표가 되어야 하는 것이다. 인간과 자연, 그리고 인간의 작위에 의해 구축되는 일체의 인공 환경은 전일성에 기초해야 하며, 상호 유기적인 관계망으로 연결되어야 한다. 아울러 인공 환경에서 배출되는 다양한 부산물은 재활용과 재사용이 가능하도록 디자인되어야 하고, 궁극적으로는 자연으로 회귀될 수 있도록 설계되어야 한다. 이것이 ABC 디자인의 제1원칙이자 모든 디자인의 전제가 되어야 한다. 이 원칙 아래 새로운 디자인 행동 강령이 수립되어야 한다.

ABC 디자인은 잉태하고 돌보고 가꾸는 것

프리초프 카프라는《생명의 그물》에서 다음과 같이 말하고 있다.

'이제 쇠망해 가는 문화는 기계론적이고 분석적이며, 사변적이고 물질적이며, 개인 지향의 남성적이고 양(陽)적인 특성을 지니고 있다. 반면 새로이 떠오르는 문화는 시스템적이고 종합적이며, 직관적이고 정신적이며, 환경에 민감한 여성적이고 음(陰)적인 특성을 지닌다.'

우리 시대는 기계론적 세계관에서 유기론적 세계관으로의 전환과 함께 과잉 확장주의자의 남성형 비전에서 생태적으로 건강한 여성형 비전으로 논의가 옮겨 가고 있다. 그러한 변화의 기저에는 여성성이 자리 잡고 있다. 이원론적 지배 논리로 특징지을 수 있는 서구의 자연관 및 인간관이, 유기론적 조화와 상생에 기초한 동양적 사유 체계를 참조하기 시작한 지 반세기를 넘어서야 디자인 사고에 수용되고 있다.

ABC 디자인은 전일적 세계관에 기초한 접근, 그리고 공감, 양육, 나눔, 치유 등의 가치를 바탕으로 한 여성성의 디자인이다. 그것은 속도와 정복의 이데올로기를 넘어 인간의 복합적인 감정에 공명할 수 있도록 도구와 공간의 디자인에 자연성을 불어넣는 것을 목표로 한다. 환언하면 ABC 디자인은 사물과 인간이 상호 반응하는 생태적 환경을 이끌어 내는 디자인이다.

ABC 디자인은 더불어 하는 것

도시화는 미래 사회의 핵심적인 화두이다. 도시로의 급격한 인구 유입은 도시의 '삶의 질'을 악화시켰고, 도시민들의 정서적인 여유를 빼앗아 갔다. 교육, 교통, 환경, 범죄, 공기, 수질에서부터 소통, 건강, 고독에 이르기까지 인류가 직면한 문제가 현대 도시의 문제와 대부분 겹치는 것을 보면, 인류 최대의 발명품이라는 도시는 ABC 디자인의 원칙과 행동 강령을 적용해야 할 1차적인 대상이다. 관습적인 디자인 대상들은 이제 근본적인 항목으로 대체되어야 한다.

시민들은 자신의 먹을거리에 관심을 갖게 되었고, 내 손으로 가꾼 농산물을 가족에게 공급하고 싶어 한다. 도시의 빈터에서 광장까지, 공동 주택의 공공 공간에서 옥상 발코니까지 채원이 만들어지고, 생산적인 여가 활동인 도시 농업이 확산되고 있다. 요제프 보이스는 '모든 사람이 예술가'라고 했고, 빅터 파파넥은 '모든 사람이 디자이너'라고 했다. 이제 생산자인 동시에 소비자인 프로슈머(Prosumer)의 개념이 도시와 산업의 모든 부문으로 확대되고 있고, 프로슈밍 디자인(Prosuming Design)이 사회 환경 문제에 대한 대안적 방법으로 부상하고 있다. ABC 디자인은 주민이 스스로 참여하는 프로슈밍 디자인을 통해 도시 생태계의 보전과 사회 공동체의 회복에 도움을 주며, 종국에는 인간과 자연이 조화롭게 공생할 수 있는 도시를 만드는 데 기여한다.

ABC 디자인은 진화를 지향하는 것

전통적으로 디자인은 전문가들의 논리적이고 귀납적인 방법에 의해 결정론적인 경로를 따라 이루어졌다. 그러나 ABC 디자인은 창의적 디자인의 발생학적인 속성을 존중하며, 시스템에 내재하는 자율적인 논리에 의한 창발(創發)을 디자인의 새로운 방법으로 채택한다. 관습적인 디자인이 조형에서 유일무이함을 추구하고, 발상에서 기성의 상태에 대한 전복(顚覆)을 꾀했다면, ABC 디자인은 주어진 문제에서 최적화를 추구하고, 시공간적 맥락성을 기반으로 하는 것이다. 전자가 혁명을 추구하는 태도라면, 후자는 진화를 지향하는 디자인 이념인 것이다. 재닌 베뉴스는 자신의 저서 《생체 모방 : 자연이 가져다준 혁신(Biomimicry : Innovation Inspired by Nature)》에서 '우리는 자연에 대해 배우기보다 자연으로부터 배워야 한다'라고 주장한다.

이제 디자인은 그 대상이 사물이든 공간이든 자연 생태계의 순환 시스템 원리를 적용함으로써 에너지, 공해, 자연재해 등 인간으로 인해 빚어진 지구 생물 환경의 문제를 전일적 관점에서 해결해 나가는 것을 지상의 목표로 삼아야 한다. ABC 디자인은 자연에서 환기된 형태 이미지를 복제하는 것에 그치지 않고, 38억 년간 멸망하지 않고 끊임없이 스스로를 갱신하며 존속시켜 온 '자연'이라는 시스템에 내재된 원리에서 출발하는 디자인이다.

▍ABC 디자인은 ▍제조가 아닌 재배되는 것

시어도어 로작은 "우리는 자연 환경이 '있다'는 사실과, 산업화 이전의 사람들이 수천 년 동안 그 세계와 친밀한 관계를 맺으면서 자신의 생각과 자신이 만들어 낸 물건들을 자연이라는 외적인 힘과 조화시키려 노력해 왔다는 사실을 간과해서는 안 된다"라고 말했다.

산업화가 진행되기 이전의 전통 사회에서는 적극적인 의미에서의 산업 폐기물은 없었다. 그러나 무분별하게 산업화를 부추겼던 인간의 무지, 고삐 풀린 욕망, 산업 체제에 내재된 파괴적 속성 등으로 인해 인류는 자신을 위협하는 환경 문제에 직면하게 되었다. 이제 삶을 위한 도구, 상생을 위한 주거, 커뮤니티, 도시 등을 위해 인공 환경의 구축은 생명의 매트릭스로 재설계하고 재조정하는 새로운 방법론을 요구하고 있다.

ABC 디자인은 결과물들이 생성과 소멸이라는 자연의 섭리에 순응하도록 설계하는 것을 전제로 한다. 따라서 관습적인 디자이너의 역할에 새로운 변화가 일어나고 있다. 산업 시대의 디자이너는 제품 제조나 공간

구축 과정에 적극 개입하여 생산성과 효율을 높이는 한편, 사물의 미려함을 통해 시장에서의 성공을 꾀하는 직업인이었다. 그러나 ABC 디자이너는 오직 제한된 범위 내에서만 과정에 개입할 뿐 전통적인 선형적 디자인 과정에서는 한발 물러나 있다. 그는 제조와 구축의 조건을 부여하는 역할만을 담당하며, 나머지 과정은 자기 조직화 또는 자생성에 의존한다.

> 우리가 지향하는 바를 바꾸지 않는다면, 지금 가고 있는 곳에서 막을 내릴 수밖에 없다.
>
> — 중국 격언

인류는 생태 환경에 대한 각성과 디자인에 대한 사고의 전환으로 스스로가 초래한 위기 상황을 벗어날 수 있다. 그래서 ABC 디자인은 인류가 취할 수 있는, 그리고 오늘의 디자이너들이 취해야만 하는 '궁극의 선택'인 것이다. 그것은 20세기의 전문가들이 쪼개 놓은 여러 갈래의 디자인 영역들을 꿰어 관통하는 보편 이데올로기이자 마지막 행동 강령이다. ABC 디자인! 그것은 우리 시대의 디자인 사상, 이념, 가치, 지식, 기술, 방법의 재정의를 촉구하며, 새로운 직업 윤리와 사회적 책무를 요구하고 있다. 그것은 우리 사회와 우리 시대의 디자이너들에게 던지는 최후통첩이다!

1. 생명이 자본이다

이어령 지음 | 마로니에북스 | 2013

'나'의 가치를 새로이 세우고 싶은 사람이 읽으면 좋을 책이다. 저자가 말하는 생명 자본주의는 나의 삶을 생명 메커니즘에 일치시키며, 바이오필리아(생명애)를 통해 인간의 정신적 가치를 추구하는 이념이다. 이는 파국을 향해 치닫고 있는 욕망과 경쟁의 자본주의 문명을 넘어 사랑과 생명으로 나를 지키는 일이다.

2. 공간의 위로

소린 밸브스 지음 | 윤서인 옮김 | 문예출판사 | 2014

'나의 집'과 내가 정(情)을 교환하고 하나 되기를 원하는 사람에게 이 책을 권한다. 무생물인 공간이 말을 걸어 오고, 물질의 덩어리인 나의 집(House)이 사랑이 넘치는 가정(Home)이 될 때 나와 나의 가족은 치유되고 회복된다. 우리는 진정 나를 나 자신으로 존재하게 하는 '영혼의 공간'을 창조하는 방법을 알아야 한다.

3. 나의 국가디자인전략

권영걸 지음 | 김영사 | 2014

'나의 나라'를 최고의 문명국으로 디자인하고 싶은 사람에게 이 책을 권한다. 우리나라의 강점과 우리 민족의 잠재력을 원료로 글로벌 경쟁력을 도출하는 방법을 제시하는 이 책은 대한민국을 문화 강국, 창의 대국으로 만들어 가는 방법에서부터 도약하는 통일 한국으로 이루어 나갈 전략까지를 제시하는 코리아 디자인 액션 플랜이다.

상상력에
테크놀로지를
입혀라

홍상표
전 한국콘텐츠진흥원장

언론계, 정계를 두루 거친 콘텐츠 전문가다. 한국외국어대 정외과를 졸업하고 1982년 연합통신에 입사해 정치부 기자로 일했고, 1995년 YTN이 개국하면서 자리를 옮겨 사회부장, 정치부장, 국제부장 등을 거쳐 보도국장, 경영기획실장, 상무 이사로 일했다. 이명박 대통령 시절이던 2010년 청와대 홍보수석 비서관을 지냈고, 한국외국어대 겸임 교수와 한국콘텐츠진흥원장을 역임했으며, 현재는 국민대 언론정보학부 초빙 교수로 재직 중이다. 오랫동안 통신사, 방송사 기자 생활을 해 콘텐츠의 흐름을 분석하는 데 탁월한 능력을 가진 것으로 평가받는다.

사과는 수천 년 전부터 아시아와 유럽을 비롯해 전 세계에서 재배해 온 과일이다. 오래된 역사만큼이나 여러 문화권에서 종교적, 문화적으로 상징적인 의미를 지니고 있다. 기독교 문명의 탄생을 알린 아담과 이브의 사과, 수많은 문학 작품의 모티브가 된 트로이 전쟁의 원인이던 황금 사과, 아들의 머리 위에 올려놓은 사과를 명중시킴으로써 스위스 건국의 계기가 되었던 빌헬름 텔의 사과, 만유인력에 대한 힌트를 제공함으로써 근대 과학의 시대를 연 아이작 뉴턴의 사과, '사과로 파리를 지배하겠다'고 선언하며 현대 미술의 시작을 알린 폴 세잔의 사과 등 인류 역사의 결정적인 순간에 사과보다 더 자주 등장한 과일은 없다.

오늘날에도 사과의 영향력은 여전하다. 사과가 중요한 역할을 하는 월트 디즈니 사 최초의 극장용 장편 애니메이션 〈백설공주와 일곱 난쟁이〉는 선풍적인 인기를 끌며 당시 모든 흥행 기록을 갈아 치우며 영화 역사의 흐름을 바꿔 놓았다. 스티브 잡스의 사과(애플)도 빼놓을 수 없다. 한쪽 귀퉁이를 베어 먹은 사과 모양의 로고가 달린 애플의 스마트폰, 태블릿 PC 등은 정보 통신 업계는 물론 세상을 완전히 바꿔 놓았다.

그리고 하나의 사과가 더 있다. 바로 '아오모리 사과'다. 일본 열도 중 가장 큰 섬인 혼슈 최북단에 위치한 아오모리 현은 예로부터 사과 생산지로 유명하다. 일본 사과의 절반 이상이 이곳에서 재배된다. 1991년 9월 최대 풍속이 초속 50미터에 달하는 슈퍼 태풍 미레유가 아오모리 현을 덮쳤다. 이 때문에 수확을 눈앞에 둔 사과 90%가 낙과 피해를 입었다. 그나마 나무에 붙어 있던 나머지 사과들도 상처를 많이 입어 제값을 받고 팔 수 있는 사과는 거의 없었다. 하지만 모두의 우려와는 달리 이 해에 아오모리 현이 사과 판매로 거둔 수익은 평년에 비해 30%가량 많았다. 과연 어떤 일이 있었던 걸까?

절망적인 상황에서 기적과도 같은 결과가 나올 수 있었던 이유는 사과 재배 농민들의 기발한 아이디어 덕분이었다. 이들은 수확한 사과들이 강력한 태풍에도 떨어지지 않았다는 점에 착안해 '시험에 절대로 떨어지지 않는 합격 사과'라는 브랜드를 만들었다. 그리고 이 사과를 일본 전역의 입시를 앞둔 학생과 학부모들에게 보통 사과보다 열 배 정도 비싸게 팔았다. 우리나라 못지않게 교육열이 높은 일본에서 이 아이디어는 엄청난 성공을 거두었다. 아오모리 합격 사과의 성공은 아이디어와 상상력을 바탕으로 한 스토리텔링의 산물이다. 태풍에도 떨어지지 않았던 사과들이 하나의 브랜드로 다시 태어나 지역 경제를 살린 히트 상품이 된 것이다.

이제 세계는
창조적 패러다임 시대

최악의 위기를 최고의 기회로 만든 아오모리 현의 '합격 사과'는 '상상력'의 산물이다. 상상력은 현대 경제의 흐름을 좌우할 가장 중요한 요소가 되었다. 상상력이 기술 개발을 자극하고, 새로운 기술이 더 창의적인 결과들을 이끌어 내면서 새로운 부가 가치를 만들어 가고 있다. 이미 '창조', '상상력', '이야기'는 글로벌 경제를 이끌고 나가는 힘으로 자리 잡았다. 창조 경제(The Creative Economy)라는 개념을 처음 제시한 영국의 경영 전략가 존 호킨스는 "다가올 사회에서 재화를 생산하는 핵심 역량은 '창의성'이 될 것이다"라고 말했다.

미래학의 대가인 코펜하겐 미래학연구소장 롤프 옌센은 우리 사회가 이성 중심에서 감성 중심으로 변화하고 있다고 분석하면서 현재의 정보 기술 이후 도래할 사회에서는 꿈이나 이야기 같은 감성적인 요소가 경제와 문화를 비롯해 사회 모든 분야에서 위력을 발휘할 것이라고 예측했다. 그는 이 사회에 '드림 소사이어티(Dream Society)'라는 이름을 붙였다. 꿈과 감성을 파는 사회인 드림 소사이어티에서는 소비자가 제품보다는 제품에 담긴 이야기를 살 것이다. 앞으로 트렌드를 주도할 상품은 기술이나 가격 같은 이성적인 요소보다는 감성적인 요소에 좌우될 것이라는 의미다.

스토리의 중요성이 가장 잘 드러나는 영역은 스토리 자체가 상품이 되는 대중문화 콘텐츠일 것이다. 대중문화 콘텐츠는 문화적인 요소 위에 상상력과 기술이 결합해 만들어진다. 드라마, 영화, 게임 등 콘텐츠는 상상력이나 기술 중 어느 것 하나만 없어도 제대로 만들어질 수 없다. 게다가 잘 만든 콘텐츠의 경제적 부가 가치와 문화적 영향력이 매우 크기 때문에 콘텐츠 산업은 창조 경제에 가장 잘 들어맞는 산업이다.

콘텐츠 산업은 기술 발전과 더불어 빠르게 변하고 있다. 예를 들어 과거에는 엄청난 제작비를 들인 할리우드 영화에서만 볼 수 있었던 컴퓨터 그래픽이 드라마, 뉴스는 물론 이제는 일반인들이 만든 영상에서도 볼 수 있을 만큼 흔해졌다.

콘텐츠 산업은 고부가 가치 산업이다. 부가 가치율, 부가 가치 유발 계수, 영업 이익률 모두 전체 산업 평균이나 제조업, 서비스업보다 높다.

2013년 독일 자동차 기업 폴크스바겐은 292조 4000억 원의 매출을 기록하고, 영업 이익은 17조 3000억 원을 기록했다. 월트디즈니는 68조 1000억 원의 매출을 기록해 폴크스바겐의 4분의 1도 안 되는 수준이었지만, 영업 이익은 14조 5000억 원으로 거의 비슷한 수준이다. 영업 이익률은 폴크스바겐이 5.9%인 데 비해 월트디즈니는 21.3%에 달한다.

'클래시 오브 클랜(COC)'으로 유명한 핀란드의 모바일 게임 개발사 슈퍼셀의 실적은 더욱 놀랍다. 2014년 슈퍼셀의 매출은 약 1조 9000억 원, 영업 이익은 약 6300억 원으로 영업 이익률이 30%를 넘는다. 놀라운 사실은 단 3개의 게임만으로 이런 실적을 기록했다는 점이고, 그보다 더 놀라운 것은 슈퍼셀의 직원이 160여 명에 불과하다는 점이다. 단순하게 계산하면 1인당 120억 원 정도의 매출과 40억 원의 영업 이익을 기록한 셈이다. 핀란드의 대표 기업이었던 제조업 중심의 노키아가 사라진 자리를 콘텐츠 기업 슈퍼셀이 채우고 있다는 점은 많은 것을 의미한다.

또 콘텐츠 산업은 타 산업, 제품, 서비스와 연계해 다양한 파급 효과를 낸다. 수출입 은행은 문화 상품의 수출이 100달러 늘어날 때 소비재 수출은 412달러가 늘어난다고 밝혔다. 예를 들어 드라마 〈별에서 온 그대〉가 해외에서 큰 인기를 얻으면 드라마에 나온 코트, 가방 등 각종 제품을 해외 소비자들이 산다.

기술 발전에 따라 콘텐츠의 소비 방식도 변하고 있다. 그중 대표적인 것이 스트리밍이다. 스트리밍은 영상이나 음악을 다운로드 하지 않고 실시간으로 재생할 수 있는 기술로 1995년에 처음으로 상용화되었다. 데이터가 물 흐르듯이 처리된다고 해서 '스트리밍'이라는 이름이 붙었다. 얼마 전까지만 해도 영상이나 음악 파일을 이용하려면 해당 파일을 하드디스크 드라이브에 모두 다운로드 받아야 했지만 초고속 통신 기술과 스마트폰의 등장으로 컴퓨터나 휴대용 기기에 저장할 필요 없이 다양한 콘텐츠를 원할 때 바로 이용할 수 있는 스트리밍 방식이 대세로 자리 잡았다. 이는 콘텐츠 소비자들의 의식이 소유하는 것에서 접근하는 것으로 변화했음을 의미한다.

2010년 이후 주요 국가 스트리밍 시장 규모는 매년 50% 이상 급성장한 반면, 다운로드 방식의 음원 판매는 영국과 미국에서 2014년 사상 처음으로 매출 감소를 기록하며 꾸준한 성장세가 꺾였음을 보여 주었다. 아이팟과 아이튠즈를 통해 세계 음원 시장에서 절대적 영향력을 행사했던 애플 역시 스트리밍 중심으로 서비스를 개편하고 있다. 스트리밍 서비스는 음악뿐만 아니라 영화나 방송 업계의 판도마저 바꿔 놓았다.

세계 최고 수준의 초고속 인터넷을 자랑하는 우리나라는 일찍부터 스트리밍 서비스가 자리를 잡았다. 최근에는 단순히 음악을 실시간으로 재생해 주는 차원을 넘어 원음 수준의 고품질 음원을 스트리밍 하거나 사용자의 취향에 맞는 음악을 자동으로 추천해 주는 큐레이션 서비스를 제공하는 등 스트리밍을 이용한 새로운 서비스를 선보이고 있다.

2000년 처음 애플이 인수해 서비스를 시작한 이래 줄곧 고속 성장해 왔던 애플의 콘텐츠 서비스 아이튠즈에서 2013년 처음으로 디지털 음원 매출이 하락했다. 이는 스트리밍 방식의 확산에 따라 콘텐츠 소비 방식이 바뀌었기 때문으로 분석된다.

콘텐츠 산업의 급부상 이유

해외에서는 이미 콘텐츠를 활용해 고부가 가치를 내는 기업들이 대거 등장하고 있다. 대표적인 곳이 미국의 동영상 서비스 업체인 넷플릭스다. 1997년 리드 헤이스팅스가 세운 넷플릭스는 우편으로 DVD의 대여와 반납을 서비스하는 회사로 출발했다. 당시 비디오 · DVD 대여 시장은 블록버스터라는 업체가 압도적인 점유율로 시장을 장악하고 있었다. 넷플릭스는 대여 기간을 넘기면 연체료를 내는 일반적인 대여점 과금 체계 대신 월 회비를 받고 대여해 간 영화를 반납해야 다른 영화를 빌릴 수 있는 방식을 택했다. 하지만 미국 전역에 5000여 개나 되는 점포를 소유한 블록버스터에 비하면 넷플릭스는 틈새시장을 공략한 것에 불과했다.

초고속 인터넷 망이 미국 대도시를 중심으로 대중화되고 모바일 시장이 급격하게 성장하면서 넷플릭스는 사업 영역을 대여에서 스트리밍으로 과감히 바꿨다. 넷플릭스의 변신은 대성공이었다. 넷플릭스에 월 7.99달러를 내고 스트리밍 서비스를 받는 회원만 5000만 명에 달한다. 과거의 DVD 대여 서비스를 받는 사람은 1000만 명도 되지 않는다. 넷플릭스는 미국 주문형 동영상(VOD) 시장의 50%, 미국 전체 인터넷 데이터의 30%를 차지할 정도로 대세로 자리 잡았다. 절대 망할 것 같지 않던 블록버스터는 시장 변화를 따라가지 못하고 2013년 파산을 선언했다.

넷플릭스의 행보는 이후에도 거침이 없다. 이미 미국의 대표적인 케이블 방송인 컴캐스트의 회원 수를 능가하고 북미 지역 인터넷 스트리밍 트래픽 순위에서도 유튜브를 압도할 정도다. 2013년 넷플릭스는 자사가 보유한 빅데이터를 분석해 자체 콘텐츠 제작에 나섰다. 1억 달러를 들인 드라마 〈하우스 오브 카드〉 시즌 1은 13편 전부를 한꺼번에 공개하는 획기적인 방식으로 큰 화제를 불러 모았을 뿐만 아니라 대중과 평단 모두에게 극찬을 받았다.

리드 헤이스팅스는 'TV 시리즈도 완결된 책을 한 권 내는 것처럼 한꺼번에 공개하고 소비자가 마음대로 콘텐츠를 소비하는 방식으로 바뀔 것'이라고 밝히며 넷플릭스의 사업에 맞게 기존 드라마 편성 방식의 고정 관념을 허물었다. 〈하우스 오브 카드〉 시리즈 외에도 여러 편의 대작 콘텐츠 제작에 나섰다. 테드 사란도스 넷플릭스 최고 콘텐츠 책임자(CCO)는 '넷플릭스는 결국 세계 최대의 콘텐츠 제작사가 될 것'이라며 포부를 밝혔다.

넷플릭스의 가장 큰 강점은 추천 시스템이다. 넷플릭스 서비스를 이용하는 고객의 75%는 추천 받은 영화를 본다. 넷플릭스는 '당신이 좋아할 만한 최고 영화 10개', '○○ 영화를 본 당신이 좋아할 만한 영화', '기분이 우울할 때 볼 낭만적인 영화' 등 서른 가지 정도의 항목으로 분류한다. 항목마다 영화 제목, 포스터 수십 개가 화면을 채운다. '즐겁다', '낭만적이다', '불합리하다' 등 자신의 기분 상태를 설정해 그에 맞는 영화를 추천 받을 수도 있다. 한마디로 철저히 개인화한 서비스다. 추천 시스템을 더욱 정교하게 만들기 위해 10억 원 규모의 추천 알고리즘 대회를 개최하기도 했다.

이런 서비스를 바탕으로 넷플릭스는 2014년 매출 55억 달러, 영업 이익 4억 달러를 기록했다. 매 분기 10억 달러가 넘는 매출을 기록하고 있는 데다 계속 성장하고 있다. 과거 케이블 방송이나 영화·드라마 제작 업체들이 하던 역할을 담당하기 시작하면서 앞으로 세계 시장까지 공략할 계획이다.

세계 최대의 소셜 네트워크 서비스(SNS) 업체인 페이스북 역시 게임을 중심으로 한 콘텐츠 비즈니스에 집중하고 있다. 페이스북은 지난 3월 미국 샌프란시스코에서 열린 게임 개발자 콘퍼런스(GDC)에서 월평균 3억 7500만 명이 자사 플랫폼을 이용해 게임을 한다고 밝혔다. 페이스북을 통해 뜬 대표적인 게임이 바로 영국 게임 회사 킹이 2012년 페이스북으로 공개한 퍼즐 게임 캔디 크러시 사가다. 이 게임은 월평균 이용자 수 4600만 명을 확보하며 페이스북에서 가장 인기 있는 게임이 되었다.

페이스북은 대부분의 수입을 광고로 올린다. 사용자 수가 늘면서 광고를 노출시킬 수 있는 사용자가 많아졌고, 이에 기업 광고주들이 대거 붙은 것이다. 실제로 페이스북의 최고 운영 책임자(COO) 셰릴 샌드버그는 2014년 2분기 실적 발표 현장에서 '페이스북에 광고를 하는 기업 수는

'150만 개'라고 밝혔다.

하지만 이와 함께 콘텐츠에도 집중하고 있다. 2014년 2월 마크 주커버 그는 '페이퍼'라는 앱을 선보였다. 단순히 사용자가 올리는 콘텐츠를 넘어 뉴스 콘텐츠 제공 기능을 합한 앱이다.

사용자는 각 분야별 뉴스를 자신이 선택해서 볼 수 있고, CNN, 포춘 등 주요 언론사가 페이퍼에 뉴스를 제공한다. 또 게임 역시 페이스북의 주요 먹거리로 자리 잡고 있다. 페이스북 친구들끼리 서로 게임을 하고 결과를 공유한다는 점에서 일반 게임과 다르다. 영국 킹 사는 캔디 크러시 사가를 출시하면서 세계 1억 명이 넘는 사용자를 확보했고, 기업 공개도 성공적으로 마쳤다. 캔디 크러시 사가를 개발한 킹 사는 한때 약 71억 달러의 기업 가치를 평가받기도 했다.

네이버의 성공 전략 역시 콘텐츠다. 네이버는 2001년 다음과 야후에 이어 국내 3위 포털에 불과했다. 하지만 2002년 '지식인'처럼 사용자들이 직접 만든 콘텐츠 서비스가 성공을 거두며 급부상했다. 다른 곳에는 없는 많은 콘텐츠를 독점하다 보니 사용자가 저절로 모였다. 2004년 국내 포털 업계 1위를 차지한 이후 지금까지 부동의 1위를 지키고 있다. 이는 콘텐츠가 IT 서비스에서 얼마나 중요한 역할을 하는지를 보여 준다.

콘텐츠와 스토리텔링

'가수로 성공하려면 스토리가 있어야 한다.'

휘트니 휴스턴, 브리트니 스피어스, 비욘세, 저스틴 팀벌레이크의 음반을 제작하고 그래미상을 여섯 차례나 받은 미국의 유명 프로듀서 하비 메이슨 주니어의 말이다. 앞으로 음악 시장에서 성공을 거두기 위해서는 단순히 음악만 좋아서는 안 되고 가수, 음악에 스토리가 담겨 있어야 한다는 것이다. 이미 노래를 잘하는 사람은 많다. 거기에 용모와 춤 실력까지 갖춘 사람도 얼마든지 있다. 엔터테이너 숫자가 기하급수적으로 폭증하면서 사용자가 수많은 음악 콘텐츠 가운데 하나를 '선택'하는 시대다. 비슷비슷한 질의 콘텐츠를 두고 선택할 때 큰 영향을 미치는 요인이 바로 스토리다. 스토리가 재미, 감동을 몇 배로 만든다.

스토리는 단순히 문화 콘텐츠에만 국한되지 않는다. 기업 브랜딩, 마케팅, 교육, 정부 정책 등 다양한 분야에서 스토리가 소통을 위한 핵심 요소로 떠오르고 있다. 스토리는 기업 내 조직 커뮤니케이션부터 관리자의 리더십 발휘까지 모든 경영 활동에 핵심적인 요소다. 또 출시하는 신제품에 의미를 부여하는 데도 스토리는 중요한 역할을 한다. 사람들은 이제 단순히 물적 개념으로 상품을 소비하는 것이 아니라 제품과 관련된 이야기를 통해 정서를 공유하고 이미지를 소비하기 때문이다. 콘텐츠 산업에서 스토리는 제조업에서 부품·소재가 하는 역할을 한다. 차이가 있다면 스토리는 제조업뿐 아니라 유통, 부동산, 미디어를 포함한 모든 산업에서 쓰는 부품·소재란 점이다.

2014년 중국에 불었던 SBS 드라마 〈별에서 온 그대〉(이하 '별그대') 열풍이 스토리의 힘을 잘 보여 준다. '별그대'는 중국의 한국 드라마 방영 제한 정책 때문에 온라인으로만 공개되었음에도 불구하고 중국 젊은이들 사이에서 신드롬을 일으켰을 만큼 엄청난 성공을 거두었다. 심지어 중국의 주요 정책을 결정하는 최대 정치 행사인 중국인민정치협상회의에서 언급될 정도였다. 권력 서열 6위이자 중국 내 반부패 정책의 책임자인 왕치산 중앙기율검사위원회 서기는 베이징 대표단 모임에서 '별그대'를 언급하며 한국 드라마의 성공 요인을 분석해 중국 예술 발전의 본보기로 삼아야 한다고 말해 화제를 모으기도 했다.

'별그대'가 창출한 경제적 효과는 정확하게 가늠하기 어려울 정도다. 주인공이 입은 옷, 음식, 화장품 등 '별그대'에 등장한 거의 모든 것이 선풍적인 인기를 끌었다. 특히 한국의 독특한 음주 문화인 '치맥(치킨과 맥주)'이 중국에 상륙한 것은 물론이고 남녀 주인공을 맡았던 김수현과 전지현의 중국 내 광고 출연료는 편당 10억 원이 넘었다. 여주인공 천송이 역을 맡았던 전지현이 입은 립스틱, 옷 등은 없어서 못 팔 정도였다.

남녀 주인공이 여행지에서 라면을 끓여 먹는 장면이 나온 후 농심은 2014년 1~2월 중국 시장에서 300억 원어치의 라면을 팔아 월간 최대 실적을 찍었다. '별그대'의 주인공 천송이가 "눈 오는 날엔 치맥인데"라고 말한 덕분에 2014년 3월 한국 맥주의 중국 수출량이 전년 동기 대비 200%가 늘었다.

중국에서 품절 현상을 빚었던 천송이 립스틱, 천송이 코트 등은 중국에서 주문이 폭주해 우리나라의 온라인 결제 시스템마저 바꿔 놨다. 공인인증서를 발급 받아야 하는 국내 온라인 쇼핑몰에서 중국인 소비자들의 구매가 불가능했던 것이다. 이에 박근혜 대통령까지 나서서 공인인증서 문제를 지적했고 결국 금융위원회는 공인인증서 없이도 결제할 수 있는 시스템 구축 작업을 했다. '별그대'라는 콘텐츠가 국가 정책에도 영향을 미친 것이다.

삼성전자의 2007년 주주 총회 때 언급됐던 일본 아사히야마 동물원도 스토리텔링으로 성공한 케이스다. 1960년대 홋카이도 최고의 동물원으로 알려졌던 이곳은 한때 관람객이 급감하면서 동물에게 사료조차 제대로 줄 수 없을 만큼 극심한 경영난에 빠졌다. 문을 닫아야 하는 위기 상황에서 동물원은 마지막 승부수를 던졌다. 동물과 사람이 모두 행복해지는 동물원을 만들자는 생각에 '사람이 동물을 구경하는 동물원'에서 '동물이 사람을 구경하는 동물원'으로 전환한 것이다.

수족관 속 터널에서는 펭귄들이 자유롭게 헤엄치며 사람을 구경하고, 동물원 곳곳에서는 동물들이 지나가는 사람들을 구경한다. 북극곰 우리에 작게 나 있는 유리 칸막이로 고개를 들이밀면 북극곰이 신기한 듯 사람을 쳐다본다. 이런 변화를 통해 아사히야마 동물원은 극적인 성공을 거두었다. 일본 최대의 동물원인 도쿄 우에노 동물원에 비해 규모가 10분의 1에 불과하지만 여름 성수기 주말에는 하루 평균 1만 명, 5월 황금 연휴 기간에는 하루 평균 5만 명이 입장하는 일본 최고 인기의 동물원으로 변신했다.

월 활성화 이용자 수를 기준으로 세계 모바일 메신저 순위를 보면 네이버의 '라인'이 대한민국 대표 모바일 메신저 '카카오톡'을 누르고 3위에 올라 있다. 라인의 누적 가입자 수는 5억 명에 달하고 한 달에 한 번 이상 이용하는 이용자 수도 2억 명에 달한다. 네이버의 사내용 메신저였던 라인이 세계 3위의 모바일 메신저가 될 수 있었던 배경에도 역시 스토리와 콘텐츠가 있다.

네이버는 일본 검색 서비스 시장과 게임에 진출하기 위해 거액의 돈을 투자했지만 번번이 실패하고 말았다. 메신저 서비스를 제공하기는 했으나 국내에서도 카카카톡에 밀린 만큼 주력으로 밀던 서비스는 아니었다.

반전의 계기는 우연히 찾아왔다. 2011년 3월 동일본 대지진이 일어나면서 일본의 모든 통신망은 거의 두절 상태였다. 하지만 라인을 사용하는 네이버 일본 직원들은 서로 라인을 통해 생사를 확인했다. 진정한 의미의 삶의 메신저가 된 셈이다. 이후 라인은 이런 스토리를 통해 일본의 국민 메신저가 됐고, 이를 바탕으로 대만, 동남아, 스페인 등 세계 시장에도 진출했다. 네이버는 라인에서 이모티콘, 스티커, 게임 등의 콘텐츠를 활용해 새로운 수익 모델을 만들어 가고 있다. 네이버 수익의 15%가 이미 라인에서 발생하고 있다.

앞으로 기업이 성공을 거두기 위해서는 뛰어난 기술, 품질뿐 아니라 스토리가 필요하다. 새로운 스토리를 발굴해 이를 제품에 입히는 순간, 그 제품은 다른 경쟁 상품과는 완전히 다른 제품으로 다시 태어난다. 성공을 원한다면 상상력을 발휘해 스토리를 만들어라. 그래서 당신만의 네 번째 사과를 찾아내야 한다.

더 공부하고 싶을 때 읽어 볼 만한 책들 ─────────

1. 나는 3D다

배상민 지음 | 시공사 | 2014

이 책은 세계 3대 패션 디자인 스쿨 중 하나인 파슨스 스쿨의 최연소 교수가 된 저자의 이야기이다. 세계가 열광하는 디자이너로 우뚝 선 저자가 나다움을 찾아 자신만의 꿈을 꾸고(Dream), 그 꿈으로 삶을 디자인하며(Design), 궁극적으로는 세상과 함께 나누며 사는 것(Donate)에 관한 그의 현재 진행형 기록이다.

2. 창조 경제

존 호킨스 지음 | 김혜진 옮김 | FKI미디어 | 2013

창조 경제의 개념서라고 할 수 있다. 인간의 창의성이 어떻게 생기고 그것이 얼마나 가치 있는지 소개한다. 인간의 창의성이 어떻게 새로운 아이디어를 낳는지를 설명하고, 예술과 문화, 디자인, 미디어, 혁신 등의 핵심 시장에 어떻게 적용되는지를 제시하고 있다.

3. 스티브 잡스

월터 아이작슨 지음 | 안진환 옮김 | 민음사 | 2012

아이디어와 상상력의 삶을 살았던 스티브 잡스가 21세기 디지털 시대에 인간이 추구하는 창의성과 기술의 결합 가치를 어떻게 실현해 나가는지를 보여 주고 있다.

경제를 넘어 문화까지 이해하는
지역 전문가 제도

모든 기업의 목표는 이윤 창출이다. 한마디로 기업은 돈을 벌어야 그 이름값을 하는 존재다. 대부분의 경영자는 단기 성과에 목맨다. 길게 보고 미래를 위해 투자한다는 것은 이상적이지만 현실적으로는 어려운 일이다. 삼성은 길게 보고 투자하는 극소수 기업 가운데 하나다. 대표적인 예가 바로 지역 전문가 제도다.

삼성이 1990년 도입한 지역 전문가 제도는 사원들을 해외로 1~2년간 보내 각국의 문화와 경제 등을 몸에 익히도록 하는 제도다. 주로 대리급 젊은 직원들을 해외로 보낸다. 지역 전문가들은 한 달 정도 해당 국가 지사에 출근해 현지 분위기를 익힌 다음 자기가 하고 싶은 일을 한다. 대학 연수나 문화 체험 등의 일정을 스스로 만든다. 알아서 현지 문화와 언어를 익히고 현지인들과 관계를 만드는 것이다. 일주일에 두 번 리포트를 작성하는 것 말고는 자유다. 리포트 내용도 제한이 없다. 여행을 하다 본 것이나 해당 지역 사람들과 만나 느낀 것 등 말 그대로 자유 주제다. 1년이면 100개 정도 리포트를 쓰는 것이다. 이 리포트는 사내 인트라넷에 쌓아 놓는다. 20년이 넘는 동안 5000명 이상이 쓴 리포트 50만 개는 세계 각국의 문화, 경제, 지리, 풍습, 사회에 대한 정보를 담고 있다.

지역 전문가 한 사람을 보내려면 학비, 체류비를 포함해 1억 원 이상이 든다. 회사 입장에서 지역 전문가 제도 초기에 투자한 돈은 상당히 부담스러울 수밖에 없었다. 그러나 시간이 지나면서 지역 전문가들이 회사의 확실한 자산으로 변했다. 예를 들어 요즘 중국삼성에서 일하는 젊은 주재원들 상당수가 지역 전문가 제도를 통해 중국을 경험한 사람들이다. 단순히 중국어를 아는 수준이 아니라 중국 문화를 알고 중국에 네트워크를 가진 사람들이기 때문에 투입 즉시 업무가 가능하다. 또 1990년대 초반 지역 전문가로 중국을 경험한 젊은 대리급 직원들이 이제 임원으로 성장해 중국에서 일하고 있다. 당연히 다른 경쟁 기업들보다 삼성이 중국에서 더 좋은 성과를 낼 수밖에 없다.

초기에는 미국이나 유럽 등 선진국으로 지역 전문가를 많이 보냈다. 하지만 최근에는 파견자의 85%가 인도·아프리카 같은 신흥국으로 떠난다. 지역 전문가가 나가 있는 국가는 90개국에 달한다.

지역 전문가는 지역 경제뿐 아니라 지역 문화까지 이해하는 인재다. 지역 전문가 출신들이 이후 현지에 주재원으로 나가면 좋은 평가를 받을 수밖에 없다. 예를 들어 중국인들은 중국삼성 직원들을 신기하게 생각한다. 외국 회사 주재원 대부분이 중국어를 구사하고 나아가 중국 문화를 이해하고 있는 경우는 흔한 일이 아니기 때문이다.

삼성은 중국을 제2의 내수 시장이라 말한다. 나아가 중국인을 중심으로 중국에 제2의 삼성을 만들겠다고 한다. 중국삼성 최고기술책임자인 왕퉁 부사장은 중국 현지 언론과 인터뷰에서 "중국인 중심으로 제2의 삼성을 구축한다는 것은 한국 삼성이 중국 시장에서 손을 떼는 것이 아니라 한국 기업 문화를 중국에 침투시키고 중국 문화와 융합하는 것"이라고 했다. 그리고 그는 "삼성 본사에는 수십 년 전부터 지역 전문가 제도가 있었다"고 말했다. 단순히 경제적인 것 이상을 보는 지역 전문가는 삼성 문화와 현지 문화를 잇는 고리다.

2014년 4월 이건희 회장은 지역 전문가 경험이 있는 임직원 7명과 점심을 같이했다. 지역 전문가 출신으로 당시 삼성전자 인사팀장이었던 원기찬 삼성 카드 사장은 "5년간의 주재원 파견 수요를 예측해 지역 전문가를 선발하고 있다"고 말했다. 이건희 회장은 "지역 전문가 제도를 처음 도입하고 나서 지금까지 꾸준히 지켜보고 있다"며 "5년 후, 10년 후를 내다보고 지역 전문가를 전략적으로 양성해야 한다"고 말했다. 2013년 삼성은 사상 최대인 약 350명을 지역 전문가로 내보냈다.

삼성 내부에서도 지역 전문가는 과한 투자라는 시선들이 있다. 그러나 앞으로도 삼성은 지역 전문가를 꾸준히 내보낼 것이다. 그들은 글로벌 삼성의 최대 미래 자산이다.

CHAPTER 5

역사
HISTORY

어떤 문제라도
역사 속에는
반드시 답이 있다

"인문학을 통해 자신의 틀을 깨고 다양한 관점을 가질 수 있는데,
이는 경영에서도 매우 중요한 요소다."

이순신 장군에게
경제 전쟁에서
승리하는 법을 묻다

지용희
세종대 석좌 교수

서울대 상과대학을 졸업하고 캘리포니아 주립대 버클리 대에서 경영학 석사, 워
싱턴 주립대에서 경영학 박사 학위를 취득했다.

학창 시절 이순신 장군이 마지막 전투인 노량 해전에서 일부러 왜적의 총탄에 맞아 전사했다는 가설을 접
하고 그에 대해 의문을 품으면서 이순신에 대한 관심을 키워 나갔다. 경영학을 전공하면서도 이순신에 대
한 관심은 사라지지 않았고, 《난중일기》, 《징비록》 등 관련 자료를 탐구하는 동시에 이순신의 주 활동 무대
였던 남해안 일대의 유적지를 끊임없이 답사했다. 이순신이 보여 주었던 리더십, 괴멸에 가까운 타격을 입
은 수군을 재건한 사례, 거북선을 개발한 혁신적 사고, 《난중일기》로 후세들이 전쟁의 기억과 지식, 경험을
공유하도록 한 기록 정신 등 경영에 적용할 수 있는 부분이 많다고 여겨 이순신 연구에 몰두했다. 이순신
과 같이 역경을 이겨 내는 태도가 중요하다고 여긴 그는 불확실성과 위기의 시대에는 이를 극복할 수 있는
능력을 나타내는 역경 지수(Adversity Quotient)를 높여야 한다고 주장했다.

숙명여대 석좌 교수, 서강대 경영대학장과 경영대학원장 및 국제대학원장을 지냈고, 현재 세종대 석좌 교
수와 서강대 명예 교수, 사단 법인 한국경영연구원 이사장 및 이순신리더십연구회 이사장으로 활동하고
있다. 이외에도 공정거래위원회 위원, 대통령 자문 정책기획위원회 위원, 중소기업은행 사외 이사, 대한무
역투자진흥공사(KOTRA) 사외 이사를 역임했고, 2003년에는 중소기업 육성에 대한 공로를 인정받아 녹
조근정훈장을 받았다. 대표 저서로 《경제전쟁시대, 이순신을 만나다》, 《최신무역개론》, 《중소기업론》 등이
있다.

이순신,
세계가 인정한 최고의 리더

지용희 세종대 석좌 교수는 삼성 사장단이 치열한 경제 전쟁 시대에 살아남기 위해 벤치마킹해야 하는 리더로 이순신을 꼽았다. 지 교수는 삼성 사장단 회의 특강에 세 번 초대되었는데 그중 두 번은 '경제 전쟁과 이순신 리더십'을 주제로 강의를 했다.

"현재 많은 사람이 마음속 깊이 존경하고 본받을 만한 리더가 없다고 합니다. 하지만 우리에게는 이순신이라는 불세출의 리더가 있습니다. 이순신은 뛰어난 장군이면서 훌륭한 경영자였습니다. 역사란 과거를 통해 현재를 조명하고 미래를 투시하는 거울이라는 관점에서 지금과 같은 치열한 경제 전쟁 시대에 배울 점이 많은 이상적인 리더죠."

이순신은 국가 존망의 위기 상황에서 갖은 모함과 군수 물자 부족, 전력의 열세를 극복하고 23전 23승이라는 믿기 어려운 전과를 올려 나라를 구한 인물이다. 지 교수는 이순신의 모든 면면이 치열한 경제 전쟁에서 승리하는 데 필요한 요소들이라고 말했다. 유비무환 자세와 위기관리 능력, 헌신, 열정, 솔선수범, 부하 사랑에 바탕을 둔 통솔력, 용기, 결단, 거북선을 개발한 창의성, 《난중일기》로 드러난 철저한 기록 정신, 겸양의 미덕, 청렴결백과 공정성, 뛰어난 정보 수집과 활용 능력, 탁월한 전략과 전술, 군수 물자 조달 능력 등 어느 것 하나 소홀히 할 수 없다는 것이다.

일본 사람들도 이순신에게 존경을 표시한다. 1904년 한반도와 만주의 지배권을 두고 러시아와 일본이 벌인 러일 전쟁에서 러시아 해군을 상대로 대승을 거둔 일본의 해군 제독 도고 헤이하치로의 말은 지금도 많은 사람의 입에 오르내리고 있다. 러일 전쟁 승전 축하연에서 어떤 사람이 도고 제독에게 조선의 이순신과 영국의 넬슨에 견줄 만큼 위대한 해군 제독이라고 하자 그는 이렇게 말했다.

"넬슨과 비교는 모르겠지만, 이순신과 비교는 내가 감당할 수 없다."

이순신이 이끌어 낸 '한산 대첩'을 세계 4대 해전 중 하나로 인정할 만큼 이순신은 세계 해군사에서도 독보적인 존재다. 제2차 세계 대전의 영웅으로 미국 해군 역사상 최초로 5성 장군에 오른 체스터 니미츠 제독도 이순신은 넬슨과 비교할 수 없는 인류 역사상 가장 위대한 해군 제독이라고 평가했다.

"아직도 12척의 전선이 있습니다"
– 도전 정신과 솔선수범

이순신은 임진왜란 당시 삼도 수군통제사로 활약하면서 조선 수군의 연전연승을 이끌었다. 그러나 그의 공을 시기한 사람들의 모함으로 억울한 누명을 쓰고 직위를 박탈당한 뒤 감옥에 갇히게 되었다. 사형당하기 직전까지 갔으나 당시 지중추부사였던 정탁이 상소를 올려서 겨우 목숨은 건질 수 있었다. 대신 조정은 이순신에게 도원수(전쟁시 군 최고 지휘자) 권율 밑에서 백의종군하라고 명했다. 그러나 이순신이 지휘하지 않은 조선의 수군은 일본 수군의 공격에 궤멸되고 말았다. 1597년 거제도 앞바다인 칠천량에서 일본 수군의 기습으로 수백 척의 함선을 거느렸던 조선 수군은 거의 전멸했다. 다급해진 선조는 이순신을 다시 삼도 수군통제사로 임명하고 수군을 재건하도록 했다.

이순신은 적의 추격을 피하면서 수군을 다시 조직했다. 하지만 칠천량 해전 이후 남은 판옥선(널빤지로 지붕을 덮은 전투선)은 고작 12척이었다. 수백 척이 넘는 일본 수군의 진격을 저지하는 것이 불가능하다고 판단한 선조는 이순신에게 수군을 폐지하고 육군에 합류하라고 명했다. 그러자 이순신은 다음과 같은 상소를 올렸다.

'지금 신에게는 아직도 12척의 전선이 있으므로 죽을힘을 다해 싸우면 적 수군의 진격을 막을 수 있습니다.'

지 교수는 이 상소를 오늘날의 관점에서 이렇게 해석했다.

"이순신 장군이 보여 준 불굴의 도전 정신과 추진력은 지금과 같은 경제 전쟁 시대에도 절실하게 필요한 덕목입니다. 기업가란 기존에 없던 상품이나 시장을 새로 만드는 사람으로 무에서 유를 창조하는 도전을 해야 합니다. 사람, 돈, 기술, 시설 등이 부족하고 막강한 경쟁 기업이 있더라도 이를 극복하겠다는 도전 정신이 없으면 성공한 기업가가 될 수 없습니다."

1597년 10월 25일 이순신은 적군이 침입하고 있다는 보고를 받은 후 부하들을 모아 놓고 "죽고자 하면 살고, 살고자 하면 죽는다. 한 사람이 길목을 지키면 1000명도 두렵게 할 수 있다"라고 말하며 비장한 자세로 싸울 것을 주문했다. 그러나 막상 전투가 벌어지자 130척이 넘는 일본 수군을 본 조선 수군은 겁에 질려 싸우려 하지 않았다. 오직 이순신이 탄 전함만이 적함과 맞서 싸웠다. 처음에는 승리가 불가능할 것이라 여기고 머뭇거리던 부하들이 이순신이 몸소 적진으로 돌격하자 하나 둘 그 뒤를 따르기 시작했다. 결국 조선 수군은 130척이 넘는 일본 수군을 10분의 1도 안 되는 전력으로 대파하는 명량 대첩을 일구어 냈다. 지 교수는 이렇게 말했다.

"불리한 상황에서 이순신이 부하들을 이끌 수 있던 것은 죽음을 무릅쓴 희생정신으로 누구보다 앞서 싸우는 솔선수범을 보여 준 덕입니다."

이순신은 진심으로 부하 장수와 병사들을 아끼고 사랑했다. 한편, 부하들은 탁월한 전략과 리더십으로 연전연승했던 이순신의 핵심 역량을 깊이 신뢰했다. 그 덕분에 이순신을 믿고 열심히 싸우면 이길 수 있다는 자신감을 가질 수 있었고, 더욱 적극적으로 전투에 임하게 되었다.

"어떤 조직이든 생각하지 못한 위기에 봉착할 수 있습니다. 위기를 극복하려면 평소 리더에 대한 신뢰가 중요합니다. 희생정신도 필요합니다. 엄청난 위기에 빠졌을 때 좌절하지 않는 사람은 없습니다. 중요한 것은 좌절감에 주저앉지 않고 불굴의 용기로 위기를 극복하는 것입니다. 용기는 전염된다고 합니다. 리더가 솔선수범해야 부하의 용기 있는 동참을 이끌어 낼 수 있습니다. 그렇지만 그 전에 더 중요한 것이 있습니다."

이길 수 있는 조건을 만들어라

지 교수에 따르면 이순신이 연전연승할 수 있었던 비결은 '이길 수 있는 조건'을 만들어 놓고 전투를 했기 때문이라고 한다. 그는 주어진 환경을 최대한 활용하고 자기의 강점으로 상대의 약점을 집중 공략하는 방법을 썼다.

"용기와 솔선수범도 중요하지만 먼저 이길 수 있는 조건을 만들어야 합니다. 지금과 같은 지식, 정보화 시대에는 물적 자원보다는 경쟁자가 쉽게 모방할 수 없는 기술 · 경영 · 조직 · 마케팅 · 디자인 능력과 같은 지적 재산이 있어야 이길 수 있습니다."

승리가 불가능해 보이던 명량 해전에서도 이순신은 이길 수 있는 조건을 만들기 위해 최선을 다했다. 먼저 유리한 지형에서 전투를 하고자 했고, 명량 해협의 좁은 물목(물이 흘러 들어오거나 나가는 어귀)인 울돌목을 전투 장소로 선택해 일본군을 유인했다. 장소가 좁은 관계로 일본 수군의 배 중 가장 크고 전투력이 강한 안택선(安宅船)은 전투에 참여하지 못했고 상대적으로 크기가 작은 관선 133척만 전투에 참여할 수 있었다.

명량 해협이 한반도에서 조류가 가장 빠른 곳이라는 점도 활용했다. 일본 수군이 조선 수군 쪽으로 거세게 밀려오는 조류를 타고 쳐들어왔지만, 전투 중 조류 방향이 바뀌었다. 조선 수군을 향해 몰아치던 조류가 일본 수군을 향해 흐르기 시작했다. 일본 수군은 순식간에 역류를 만나 방향 전환에 어려움을 겪었고, 좁은 바다에 많은 배가 있는 관계로 서로 부딪치고 침몰하면서 혼란에 빠졌다. 결국 이순신이 거느린 12척의 배가 일본 수군 130여 척의 배를 무찌르게 되었다.

이순신은 전략가였고 철저히 '이길 수 있는 조건'을 만들었다. 거북선이 좋은 사례라 할 수 있다. 당시 조선은 200년 동안 외침 없이 평화로운 시대이던 반면, 일본은 15세기 중반부터 16세기 후반까지 전쟁이 끊이지 않던 센고쿠 시대가 막 종료된 시점이었다. 오랜 기간 전쟁으로 단련된 일본군은 조선군에 비해 조총을 잘 다루고 칼싸움에 능했다. 이순신은 이런 일본군을 상대로 적선에 접근한 다음 갑판 위에 올라가서 백병전을 치르는 전통적인 해전 방식으로는 승산이 없다고 판단했다. 그래서 조선 수군의 주력 전함이던 판옥선에 뚜껑을 덮고 쇠못을 촘촘하게 박은 거북선을 개발했다. 덕분에 배 위에서의 칼싸움도 방지할 수 있었고, 거북선의

견고한 소나무를 일본 조총이 뚫지도 못했다. 적에 대한 정보를 적극적으로 수집, 활용한 효과적인 전함을 개발한 것이다.

"군사 전략이든 경영 전략이든 기본은 같아요. 시대가 변한다고 기본까지 달라지는 것은 아닙니다. 경제 전쟁에서 승리하려면 이순신처럼 이길 수 있는 조건을 만들기 위한 전략을 지속적으로 점검해야 합니다. 이를 위해 경쟁 기업과의 싸움터라 할 수 있는 시장과 경쟁 기업을 면밀히 파악해야 합니다."

이순신은 큰 공을 세워도 자신의 공을 자랑하기보다 부하의 공으로 돌리는 겸양의 미덕을 보였다. 조정에 승전을 보고할 때 자신보다는 부하의 공이 컸음을 강조했는데, 심지어 갖은 잡일을 담당하는 종들의 이름까지 적어서 올린 경우도 있었다. 덕분에 부하들은 마음속 깊이 그를 존경하면서 목숨도 아끼지 않고 열심히 싸울 수 있었다.

철저한 위기관리와 공정한 불평등

이순신은 진중에 있을 때 한 번도 갑옷을 벗은 적이 없을 정도로 늘 긴장의 끈을 놓치지 않았다. 다음은 유성룡이 쓴 《징비록》에 나오는 글이다.

"견내량을 경계로 적의 수군과 대치하고 있을 때다. 배는 이미 닻을 내렸고 밤하늘의 달은 유난히도 밝았다. 이순신은 갑옷을 입은 채 북을 베고 누워 있다가 갑자기 일어나 여러 장수를 모두 앞에 불러 놓고 '오늘 밤은 달이 몹시 밝다. 적은 간사한 꾀가 많으므로 달이 없을 때는 물론 달이 밝을 때도 역시 야습해 올 것이다. 적에 대한 경계를 불가불 엄하게 해야겠

다'고 말한 후 나팔을 불게 해 모든 배의 닻을 올리도록 명령했다. 또 척후
선에게 전령을 보내 곤히 잠들어 있는 척후병을 깨워 비상경계를 서게 했
다. 한참 후에 척후병이 달려와서 적이 쳐들어오고 있다고 보고했다. 적은
우리를 범하지 못하고 도망쳤다. 여러 장수는 이순신을 신으로 여겼다."

부하들은 달빛이 매우 밝아 적의 야습이 없을 것이라고 방심했지만, 달
빛이 밝아도 한산도에 있는 큰 산의 그림자 때문에 바다가 어두워진 곳이
있어 이곳으로 적이 기습할 가능성이 있다고 이순신은 판단했다. 늘 적의
기습 가능성에 철저히 대비했다. 지 교수는 말했다.

"이순신은 위기의식을 갖고 경계 시스템을 발동한 겁니다. 기업들도
위기가 발생했을 경우 즉각 이를 알고 대응할 수 있는 비상시 계획을 수
립해야 합니다. 위험 가능성에 대한 다양한 시나리오를 작성해야 하고,
지속적인 감시와 평가를 해야 합니다."

이순신은 부하를 아끼고 사랑했다. 그러나 부하들의 죄는 용납하지 않
았다. 《난중일기》에는 이순신이 부하들의 죄를 처벌한 사례가 아흔여섯
건이나 나온다.

"잘하거나 잘못하거나 똑같이 대우한다고 해서 공정한 것이 아닙니다.
잘하는 사람에게는 상을 주고 잘못한 사람에게는 벌을 주는 것이 공정한
것입니다. 공정한 불평등이죠. 고 이병철 회장도 인사 관리에서 가장 중
요한 것으로 신상필벌을 꼽았습니다. 지금 우리 사회는 상을 남발하고 벌
을 제대로 주지 않는 경향이 있습니다. 부정부패를 저질러도 적당히 넘어
가는 경우도 있습니다. 이러한 리더들이 많을수록 공정한 사회가 될 수
없고 국가 경쟁력도 잃게 됩니다. 투명하고 공정한 신상필벌을 실천한 이
순신을 본받아야 합니다."

1. 난중일기

이순신 지음 | 노승석 옮김 | 여해 | 2014

《난중일기》는 이순신이 임진년(1592) 1월 1일부터 돌아가시기 직전까지 7년 동안 쓴 일기다. 유네스코는 2013년 《난중일기》를 세계기록문화유산으로 지정했다. 국제자문 위원회는 《난중일기》에 대해 이렇게 평가했다.

'전쟁 중에 해군의 최고 지휘관이 직접 매일의 전투 상황과 개인적인 감정을 담은 《난중일기》와 같은 기록물은 찾기 힘들며, 문장이 탁월하고 시대상도 잘 반영되어 있다.'

인간 이순신의 모습과 고뇌, 그리고 그 당시의 세태를 알기 위해서는 《난중일기》를 읽을 필요가 있다.

이 책을 옮긴 노승석 여해고전연구소 소장은 《난중일기》의 초고본와 여러 이본들의 비교 검토 연구를 통해 박사 학위를 받은 인물이다. 그는 2014년 증보 완역판 《난중일기》에서 후대에 작성된 이본들을 전부 비교하여 정리했고, 역사적인 내용과 용어 등을 새롭게 보완했다.

2. 경제전쟁시대 이순신을 만나다

지용희 지음 | 디자인하우스 | 2015

이 책은 역사서가 아니다. 경영학자의 눈으로 본 이순신 장군이다. 역사의 눈이 아닌 경영학의 눈으로 이순신을 새롭게 보고자 했다. 총과 칼로 싸우는 무력 전쟁이든 경제 전쟁이든 전쟁의 본질에는 큰 차이가 없다. 이러한 관점에서 저자는 이루 말할 수 없는 악조건에서도 연전연승을 이끌어 낸 이순신의 정신, 리더십, 전략, 전술 등을 지금과 같은 경제 전쟁 시대에 어떻게 벤치마킹해야 할 것인지 제시하고 있다.

이순신을 제대로 알고 느끼기 위해서는 그가 남긴 글과 관련 도서들을 읽어야 하지만 전투의 흔적이 남아 있는 곳도 답사해야 한다. 이 책에서 저자는 답사를 통해 느낀 소감과 당시 전투 상황을 설명하고, 이순신에게서 배울 점을 경영학의 잣대로 분석했다. 2003년 초판을 발행한 이후 기업과 경영 환경이 많이 바뀌어 2015년 개정판에서는 경영 교훈 부분을 크게 보완했다.

전쟁사에서 배우는
경영의 지혜

임용한
KJ인문경영연구원 대표

연세대 사학과를 졸업하고 동 대학원에서 석사 학위를, 경희대 대학원에서 한국사로 박사 학위를 받았다. 이후 경희대, 광운대, 충북대, 공군사관학교 등에서 강의했으며, 경기도 문화재 전문 위원으로도 활동했다. 현재 KJ인문경영연구원(구 한국역사고전연구소) 대표로 있으면서 우리 역사를 연구하고 대중에 널리 알리는 데 힘쓰고 있다. 《동아 비즈니스 리뷰》에 전쟁 속에서 경영의 전략과 지혜를 찾는 '전쟁과 경영'을 2008년부터 지금까지 연재하고 있으며, 이를 바탕으로 SERI CEO에서 '전쟁으로 보는 경영의 지혜'를 강의하고 있다. 주요 저서로는 《시대의 개혁가들》, 《박제가, 욕망을 거세한 조선을 비웃다》, 《세상의 모든 전략은 전쟁에서 탄생했다》, 《한국고대전쟁사》, 《전쟁과 역사》(전3권), 《조선국왕이야기》(전2권) 등이 있다.

3만 명 vs 10만 명의
싸움

현재 그리스 북부 지역에 있던 마케도니아 왕국은 그리스 도시 국가들에게 야만족 취급을 받던 조그마한 왕국이었다. 기원전 359년 필리포스 2세가 즉위한 후 군제 개편을 단행하여 급속하게 팽창했다. 그러던 중 필리포스 2세가 암살되었고, 이제 막 스무 살이 된 아들이 왕위를 물려받았다. 그가 바로 알렉산드로스 대왕이다. 알렉산드로스는 부강한 왕국과 숙련된 군대를 물려받았지만, 나라는 전대 왕의 서거를 이용해 각지에서 반란이 일어날 조짐이 보이며 혼란스러웠다. 그는 이 문제를 해결하고 더 강력한 왕국을 만들기 위해서는 시선을 외부로 돌려야 한다고 판단, 그리스 전역을 침공하여 장악했다. 그리고 마침내 페르시아 제국(아케메네스 제국)을 침공하기로 마음먹었다.

당시 페르시아는 동쪽으로는 아프가니스탄, 파키스탄의 일부에서부터 이란과 이라크 전체, 흑해 연안 대부분의 지역, 지금의 터키 지역인 소아시아 전체, 서쪽으로는 발칸 반도의 트라키아, 현재의 팔레스타인 전역과 아라비아 반도, 이집트와 리비아에 이르기까지 광대한 지역을 차지하던 제국이었다. 마케도니아 왕국이 그리스 지역을 제패한 강국이었지만, 페르시아 제국에 비교하면 경제나 군사 등 모든 면에서 열세였다.

현재 터키 지역인 소아시아 지역을 침공한 알렉산드로스는 주변의 우려에도 불구하고 여러 차례 전투에서 승리하면서 그 지역을 장악해 나갔다. 당시 페르시아 제국의 황제 다리우스 3세는 알렉산드로스의 침공을 대수롭지 않게 여겼으나 곧 사태의 심각성을 깨닫고 직접 군대를 이끌고 이수스 지역에서 알렉산드로스와 마주했다.

알렉산드로스의 병력은 3만 명, 그러나 다리우스 3세가 직접 지휘하는 병력은 10만 명 이상. 무려 1:4의 싸움이었다. 게다가 알렉산드로스 군대는 원정군이서 본국에서의 보급에 어려움을 겪고 있었고 계속된 전투로 지쳐 있는 상황이었다.

승리를 확신한 다리우스 3세는 전투 장면이 잘 보이고 지휘하기 편한 가장 중앙에 자리를 잡았다. 그리고 기병을 이용하여 한쪽을 무너뜨리고 우세한 병력을 이용해 포위해 공격한다는 전통적인 전술을 채택했다.

알렉산드로스에게 유리한 것은 아무것도 없었다. 심지어 부하들도 이 전투에서 승리하는 일은 어려울 것이라고 여겼다. 그러나 알렉산드로스는 다리우스 3세의 군대가 숫자가 많기는 하지만 대부분 전국에서 징집된 사람들이고 일부는 그리스에서 건너온 용병들로 구성된 것에 주목했다. 징집병과 용병들은 전투가 벌어지면 싸우기는 하지만 충성심이 부족하기 때문에 목숨을 걸고 싸우지는 않을 것이라는 사실을 파악한 것이다. 따라서 다리우스 3세라는 지휘관이 무너지면 군대가 무너질 것이라 계산하고 중앙을 돌파하는 정면 승부를 계획했다.

전투 당일 예상대로 페르시아 군은 일반적인 전투 대형을 따라 알렉산드로스 부대의 측면을 노렸다. 알렉산드로스는 측면의 공격을 막아 내면서 계획대로 다리우스 3세를 향해 돌격했다. 아무리 용감한 장군이라도 전투에서 맨 앞에 서지는 않는데 알렉산드로스는 전투에서 가장 위험한 위치인 맨 앞에 섰다. 이에 감동한 부하들이 죽음을 불사하고 적진으로 뛰어들었고, 알렉산드로스의 정예병을 마주한 다리우스 3세는 혼비백산하여 병사들은 물론 가족들까지 버리고 도망쳤다. 이 소식을 접한 페르시아 군은 모래알처럼 급속히 무너지면서 패하고 말했다. 알렉산드로스의 계책이 맞아떨어진 것이다. 이 전투 이후 페르시아는 급속도로 무너지기 시작했고 결국 역사의 뒤안길로 물러났다.

1:4의 수적 열세, 원정군으로서의 불리함, 그리스 변방의 조그마한 왕국과 아시아·아프리카 지역을 제패한 대제국의 대결. 누가 봐도 승산이 없는 이 싸움에서 알렉산드로스는 어떻게 당시 세계 최강국인 페르시아

를 무너뜨릴 수 있었을까?

알렉산드로스 대왕의 개혁

먼저, 알렉산드로스는 역경을 개혁의 에너지로 바꿀 줄 아는 사람이었다. 그는 왕이 되었을 때 전국적인 반란에 직면할 정도로 어수선한 상황이었지만 절대 굴복하지 않았다. 청년 시절 당대 그리스 최고의 철학자이자 소크라테스, 플라톤에 이어 그리스가 배출한 3대 철학자 중 한 사람인 아리스토텔레스는 그에게 이렇게 말했다.

"그리스인은 기개와 지혜가 있어 세계를 통치할 수 있다. 아시아는 지혜는 있지만 기개가 부족해 복종하고 노예가 된다."

다른 지역 사람들을 무시하고 정복을 정당화하는 관점에서 보면 전형적인 제국주의적 가르침이었지만, 마케도니아 왕국의 '제국의 가능성'을 제시하고 그의 타고난 무사 정신과 결합하여 군제와 전술의 개혁을 이끌게 유도한 것이다. 알렉산드로스는 그리스의 여러 도시 국가 군대가 지닌 특징을 그대로 살리는 방식을 채택했는데, 중장보병은 스파르타 출신들을 그대로 활용했고, 경보병, 궁수, 기병, 투석병 등은 각 국가가 강점을 가진 병력으로 조합했다.

두 번째는 누구나 노력하면 성공할 수 있다는 믿음을 심어 준 것이다. 고대에는 전쟁에 참여하기 위한 무기를 개인이 조달해야 했다. 전차나 말, 각종 병장기를 살 수 있는 부유한 귀족이나 시민은 전차병과 기병 또는 중장보병을 했지만, 가난한 사람들은 경보병이나 투석병 등 상대적으로 장비가 덜 필요한 병과를 맡기 일쑤였다. 당연히 결속력을 기대하기 어려웠다. 알렉산드로스는 병과의 차이가 신분의 차이가 아닌 기능의 차이일 뿐임을 내세우며 공을 세우면 신분 상승이 가능하다는 점을 강조했다. 병사들을 신분과 상관없이 똑같이 훈련에 참여시켰고 오랜 기간 강도 높은 훈련을 함으로써 전술에 익숙하게 만들어 언제 어디서 누구와 전투를 해도 승리할 수 있는 부대를 만들었다. 뛰어난 사람들을 우대함으로써 '능력주의', '계급주의 철폐'를 이뤄 낸 셈이다.

세 번째는 불필요한 자원의 낭비를 줄인 것이다. 알렉산드로스는 페르시아 군 십수만 명을 모아 놓은 것보다 최적, 최상의 병력 3만 명을 모아 전투에 나서는 것이 더 효율적임을 알고 있었다. 책임감을 지닌 사람이 가장 열정적으로 일한다는 것을 알아챘고, 각각의 병사들에게 임무를 내리는 것에 그치지 않고 사명감을 심어 주었다.

▌불확실성에 도전하라
– 조지 패튼 장군

제2차 세계 대전 당시 미국의 육군 장군으로 프랑스와 독일에서의 전투를 지휘한 조지 패튼은 할아버지 스미스 패튼이 미국 남북 전쟁 당시 기병대 대령으로 활약했고 다른 친척들도 군인으로 활동한, 뼛속까지 군인 집안 출신이었다. 제1차 세계 대전에서는 미군 최초의 기갑 부대의 지휘관이었으며, 군대를 빠른 속도로 움직여 전쟁에서 주도권을 잡는 전술인 기동전의 대가였다. '사나운 야생마'라는 별명이 붙을 만큼 선호하는 전술에 걸맞게 저돌적인 작전과 욕을 잘하는 것으로 유명했다.

제1차 세계 대전에서도 큰 활약을 했지만, 그가 가장 큰 공을 세운 전투는 제2차 세계 대전 당시 '디데이(D-day)'라고 알려진 '노르망디 상륙 작전'이었다. 제2차 세계 대전 중반 이후 전세는 미국과 영국을 주축으로 하는 연합군에 기울었지만, 독일군은 항복하지 않았다. 결국 연합군은 지상군을 대대적으로 투입해 독일을 점령한다는 계획을 세웠고, 당시 독일 점령지였던 프랑스의 노르망디에 상륙하는 작전을 시행하게 되었다. 몇몇 상륙 지점에서 큰 손실을 입긴 했으나, 작전은 성공적이었다. 이제 베를린을 향해 진격하는 일만 남았다고 생각한 연합군은 그러나 독일군의 강력한 저항에 부딪치고 말았다. 노르망디의 독일군은 최정예 병력이 아니라 2급 병력이었음에도 연합군은 노르망디 전선을 돌파하지 못하고 고전했다. 최정예 독일군은 러시아 전선에 있다가 황급히 프랑스로 돌아오고 있었다. 이렇게 싸우다간 독일까지 진입하기도 전에 전멸할 가능성이 있었다. 이때 긴급 투입된 인물이 패튼 장군이었다.

패튼 장군은 부하들에게 "마구 돌진하라"는 명령을 내려 포위된 병사들을 구출하고 전투를 승리로 이끌었다. 그는 "이런 나라면 3일이면 돌파할 수 있다"고 호언장담했다. 그는 기갑 부대를 앞세워 일주일 내에 320킬로미터를 진격하라고 지시했다. 독일군들이 진을 친 상황에서 어떻게 그런 거리를 진격하느냐 묻는 다른 지휘관들에게 그는 "독일군이 없는 곳을 찾아 그 사이로 달리면 되지 않느냐"고 반문했다. 독일군의 전술이었던 '전격전'을 그대로 활용한 것이다. '사나운 야생마'라는 별명을 그대로 보여 준 것이다. 그는 "겁쟁이들이 맨날 측면, 측면 하면서 참호만 파고 엎드려 있다"며 빠르게 진격해 상대의 핵심을 타격하는 전술을 사용했다.

그는 작전 당시 영국군 총사령관이었던 버나드 몽고메리 장군과 누가 더 빨리 베를린에 진입할지를 두고 5파운드 내기를 했다고 밝혔다. 그의 내기 상대인 몽고메리 장군 역시 제2차 세계 대전 당시 독일의 전쟁 영웅이자 '사막의 여우'로 불린 에르빈 롬멜을 격파해 영국군의 사기를 드높인 역사적 인물이다. 저돌적인 성향의 패튼과 달리 몽고메리는 전투를 하기 전 보급, 병사들의 컨디션, 무기 점검 등을 꼼꼼하게 살피는 신중한 성향이었는데, 이 둘은 일찍이 합작하여 롬멜의 부대를 격파한 적이 있다.

패튼 장군은 이후 프랑스 진격에 성공했고, 몽고메리 장군보다 먼저 베를린에 입성했다. 그리고 제2차 세계 대전의 마침표를 찍는 데 큰 역할을 했다.

▌올바른 판단력으로
▌극복하라

근대 이전 농경이 중심이 된 사회에서는 '변화', '불확실성'이 크게 중요하지 않았다. 농부의 아들로 태어난 사람은 농부가, 상인의 아들로 태어난 사람은 상인이 되었고, 이들을 지배하는 귀족들도 큰 전쟁이나 나라가 바뀌는 경우가 아니면 신분을 유지한 채 사는 경우가 대부분이었다.

사람들에게 변화와 불확실성은 오직 자연재해 정도뿐이었다. 그러나 현대 사회는 그렇지 않다. 지금은 변화와 불확실성이 일상적이다. 기업의 흥망성쇠만 보아도 알 수 있다. 50년 전 100대 기업 중 현재까지 '살아남은' 기업은 CJ, LG화학 등 7개 기업밖에 없다. 1960년대 이후 10대 그룹

중 현재까지 상위권에 있는 기업은 삼성과 LG밖에 없다.

불확실하고 혼란스러운 상황에서 올바른 판단을 내릴 수 있는 용기와 능력을 갖춘 리더는 흔하지 않다. 무모해 보이고 즉흥적으로 보이는 판단은 사실 오랜 기간 훈련을 해서 몸에 내재된 능력을 발휘하는 것이다. 이런 리더는 훈련을 통해서 능력 있는 멤버를 양성할 수 있다.

불확실성을 헤쳐 나가기 위한 마음가짐을 갖추는 것도 필요하다. '도전하면 된다'는 마음가짐이 없으면 절대 현실에서 이길 수 없다. 또 자신의 현재 상황을 냉정하게 보고 비판할 수 있는 능력도 필요하다. 비판은 분석과 해결책, 극복 방법을 찾기 위한 방법론이다. 좌절과 현실 안주를 위해 핑계를 대고 변명하는 대신 자신의 상황을 객관적으로 비판하고 훈련을 통해 이를 보완하면서 도전하는 마음가짐을 가져야 불확실성의 세계에서 생존할 수 있다. 알렉산드로스 대왕과 패튼 장군이 이를 잘 보여준다.

1. 세상의 모든 전략은 전쟁에서 탄생했다

임용한 지음 | 교보문고 | 2012

기원전 490년 그리스의 운명을 결정했던 마라톤 전투부터 1950년 한국 전쟁까지 수많은 전쟁 중에서 역사를 바꾸고 전쟁의 규칙을 완전히 바꾼 전쟁 스물다섯 건을 집중 분석했다. 《동아 비즈니스 리뷰》에 연재한 칼럼 '전쟁과 경영', SER ICEO에서 한 강연을 정리해서 엮은 책이다. 칼럼이나 강연에서는 깊이 다루기 어려웠던 내용들을 소개하고 자세히 분석했다.

2. 명장, 그들은 이기는 싸움만 한다

임용한 지음 | 위즈덤하우스 | 2014

세계사를 바꾼 명장 8명의 생애와 전술, 전투를 소개한 책. 서양사의 시각과는 또 다른 역사적 시각과 인문, 경영적인 해석을 했다. 앞서 소개한 알렉산드로스 대왕과 패튼 장군의 전투에 대한 자세한 이야기가 이 책에 소개되어 있다.

한비자의 리더십
— 법·세·술을 갖춰라

김원중
단국대 한문교육과 교수

충북 보은에서 출생하여 조부로부터 한학을 익혔고, 성균관대 중문과에서 중국 고전문학 연구로 박사 학위를 받았다. 중국 대만중앙연구원 중국문철연구소 방문 학자와 중국 대만사범대학 국문연구소 방문 교수, 건양대 중국언어문화학과 교수를 역임했다. 현재 단국대 한문교육과 교수로 재직하며, 한국학사업진흥위원장 및 문화융성위원회 인문특위 위원, 한국중국문화학회 부회장을 맡고 있다. 《교수신문》 선정 최고 번역서 《사기열전》을 비롯해 《사기본기》와 《사기세가》를 우리말로 옮겼으며, 2011년 《사기 표》와 《사기 서》를 출간해 개인으로는 세계 최초로 《사기》를 완역했다. 그 외에도 2002년 《삼국유사》가 MBC '느낌표' 선정 도서가 되어 고전 읽기 붐을 일으켰으며, 《정사 삼국지》(전4권), 《논어》, 《노자》, 《손자병법》, 《한비자》, 《정관정요》, 《명심보감》, 《당시》, 《송시》, 《염철론》 등 굵직한 고전 원전 번역을 통해 고전의 한국화와 현대화에 기여해 왔다. 또한 고전을 인문학적으로 재해석한 《한비자의 관계술》, 《경영사서》, 《통찰력사전》, 《사기 성공학》 등과 함께 《중국문화사》, 《중국문학이론의 세계》, 《중국문화의 이해》, 《혼인의 문화사》, 《일일일독 一日一讀》, 《한문해석사전》(편저) 등의 단행본을 펴냈다. 그 외 전문 학술지에 발표한 40여 편의 논문이 있다. 현재 삼성 사장단 특강을 비롯해 SERI CEO, 중앙공무원교육원, 사법연수원, 현대리더스포럼, 국가전략경영원 등에서 우리 사회 오피니언 리더들을 위한 인문 고전 관련 강연도 활발히 펼치고 있다.

CEO의 판단력이 조직의 흥망을 결정하고, 리더의 행동 하나하나가 조직 전반에 영향을 미친다. 김원중 교수는 2013년 2월 삼성 사장단 회의에 참석, '한비자의 리더십'이란 주제로 강연을 했다. 그는 한비가 말한 제왕의 자질인 법(法), 세(勢), 술(術)과 신상필벌 및 난세의 통찰력으로 시대를 이끌어야 한다고 강조하면서 이것이 바로 이 시대 리더들이 갖춰야 할 덕목이라고 말했다.

'동양의 마키아벨리'라 불리는 한비는 기원전 3세기 중국의 춘추 전국 시대 말 한나라의 서얼인 비주류로 태어났다가 뜻도 펼쳐 보지 못한 비운의 사상가이다. 중국의 법가 사상을 대표하는 인물로 본명은 한비(韓非)이고 한자(韓子)라고 불렸는데, 공자, 맹자처럼 존경의 의미로 '자'를 붙여서 한비자라고도 한다. 대표적인 저서로《한비자》가 있다. 중국 대륙을 최초로 통일하고 진나라를 세운 진시황은 한비의 저서 중에서 '오두' 편과 '고분' 편을 읽어 보고는 "이 책을 지은 사람과 이야기를 나눌 수 있다면 죽어도 여한이 없다"고 말했을 만큼 한비의 대표적인 추종자이기도 했다. 그는 또 한비에 의해 집대성된 법가야말로 중국을 지탱하는 힘이라고 단언했다.

▌ 법, 세, 술을 적절히 활용하라

《한비자》는 마키아벨리의《군주론》과 함께 통치술의 교과서로 불린다. 김 교수는《한비자》는 단순히 법가가 아닌 제왕학이요, 신상필벌의 처절한 혁신 사상서라고 하면서, 그 핵심으로 한비가 주장하는 법(法), 세(勢), 술(術)을 들었다.

"법은 군주와 신하, 백성 모두가 지켜야 할 강력한 원칙이고, 세는 군주가 갖고 있는 강력하면서도 보이지 않는 힘인 카리스마를 의미합니다. 또 술은 군주가 신하를 장악하는 통치 방법입니다. 리더는 법, 세, 술을 적절히 활용해야 합니다."

법은 만인이 지켜야 한다. 법은 귀한 자에게 아부하지 않는다는 이른바 '법불아귀(法不阿貴)'다. 한비는 다수의 군주가 몰락한 이유가 법을 따르지 않고 자신의 판단에 따라 행동했기 때문이라고 봤다. 다른 사람들을 자신의 뜻대로 움직이게 하려면 권위가 필요한데, 권위는 군주가 법치를 엄격히 따르는 데에서 생긴다고 한다. 구체적으로는 상과 벌을 공정하고 엄중하게 주는 신상필벌 원칙를 따라야 한다고 주장한다.

"한비는 군주가 칼자루를 신하에게 넘겨주면 안 된다고 했습니다. 상벌권이나 인사권과 같이 리더 고유의 권한을 신하에게 넘겨주는 것은 호랑이 새끼를 키우는 것과 마찬가지라고 생각했습니다. 《한비자》에 '호랑이는 날카로운 어금니가 있기 때문에 개를 복종시킬 수 있다. 그러나 발톱과 어금니를 개에게 주면 호랑이가 복종하게 된다'라는 구절이 나옵니다. 물론 여기서 어금니는 리더의 상벌권과 인사권을 뜻합니다. 이것이 '세'죠. 바로 세가 없으면 리더는 존재할 수 없습니다."

신하를 다스리는 방법론인 술의 대표적인 예는 거호거오(去好去惡)다. 좋고 싫다는 감정 표현을 아예 하지 말라는 것이다.

"리더는 보통 자기의 의견을 표현하고 그것을 아랫사람들이 따라야 한다고 생각하죠. 하지만 리더가 자기 색깔을 드러내면 아랫사람들은 거기에 맞추려고 하겠죠."

한비의 말처럼 (군주 자신이) 좋아하고 싫어하는 것을 버려야 신하들이 본바탕을 드러낸다. 같은 침대를 쓰는 부부도 동상이몽의 관계인데, 남남으로 출발한 군신 관계는 궁극적으로 서로의 필요에 의한 관계인 만큼 그런 신하들을 다스리고 조직을 관리하기 위해 군주는 감정 표출을 엄격히 자제하고 늘 경계하는 마음을 갖는 냉철함이 있어야 나라를 다스릴 수 있다는 것이다.

"신하들이 본바탕을 드러내면 위대한 군주는 가려지지 않을 것입니다. 절대 권력자인 군주의 기호에 맞추려는 신하들의 속성을 알고, 오히려 그들에게 자신의 생각을 노출하지 말라는 역설입니다."

즉 CEO가 골프를 좋아하면 아랫사람들은 모두 골프를, 축구를 좋아하면 모두 축구를 하게 되는 것과 같은 논리다. CEO가 섣불리 자기 의견을 드러내면 조직원 전체가 그 의견이 자신의 의견인 듯 말하고 생각하는 현상도 나타난다.

"리더가 속마음을 숨기면 아랫사람들은 군주가 무엇을 좋아하고 싫어하는지 몰라 자신의 생각을 내비치게 되죠. 리더는 그것을 듣고 보면서 조직을 운영해야 합니다. 자신의 행동과 말을 통제할 줄 알아야 타인을 통솔할 수 있습니다."

그렇다면 리더가 경계해야 하는 것을 무엇일까?

리더가
경계할 것과 추구할 것

김원중 교수는 또 8개의 간사한 행동인 팔간(八姦)을 경계하라는 한비의 메시지를 삼성 사장단에게 전했다.

"한비는 최측근을 경계하라고 조언합니다. 아내나 첩, 측근, 친인척 등 가까운 사이일수록 오히려 위험에 빠뜨릴 위험성이 크기에 조심하라는 것입니다. 모든 원인이 바로 최측근에서 나오기 때문입니다."

그에 따르면 팔간 가운데 가장 위험한 것은 동상(同牀), 재방(在旁), 부형(父兄)이다. 동상은 한침대를 쓰는 처첩(妻妾)이다. 재방은 옆에서 입에 발린 소리로 아부하는 측근, 부형은 군주의 친인척이다.

"잠자리를 함께하는 부인과 후궁인 동상, 군주를 가까이에서 모시는 측근인 재방, 뇌물 청탁의 대상이 되는 부형 때문에 절반이나 되는 군주들이 망하거나 심지어 목숨을 잃었습니다."

나머지 오간은 군주가 좋아하는 취미를 이용해 마음을 움직이는 양앙(養殃), 외부와 교류가 단절된 군주를 교묘한 말로 회유해 판단을 흐리게 만드는 유행(流行), 신하가 공적인 재물로 백성의 환심을 사면서 목적을 달성하는 민맹(民萌), 주변국의 힘을 이용해 군주를 좌지우지하는 사방(四方), 신하가 협객이나 무사의 위세를 빌려 군주를 위협하는 위강(威强)이다.

김 교수는 한비 사상의 핵심은 목불견첩(目不見睫)과 견소왈명(見小曰明)의 두 고사성어로 표현할 수 있다고 했다. 목불견첩은 '눈으로는 눈썹을 보지 못하는 법', 다시 말해 자신의 허물은 보지 못한다는 뜻이다. 또 견소왈명은 '작은 것을 보는 것은 밝음', 즉 사소한 변화를 감지하는 통찰력을 의미한다.

초장왕은 어지러워진 이웃 나라를 정벌하려 했지만 두자라는 자가 왜 눈앞에 놓인 자신의 허물은 보지 못하느냐고 하여 정벌 계획을 취소했다. 천 길 제방도 개미 구멍으로 무너질 수 있고 큰 나무가 쓰러지는 것도 한 마리 벌레 때문일 수 있다며 한비는 늘 자기 관리와 주변 관리를 철저히 하면서 충성에 기대지 말고 배신을 쉽게 하지 않는 환경을 만드는 것도 군주의 역할이라고 주장했다. 성군과 폭군의 차이는 자신을 제어하는 데 있으며, 변화에 늘 능동적으로 대처하는 군주만이 거대 조직을 이끌어 살아남을 수 있다고 강조한 것이다.

강연 말미에 사장단은 김 교수에게 진시황이 중국을 통일하는 데 법가가 기여한 것은 무엇인지 물었다. 그는 이렇게 답했다.

"진시황이 한비의 사상을 통해 본 것은 시대의 흐름에 역행하는 세력들인 유가, 종횡가, 유세가, 협객, 상인 등으로 기존의 체제를 구축해서 쉽게 무너지지 않는 저항 세력을 제거하고, 군주에게 강력한 힘을 집중하지 않으면 나라를 다스릴 수 없다는 것이었습니다. 그리고 진시황은 초나라 출신으로 객경의 자리에 올라 축출 대상이 된 이사가 자신에게 올린 한 통의 편지를 주목했습니다. '태산은 한 줌의 흙을 양보하지 않고, 큰 강물과 바다는 세세한 흐름을 가리지 않는다'는 내용입니다. 즉 인재 개방주의론입니다. 진시황은 이를 받아들이면서 이사와 22년간 진나라를 세우고 다스려 나갔습니다. '죽은 진시황이 산 중국인 13억 명을 먹여 살린다'는 중국인들의 말이 있듯이 2000여 년이 지난 지금까지도 진시황은 중국인에게 대단한 인물로 각인되어 있습니다. 왜 그럴까요? 바로 남들이 전혀 생각하지 못했던 것을 생각하여 실천에 옮기고, 과감한 개혁 작업을 통해 서쪽 변방에서 동쪽의 주류들을 다 물리쳐 천하를 통일했기 때문입니다. 인재 제일주의와 신상필벌에 입각한 강력한 리더십이 아니고선 가능하지 않았을 겁니다."

김 교수의 이 말은 여전히 혈연, 지연, 학연을 따지고 외모를 중시하며 닫힌 인재 채용 방식을 고집하는 우리 사회에 대한 경고의 말이기도 했다.

곧게 뻗은 정도냐, 유연한 권도냐

그는 마지막으로 리더들이 정도(正道) 경영을 내세우지만 때로는 권도(權道)의 방향도 대단히 중요하다면서 명분에 집착하지 말고 실리를 추구하고 과감히 현실의 흐름을 타고 변화무쌍한 국제 정세에 선제적으로 대응할 것을 조언했다.

"정도가 곧게 뻗은 바른길이라면, 권도는 닥친 상황에 따라 유연하게 선택할 수 있는 구불구불한 길과도 같죠. 우리는 마오쩌둥이《손자병법》에서 전략을 찾고, 덩샤오핑의 흑묘백묘론으로 실리를 추구하며 오늘의 최강대국 중국을 만든 힘의 원천을 찾아야 합니다. 실리를 추구하고, 과거에 연연하지 않으며, 시대를 보는 통찰력을 갖고 나라를 다스리는 힘의 원천이 바로 법가로 대변되지 않을까 생각합니다."

더 공부하고 싶을 때 읽어 볼 만한 책들 ──────────

1. 한비자

한비자 지음 | 김원중 옮김 | 글항아리 | 2010

법가의 대표 사상가 한비의 《한비자》를 원전에 충실하면서 읽기 편하게 번역한 책. 어떻게 강력한 국가를 만들 것인지, 권모술수의 허와 실은 무엇인지 등등 현실적이고 실천적인 정치 이론을 집대성했다.

2. 한비자의 관계술

김원중 지음 | 위즈덤하우스 | 2012

한비가 쓴 책의 여러 내용 중 인간관계의 기술을 바탕으로 일상에서 상대방을 대하는 법을 소개했다. 속내를 감추는 법, 상대방의 의도를 파악하는 법, 자신의 의도대로 상대방을 움직이는 법 등을 한비의 말을 인용하여 소개했다.

3. 사기열전

사마천 지음 | 김원중 옮김 | 민음사 | 2015

세계적인 역사 고전인 사마천의 《사기》를 현대적으로 해석했다. 고대 중국의 유명 인물들의 일화부터 당시 정치, 경제, 문화에 이르기까지 다양한 내용으로 구성돼 있다.

100년 전
세계를 보면
미래가 보인다

구형건
아주대 금융공학과 교수

서울대 수학과를 졸업하고 동 대학원에서 석사를, 미국 텍사스 대 수학과에서 박사 학위를 받았다. 이후 미국 프린스턴 대에서 경제학 박사 학위를 받고, 현재는 금융 분야를 전문적으로 가르친다. 경제 전문가 중 드물게 수학과 출신으로 최근 경제계와 경영계에서 주목받고 있는 금융 공학 전문가로 손꼽힌다. 포항공대 경영학 교수를 거쳐 현재 아주대에 재직하고 있다. 저서로는 《현대 투자이론과 실무》, 《새로운 경제학》 등이 있다.

글로벌 금융 위기는 지금도 여전히 진행 중이다. 중국은 갑작스러운 통화 절하를 통해 세계 금융 시장에 큰 타격을 줬고, 말레이시아 역시 링깃화 통화 가치가 최저 수준으로 떨어지고 있다. 이를 두고 세계 경제학자들은 각자의 해법을 들고 나섰다. 2013년 노벨 경제학상 수상자인 로버트 실러 예일 대 교수는 '서브프라임 해법'이라는 답안을 통해 비합리적인 거품이 사그라드는 현상이라고 진단했고, 조지프 스티글리츠 교수는 '세계 경제의 자유 낙하'라며 경제 시스템과 경제학에 대한 새로운 시각을 요구했다. 그 외에도 여러 학자들이 각자의 해법, 해석을 내놓고 있지만 딱 부러지는 정답은 없는 상황이다.

하지만 과거를 알면 현재와 미래를 알 수 있다는 말이 있듯이, 지금의 상황을 이해하기 위해서는 100년 전의 상황을 이해하는 것도 중요하다. 특히 세계 근현대사는 100년의 주기를 보이고 있다는 점도 유효하다. 200년 전에는 제1차 산업 혁명이 마무리되면서 나폴레옹 전쟁이 있었고, 100년 전에는 제2차 산업 혁명과 제1차 세계 대전이, 지금은 IT로 대표되는 제3차 산업 혁명과 글로벌 금융 위기가 도래했기 때문이다. 이런 시각을 바탕으로 100년 전의 상황과 지금을 비교해 향후 미래를 전망해 보는 것은 정답은 아니더라도 더욱 정확하게 미래를 예측하는 데 도움을 얻을 수 있다.

100년 전과 놀랍도록 비슷한 오늘날의 모습

100년 전 세계는 정보 혁명, 기술 혁명, 새로운 에너지의 발견, 새로운 산업의 대두, 세계화 등이 폭풍처럼 몰아쳐 왔다. IT에 기반해 정보·기술 혁명이 진행되고, 셰일 가스와 태양광, 풍력 등 대체 에너지의 급성장, 공유 경제 등 새로운 개념 등장, 국가 간 경계가 사라지는 모습 등 현대 사회와 놀라울 정도로 유사하다.

정보 혁명은 1840년대 상용화된 전신과 전화 등 통신 수단의 발명이 이끌었다. 기존에는 단순히 사람의 발이나 말을 통해 정보를 나누었지만 처음으로 '전파'라는 존재를 활용하기 시작한 것이다. 특히 1851년 유대계 독일인인 파울 율리우스 로이터가 영불 해협에 있는 해저 케이블을 이용해 런던과 파리 주식 시장의 정보를 송신하기 시작한 것은 그동안 쪼개져 있던 세계 금융 시장을 하나로 묶는 데 결정적인 역할을 했다. 로이터는 지금까지도 세계 3대 통신사 중 하나로 자리매김하고 있다. 이후 독일 지멘스 사에 의해 1867년 인도 캘커타와 영국 런던이 전신으로 연결됐고, 1868년에는 대서양 전신이 연결돼 북미 시장과 유럽이 하나로 묶였다. 또 1876년 알렉산더 그레이엄 벨의 전화 발명, 1897년 니콜라 테슬라의 무선 전신 발명은 세계의 거리를 급속도로 좁혀 주는 역할을 했다.

이는 스마트폰 · 인터넷 등이 확산되면서 세계 각지가 1일 생활권으로 묶인 최근의 상황과 놀랄 정도로 유사하다. 불과 10년 전에는 길에서 인터넷을 할 수 있다고 생각할 수 없었지만, 이제는 누구나 LTE(4세대 이동 통신)를 이용해 인터넷에 접속하고 향후 수년 안에 이보다 최대 천 배 빠른 5G(5세대 이동 통신)까지 나올 전망이다.

다른 산업에서도 혁신은 계속됐다. 특히 산업의 쌀이라고 불리는 철강 기술은 100년 전에 비약적으로 발전했다. 용광로에서 용해된 선철에 공기를 불어 넣어 산화 환원 반응을 일으켜 불순물을 제거한 강철을 생산하는 베서머 공법이 1855년 개발되면서 기존 비용의 10분의 1만 투입해도 철강을 생산할 수 있게 됐다. 또 연료가 연소될 때 발생하는 폐열을 활용해 용광로의 온도를 높이는 기술 역시 철강 생산량을 비약적으로 늘린 계기가 됐다. 그동안 나무와 석탄 위주였던 연료가 석유로 바뀐 것 역시 새로운 시대의 문을 연 계기였다. 석유는 석탄보다 연료 효율성이 훨씬 높기 때문에 각 산업에 들어가는 비용을 크게 줄일 수 있다.

새로운 산업도 연이어 등장했다. 에너지 효율성이 높아지고 산업 생산량이 늘어나면서 옮겨야 할 물동량이 급증하자 등장한 것이 바로 기차다. 20세기 초의 세계적인 경제학자 케인즈가 철로 건설을 고대 이집트의 피라미드 건설에 비유할 정도로 철로와 기차는 19세기에 중요한 산업이었다. 기차를 통해 물동량이 늘어나고 인력의 이동이 잦아지면서 생활 반경이 넓어지고 시장이 확대되는 효과가 나타났다. 그 외에 전기, 라디오, 자동차, 항공, 영화 등 문화 · 산업 전반에서 기존에는 볼 수 없었던 분야가 새롭게 창조됐다. 이는 항공 산업의 발달로 세계가 1일 생활권으로 좁혀지고, 우주, IT, 무인 자동차 등 기존에 없던 제품이 새롭게 등장하는 최근의 추세와 비슷하다.

세계화라는 말도 100년 전에 처음 등장했다. 1880년 이후 3000만 명이상의 유럽인이 북미 대륙으로 이주한 것이 대표적이다. 현재 미국, 캐나다 등지에 사는 사람들이 대부분 영국, 프랑스, 이탈리아, 독일 등 유럽계 후손인 것은 당시 일어났던 대이주 때문이다. 또 1860년 콥튼-슈발리에 조약에 따라 자유 무역이 퍼져 나가면서 산업 · 인종을 막론하고 세계화 현상은 일반적인 것이 됐다. 당시 금융 · 산업의 자유도가 높아지면서 로스차일드, 베어링 등의 금융 가문이 급성장했고, 이들이 구축한 국제 금융 네트워크는 세계 산업의 젖줄이 됐다. 제1차 세계 대전 직전의 금융 자유도는 1980년대가 될 때까지 회복할 수 없을 정도였다. 인도 중앙은행 총재인 라구람 라잔이 금융 시장 발전과 개방도에 대해 조사한 결과 1913년의 금융 세계화 수준은 1999년에 이르러 비로소 회복됐다고 한다. 이는 최근 세계가 냉전 시대 종식 이후 미국 · 중국을 중심으로 한 G2 체제, EU 등으로 재편되면서 급속도로 개방된 것과 비슷하다.

정치적 상황마저도 100년 전과 유사하다. 당시 세계는 나폴레옹 전쟁 이후 1815년 수립된 빈 체제에 따라서 프랑스, 오스트리아, 영국, 프로이센(현재의 독일) 등 열강이 철저한 균형을 맞췄다. 하지만 당시는 이탈리아와 독일의 통일, 미국의 대두 등 새로운 세력이 급부상하면서 점차 균형이 무너진 시기이기도 했다. 이는 팍스 아메리카나로 대표되는 미국 중심의 글로벌 체제가 중국·인도 등 신흥 세력의 급부상으로 점차 균열이 가기 시작한 최근과 오버랩 되는 상황이다.

제1차 세계 대전으로 붕괴된 100년 전

하지만 19세기는 제1차 세계 대전이 일어난 1914년을 계기로 체제가 완전히 무너진다. 경제와 금융, 기술은 급속도로 발전했지만, 이를 활용하는 정치·군사 분야는 따라가지 못한 것이다. 오히려 이렇게 발전한 기술을 활용해 세계 패권을 장악하기 위한 시도가 계속됐고 결국 독일, 러시아, 오스트리아 등의 정치적 균열로 일어난 제1차 세계 대전으로 인해 세계는 혼돈의 소용돌이로 빠진다. 연이어 대공황, 제2차 세계 대전, 냉전 체제까지 이어지면서 100년 전 완전히 연결됐던 세계가 분리된 것이다. 특히 1914~1945년 동안은 유럽과 미국에서 수많은 젊은이가 전쟁으로 죽거나 부상을 당했고, 공황으로 직장을 얻을 수 없었던 우울한 시기였다.

이는 현재와 상당히 유사하다. 군사적인 알력 다툼이 경제 분야의 주도권 다툼으로 바뀐 것을 제외하면 놀랄 정도다. 글로벌 금융 위기가 바로 그것이다. 한때 골디락스 상황이라는 말까지 나왔을 정도로 안정적인 성장을 구가했던 세계 경제는 일본의 거품 붕괴로 인해 첫 번째 위기를 맞게 된다. 타 국가로 자본이 급속도로 유출되면서 일본 경제의 성장세가 완전히 꺼진 것이다. 또 한국, 인도네시아 등 아시아 지역에 동시다발적으로 일어난 금융 위기 역시 소비·투자 심리의 위축을 불러일으켰다. 유럽 역시 마찬가지였다. 유로화 통합은 독일 등 선진국에게는 유리한 상황을 만들었지만, PIIGS로 대표되는 포르투갈, 아일랜드, 이탈리아, 그리스, 스페인 등의 국가는 부채가 급증해 국가 디폴트 사태를 불러일으키기도 했다.

결정적인 계기가 됐던 복잡한 파생 상품 등장 역시 100년 전의 상황에서 비롯됐다. 19세기에 등장한 합리적·과학적 사고는 금융 산업에 이식돼 시장을 자연과 같은 객관적 대상으로 인식하게 하고, 공학 기술을 활용해 상품을 만들거나 이윤을 추구하는 문화를 등장시켰다. 서브프라임 모기지 사태는 금융 공학의 최대 산물이라고 할 수 있는 부채담보부증권(CDO) 유통에서 비롯됐는데, 이는 결국 모든 것은 계산하고 예측할 수 있다는 사고에서 비롯된 것이다.

위기의 시대, 역사를 교훈 삼아 새 시대를 준비하자

이렇게 들여다본 현재는 결국 위기의 시대다. 위기의 시대란 단순히 위험만 존재하는 것이 아니라 기회도 함께 존재한다. 여기서 위험 대신 기회를 획득할 수 있는 단서는 결국 100년 전 역사 속에서 찾을 수 있다. 100년 전 제1차 세계 대전이 민족주의자 세르비아 청년의 테러로 시작된 것과, 2001년 9·11 테러가 종교 민족주의에서 등장한 것이 유사하다는 점이 이를 방증한다. 또 제1차 세계 대전으로 100년의 평화가 깨진 것처럼 지금의 우리는 글로벌 금융 위기 이후 주기적으로 위기가 반복될 어둡고 긴 터널 입구에 서 있다.

결국 이를 위해서는 향후 세계 질서는 어떻게 개편될지, 기술은 어떻게 변화할지, 금융의 중심은 어디로 옮겨 갈지를 들여다봐야 한다. 하버드 대 경영대학원 젠슨 교수는 미국 금융학회장 취임 강연에서 세계 경제를 담당하는 노동 인력이 1970년대까지는 미국, 유럽, 일본과 한국 등 모두 합쳐 3억 명 남짓했는데, 닉슨과 마오쩌둥의 핑퐁 외교 이후 10억 명의 인구가 본격적인 노동 인력으로 참가하게 되었다는 사실을 이야기하면서, 이것이 앞으로 가지는 의미는 가늠하기 어렵다는 견해를 표명한 바 있다. 이와 더불어 IT 혁명을 통한 기술의 발전, 특히 가상 현실을 통한 제품 개발과 시제품 생산 기술은 앞으로 생산력의 발전을 양과 질, 범위 면에서 비약적으로 증가시킬 것이다.

다수의 경제학자와 금융사학자들은 향후 금융의 중심은 월스트리트(뉴욕), 더 시티(런던)로 대표되는 북미·유럽에서 싱가포르·홍콩·상하이의 동아시아 권역으로 옮겨 갈 것으로 본다. 특히 오랜 기간 동남아 등지에서 상업 활동을 통해 재력을 축적하고 식견을 넓힌 중국인인 '학가 중국인'은 동양의 유대인으로 불리는데 이들의 급부상은 세계 금융계 질서가 재편될 것을 보여 주고 있다. 또 러시아, 인도, 중국 등 아시아권 국가들의 급성장으로 인해 세계의 중심이 이동하는 모습도 목격된다. 그 외에 우주로 대표되는 새로운 기술, 에너지, 무기 체계, 20세기부터 본격적으로 시작된 인간 수명의 증가 등은 전혀 새로운 질서를 만들고 있다.

이러한 변혁과 위기의 시대에는 역사를 교훈 삼아 미래를 준비할 수밖에 없다. 부분적으로 합리적인 판단이 전체를 볼 때 가장 좋은 판단은 아니라는 점, 지금까지 준비하지 못했던 변화가 갑자기 닥친다는 점 등은 과거에서 배울 수 있다. 이를 바탕으로 기업을 잘 이끌어 나가는 것이 바로 경영자의 역할이기도 하다.

노자로부터
배우는
경영의 지혜

최진석
서강대 철학과 교수

중국 베이징 대에서 한국인 최초로 철학 박사 학위를 받은 인물로 유명하다. 1986년 서강대 철학과를 졸업하고 1988년 같은 대학교에서 석사 학위를 받은 그는 우리나라와 중국이 수교를 맺기 전인 1993년 중국 베이징 대로 유학을 떠나 1996년 도가 철학으로 박사 학위를 받았다. 1996년 미국 하버드 대 옌칭연구소 방문 학자를 역임했고 1998년부터 서강대 철학과 교수로 재직 중이다. 그는 젊은 시절부터 노자와 장자 철학에 영향을 크게 받고 오랫동안 노자 · 장자 사상에 대해 공부했다. 우리나라로 돌아온 뒤에는 도가철학회, 도교문화학회 등에서도 활동하며 도가 사상 전파를 도왔다. 그는 "탈권위, 탈중앙, 자율성, 상대성이 부각되는 요즘 세상에서 노장 사상이 유일한 해답이라고 말하긴 어렵지만, 많은 영감을 얻을 수 있다"고 말하며 노자 · 장자 사상을 현대적으로 재해석하고 알리는 데 힘을 쏟고 있다. 저서로는《생각하는 힘, 노자 인문학》,《노자의 목소리로 듣는 도덕경》,《인간이 그리는 무늬》등이 있다.

노자가 가장 강조한 개념은 무위(無爲)다. 무위를 글자 그대로 풀이하면 '아무것도 하지 않는다'라는 의미지만 노자는 조금 다른 뜻으로 썼다.

노자가 뜻한 것은 '아무 사견 없이 세상을 바라보라'는 것이었다. 급변하는 현대 경영에서는 더 이상 과거의 성공 경험이 새로운 도전의 성공을 담보하지 않는다. 오히려 성공 경험이 편견으로 작용해 변화에 적응하지 못하고 혁신 의지를 꺾는 등 독이 될 때가 더 많다. 이 때문에 사견 없이 세상을 바라보는 무위의 자세는 경영에 큰 의미를 준다.

실재하는 사건에 반응하는 두 방법, 무위와 유위

노자는 실제로 존재하는 것을 '사건'이라고 했다. 이론과 지식은 사건이 남긴 유물이다. 이론·지식과 사건을 구분하는 가장 중요한 기준은 가변성이다. 이론·지식은 시간이 지나도 그대로 남아 있다. 하지만 사건은 계속 일어나고 바뀐다. 사건의 변화를 보고 적절하게 반응하는 것이 바로 인간이 해야 하는 일이다. 이 사건에 대해 반응하는 두 가지 방법이 바로 무위와 유위(有爲)다.

유위는 기존에 가진 지식과 이론을 바탕으로 현재의 사건을 해석하고 그에 대응하는 방식을 의미한다. 예를 들어 과거 PC 업계에서 성공을 거뒀던 전략과 이론, 지식으로 모바일로 재편된 시장에 대처하려는 자세가 대표적인 유위다. 과거의 지식에 집착하다 보면 새로운 사건을 기존 지식으로 대응하게 된다.

하지만 노자는 이는 잘못된 것이라고 딱 잘라 말한다. 지금 일어난 사건을 그대로 받아들이고 전혀 다른 새로운 대응 방법을 찾아 나서야 한다는 것이다. 이를 위해서는 아무런 사견 없이 새로운 사건을 만나고 시대를 만나야만 한다. 노자에 따르면 사견은 이미 과거에서 정지된 것에 불과하다.

혁신을 위해서는
무위를 실천해야

노자가 강조하는 무위는 기업 입장에서 보면 혁신 자세다. 오늘날의 비즈니스 환경은 무자비하고 파괴적이다. 앞으로 10년 안에 우리가 아는 대부분의 기업이 사라질지도 모른다. 기술의 발전과 사회 변화의 속도가 너무 빠르기 때문이다. 여기에서 앞서가기 위해서는 변화의 속도보다 더 빨라야 한다. 하지만 이미 성공을 경험한 사람들은 그 성공의 바탕 위에서만 움직이려는 성향이 있다. 역설적이지만 성공의 가장 큰 적은 바로 성공 기억이다.

성공 기억에 따라 움직이는 것이 바로 유위의 자세다. 하지만 새로운 시장, 산업에 대응하기 위해서는 변화를 그대로 직시하려는 노력이 필요하다. 바로 이것이 무위이고, 경영에 필요한 자세다.

물론 유위가 노련한 경영자의 지혜일 수도 있다. 하지만 이런 지혜를 비롯해 이념, 신념, 가치관의 지배를 받으면 세계와 산업을 '자신이 보고 싶은 대로' 볼 수밖에 없다. 그 자체를 온전히 받아들여야 하는데 곡해한다는 것이다. 하지만 자신의 가치관을 약화시키고 보이는 대로 받아들이는 사람에게 시대는 응답하기 마련이다. 승리의 핵심이 무위의 자세라는 것이다.

사람들이 노자에 대해 가진 가장 큰 편견은 노자 사상의 핵심인 '무위'를 '아무것도 하지 않는 것'으로 여기는 것이다. 이는 큰 잘못이다. 노자가 주장한 무위의 핵심은 천하를 얻을 수 있는 방법이었다.

노자는 '무위이(無爲以) 무불위(無不爲)'라고 했다. 이는 '아무것도 하지 마라, 그러면 할 수 없는 게 없다'라는 뜻이다. 즉 무위하면 모든 것을 할 수 있다는 것이다. 또 노자는 '너를 뒤로 물러서게 해라, 그러면 네가 앞서 있을 것이다'라고도 했다.

결국 노자가 주장했던 무위, 거피취차 등은 모두 천하를 얻고, 무슨 일이든지 할 수 있게 하기 위한 사상이다.

이는 경영에도 마찬가지로 적용된다. 과거의 경험, 승리 기억에 취해 과거와 똑같은 것을 답습하면 새로운 시장을 개척할 수 없다. 새로운 시장을 만드는 것은 기존의 경험과는 완전히 무관하기 때문이다.

대표적인 것이 바로 스마트폰이다. 그 전에는 더 큰 피처폰, 더 아름다운 피처폰을 만드는 것에 모두들 집중했다. 하지만 스티브 잡스는 휴대 전화로 PC 이상의 기능을 할 수 있는 아이폰을 출시해 세계 휴대 전화 시장의 주류 제품을 피처폰에서 스마트폰으로 바꿨다. 잡스는 그 전까지 휴대 전화 시장에 한 번도 도전하지 않았던 인물이다. 노키아 등 기존 휴대 전화 업체들이 성공 경험에 취해 혁신을 하지 않을 때 잡스와 애플은 완전히 새로운 시장에 도전해 성공을 거둔 것이다.

무위는 경영 전략뿐만 아니라 리더십과도 관련이 깊다. 조직을 하나의 틀, 신념으로 관리하는 것이 아니라 항상 변화하는 유기체로 관리하기 위해서는 무위적 리더십이 필수다. 편견, 세계관 등에 갇히는 것이 아니라 시시각각 변화하는 모습을 그대로 받아들이고 직원 한 사람 한 사람의 특성을 그대로 받아들이는 것이다. 신념이 강한 리더는 결국 지배·복종 관계를 강요할 수밖에 없다. 수직적 리더십이 강조되는 것이다. 이는 결국 소통의 부재, 혁신의 부재로 연결된다. 노자는 무위의 자세로 조직과 세상을 대할 때 선두 주자, 진정한 지배자가 될 수 있다고 수천 년 전에 이야기했다.

답습의 성공 경험은
이미 과거의 공식

우리나라는 '따라 하는 것'으로는 이미 세계 1위에 오른 나라다. 자동차, 스마트폰, 반도체 등 다양한 분야에서 세계 1위를 차지하고 있지만 정작 우리 스스로 만들어 낸 산업은 없다. 이렇다 보니 모든 분야에서 한계에 봉착한 상황이다. 한계를 뛰어넘기 위해서는 전혀 다른 생각, 전혀 다른 관점이 필요한데 한 번도 새로운 것을 해 본 적이 없었던 것이다. 이렇듯 혁신을 위한 준비가 부족하다 보니 결국 선진국은 선도하고 후진국은 따라가는 구조에서 우리나라는 가운데 끼인 신세가 되고 말았다.

일반적으로 국가의 수준을 크게 세 가지 단계로 나눈다. 법학이나 정치학은 가장 낮은 단계에서 중시되는 학문이다. 국가가 처음 형성될 때는 운영을 위한 법과 정치 구조 등을 마련해야 하기 때문이다. 후진국일수록 내치(內治)를 맡는 내무부의 힘이 큰 것도 이런 이유 때문이다. 두 번째 단계인 중진국으로 올라서면서 발전하는 것이 바로 경제학, 경영학, 사회학이다. 나라의 기틀이 세워진 이상 먹고살 것을 찾아야 하기 때문이다. 기업이 발전하고, 금융 시스템이 발전하는 단계다. 그리고 선진국으로 나아가는 마지막 단계에서 중시되는 것이 철학, 심리학, 문학, 역사 등 인문학이다.

인문학은 미래에 어떤 분야가 먹거리가 될지, 어떤 것이 핵심 가치가 될지 미리 꿰뚫어 볼 수 있는 통찰력을 준다. 인문이라는 것 자체가 '인간의 무늬'를 뜻한다. 보이지 않는 인간의 무늬를 보기 위해서는 상상력이 필요하다. 이런 상상력을 바탕으로 앞서 나가 먼저 기다리는 것이 선진국의 역할이고 핵심 경쟁력인 것이다.

노자가 주장해 온 무위는 바로 이런 인문학적 상상력, 통찰력을 의미하는 것이다. 단순히 아무것도 하지 않고 기다리라는 것이 아니라, 아무 편견 없이 현실을 마주 보고 여기서 미래를 꿰뚫어 볼 수 있는 사고방식인 셈이다.

운명을 바꾸는
여섯 가지 방법

조용헌
원광대 동양학대학원 초빙 교수

동양학자. 사주명리학 연구가. 칼럼니스트. 원광대 신문방송학과를 거쳐 같은 대학에서 불교민속학을 전공해 불교학 석사와 박사 학위를 받았다. 현재 원광대 동양학대학원 초빙 교수, 동양학연구소 소장을 맡고 있다. 스무 살 무렵부터 한국은 물론 중국, 일본 등을 드나들며 수많은 기인, 학자들을 만났고 600여 곳의 사찰과 고택을 답사했다. 문·사·철·유·불·선 등을 모두 통달한 그의 학문 세계는 '강호동양학'이라고 부르기도 한다. 또 미신으로 치부되던 사주팔자를 학문적으로 접근해 사주명리학을 정립했다.

《조용헌의 동양학 강의 1·2》, 《조용헌의 사찰기행》, 《5백년 내력의 명문가 이야기》, 《조용헌의 사주명리학 이야기》 등을 썼으며, 〈조선일보〉에 고정으로 연재하는 '조용헌 칼럼'은 2015년 7월 1000회를 돌파한 인기 칼럼이다.

인도, 중국 등 동양 철학에서 오랫동안 논쟁을 벌였던 주제가 있다. 바로 결정론이다. 운명은 이미 결정되어 있는 것인지, 아니면 중간에 바꿀 수 있는 것인지에 대한 논쟁은 고대부터 지금까지 이어지고 있다. 인중유과론(因中有果論 : 운명은 바꿀 수 없다)과 인중무과론(因中無果論 : 운명은 바꿀 수 있다)이 팽팽히 맞서고 있기 때문이다.

인중유과론은 원인에 이미 결과가 정해져 있다는 것을 뜻한다. 어떤 일을 하는 순간에 이미 그 결과는 정해져 있고, 과정과 무관하게 같은 목적지로 이동한다는 것이다. 선한 일을 하면 나중에 좋은 결과가 따라오고, 나쁜 일을 하면 언젠가는 그에 상응하는 나쁜 결과가 따라온다는 원인 중시론이다. 반면, 인중무과론은 원인에 결과가 내재한 것이 아니라 중간 과정을 통해 바꿀 수 있다고 말한다. 이미 결정된 인간의 팔자도 노력에 의해서 바꿀 수 있다는 것이다.

이를 중간에 중재한 것이 바로 7대3론이다. 이를 흔히 '운칠기삼'이라고 말한다. 운으로 결정돼 있는 것이 70%, 노력으로 바꿀 수 있는 부분이 30%라는 뜻이다. 하지만 7대3론은 정론으로 널리 받아들여지는 것은 아니다. 불교의 '전생업보', 기독교의 '주님의 섭리', 생물학의 '유전자 결정론'에서처럼 운명이 사실상 정해져 있다고 보는 관점이 많다. 하지만 아무리 강한 결정론이라도 노력으로 바꿀 수 있는 부분이 어느 정도 있다고 본다. 그리고 그렇게 바꿀 수 있는 부분이 인생 전체를 놓고 보면 매우 큰 변화를 몰고 온다. 우리의 운명을 바꿀 수 있는 방법은 무엇일까. 지난 20년 동안 고금의 문헌과 주변 사례를 통해 정리한 운명을 바꾸는 방법은 다음과 같다.

적선을 많이 하라

한국에서 수백 년 이상의 역사를 지닌 명문가를 조사해 본 결과 가장 많이 나온 공통점은 바로 적선이다. 경주 최부잣집은 병자호란 때 전사한

1대 최진립 장군의 공신 토지를 바탕으로 부를 쌓아 약 400년간 명문가의 명맥을 유지했다. 최부잣집은 막대한 부만큼 적선도 많이 했다. 최부자 가문의 여섯 가지 교훈을 보면 '만 석 이상의 재산은 사회에 환원하라', '주변 백 리 안에 굶어 죽는 사람이 없게 하라', '과객을 후하게 대접하라', '흉년기에는 땅을 늘리지 마라' 등 사사로운 이익보다는 전체의 이익을 더욱 중요시한다. 이처럼 어려운 이웃을 긍휼히 여기고 재산을 사회에 환원하는 방식으로 오랜 기간 명문가의 지위를 누려 온 것이다. 최부잣집은 1947년 12대 최준이 대부분의 재산을 영남대 설립에 기부하면서 막을 내렸다. 마지막까지도 재산을 사회에 환원하는 모습을 보인 것이다.

왜 적선이 중요할까. 이는 다른 사람들이 은혜를 입도록 함으로써 마음에 저금을 들어 놓는 것과 같기 때문이다. 이렇게 마음에 저금을 들어 놓으면 꼭 필요할 때 그 은혜를 다시 받을 수도 있다. 회사가 무너지기 직전에 큰 도움을 받을 수 있는 것이다.

고아원에 돈을 갖다 주는 것도 적선이지만, 죽이고 싶을 정도로 미운 사람을 용서해 주는 것도 효과가 큰 적선이다. 재물로 하는 적선도 있지만 마음으로 배려해 주는 적선도 있다. 평소에 화를 내지 않는 것, 고통을 잘 들어 주는 것 역시 적선이다. 한마디로 적선이란 주변 사람들이 자기에게 우호적인 감정을 갖도록 만드는 것이다. 주변 사람들이 우호적이라면 그 사람은 결국 덕이 있는 사람이고, 자신에게 우호적인 사람들로부터 보호 받는다는 뜻이다. 이를 통해 위기가 닥쳤을 때 뜻하지 않게 보호 받을 수 있고, 위기를 피해 다시 한 번 재기를 도모할 수 있도록 운명을 바꿀 수 있다.

눈이 밝은
스승을 만나라

두 번째는 눈이 밝은 스승을 만나야 한다는 점이다. 인생의 중요한 결정을 할 때 혼자서 독단적으로 정하는 것이 아니라 진심으로 상의해 주고 해법을 제시해 줄 수 있는 스승과 함께할 수 있다면 결과에 큰 차이가 나게 마련이다. 1980년 5·18 광주 민주화 운동 당시를 돌이켜 보자. 무력 진압을 지시해 대규모 유혈 사태를 초래한 전두환 전 대통령에게 만약 제대로 된 스승이 있었다면 어떻게 됐을까. 누군가 이미 흐름이 넘어온 상황이므로 무력 진압은 불필요하다는 충고를 해 주었다면 엄청난 인명 피해는 발생하지 않았을지도 모른다. 이성계를 도와 조선 건국에 큰 공을 세운 무학 대사와 같은 인물이 전두환 전 대통령 주변에 있었다면 결코 섣부른 행동은 하지 않았을 것이다.

이런 스승은 어떻게 만날 수 있을까. 중·고등 학교나 대학교에 진학하면 자연스럽게 만날 수 있다는 생각은 버려야 한다. 스승은 제자가 발 벗고 찾아 나서야 발견된다. '스승이 제발 있었으면 좋겠다'는 마음으로 간절히 바라고 노력해야 만날 수 있다는 의미다. 예전 도인들은 스승을 한 번 만나게 해 달라며 전국의 명산을 돌아다니며 산신 기도를 했다.

독서에
몰두하라

독서는 역사적으로 뛰어난 인물들과 대화할 수 있는 유일한 통로다. 운명론적으로 봤을 때 운이 나쁜 시기에는 밖으로 나가지 않는 것이 최선이다. 운이 좋다면 만나는 사람 모두 자신을 도와줄 수 있는 사람이겠지만, 그렇지 않을 때는 모두가 사기꾼이기 십상이다. 집에서 칩거하면서 할 수 있는 가장 좋은 일이 바로 독서다. 수백 년, 수천 년 전의 위인들이 위기를 어떻게 극복했는지, 명성을 어떻게 쌓았는지, 난세를 어떻게 헤쳐 나갔는지를 글로 익히며 내적 자산을 쌓는 것이다.

독서가 팔자를 바꾼 대표적인 예는 신영복 성공회대 교수를 꼽을 수 있다. 그는 1968년 스물일곱의 나이에 통일혁명당 사건으로 구속되어 무기 징역을 선고 받았다. 1988년 가석방될 때까지 20년간 옥살이를 하는 고초를 겪었지만, 그 시간 동안 수많은 독서와 사색을 하면서 거듭났다. 그의 책을 읽어 보면 인간과 세계에 대한 통찰과 달관을 느낄 수 있다. 심지어 동양의 여러 고전을 해석한 《강의》라는 책을 보면 '주역'에까지 통달한 것으로 보인다. 평범한 사람들은 폐인이 되고도 남을 시간인 20년이라는 옥살이 기간에 신영복 교수는 오히려 더 성장한 인물이 된 것이다.

1970년대 박정희 정권 당시 중앙정보부장을 지냈던 이후락은 한때 유신 정권의 2인자로 막강한 권력을 휘둘렀지만 박정희 대통령 사망 이후 권력을 장악한 신군부 세력에 의해 정치 활동이 막히자 이천의 한 도자기 공장으로 들어갔다. 평범한 사람이라면 권력의 지푸라기라도 잡으려고 애쓰겠지만 그는 운이 다했다고 느끼고 이천 도자기 공장에서 두문불출하며 조용히 지냈다. 1985년 정치 활동 규제가 풀렸지만 그는 다시 정계로 돌아오지 않고 도자기를 빚고 책을 읽는 일에 몰두했다. 이렇다 보니 불행한 결말을 맞은 유신 시절의 다른 권력자들과 달리 큰 화를 입지 않고 비교적 천수를 누릴 수 있었다.

브레이크를 밟고
명상하라

하루에 1시간 정도 기도나 명상, 참선을 하는 것도 팔자를 바꿀 수 있는 방법이다. 브레이크 없는 자동차는 급커브나 막힌 길에서 사고를 당할 수밖에 없다. 기도나 명상은 잠시 인생의 브레이크를 밟고 자신을 되돌아보는 시간을 갖는 것이다. 어제 하루의 행동과 결과를 뒤돌아보며 오늘 하루 어떻게 행동할지 미리 생각해 보면 실수를 줄일 수 있다.

만약 명상이나 기도가 적성에 맞지 않는다면 운동을 하는 것도 좋다. 특히 앉아 있는 시간이 길고 활동량이 적은 현대인들은 꾸준히 운동을 하지 않으면 이런저런 병에 걸리기 쉽다. 굳이 운동하는 시간을 따로 내지 않더라도 생활 속에서 얼마든지 운동 효과를 낼 수 있다. 밥 먹기 전에 요가 같은 맨손 운동을 한다든지, 조금 먼 길을 걸어간다든지 하는 작은 습관으로도 충분하다. 시간이 없다고 미루는 것은 핑계일 뿐이다. 운동을 통해 체력을 갖추면 더욱 생산적으로 일할 수 있고 자신감도 생긴다. 만나는 사람들에게도 좋은 인상을 줄 수 있다. 여러 면에서 자신의 운명을 바꾸는 아주 효과적인 방법이다.

명당을
선택하라

명당 선택 역시 팔자를 바꿀 수 있는 중요한 요소다. 명당에는 두 가지가 있다. 묫자리를 뜻하는 음택과 집터를 뜻하는 양택이 그것이다. 이를 어떻게 정하는지에 따라 운명이 바뀐다.

우선 집터가 명당이면 잠자리가 편안해진다. 예로부터 수맥이 흐르는 집은 터가 좋지 않다고 한다. 수맥이 흐르는 땅은 무르기 때문에 집이 안정적으로 서 있기 어렵다. 그 집에 사는 사람은 편안하게 쉴 수도 없다. 사업을 하는 사람이건 정치를 하는 사람이건 휴식을 제대로 취해야 건강해진다. 밖에 나가서 활동할 때도 다른 사람보다 훨씬 정력적으로 일할 수 있다. 이렇게 되면 결국 승진도 하고, 돈이 생길 수밖에 없다.

이런 명당은 어떻게 알 수 있을까. 바로 꿈이다. 대개 부인들이 꿈을 많이 꾼다고 한다. 집터를 보고 와서 꿈을 꿨는데, 큰 구렁이가 꿈틀거린다거나 조상이 나타나 열쇠를 준다거나 하는 길몽을 꾸는 경우가 있으면 이 집터는 명당이다. 하지만 최근에는 많은 공사로 맥이 끊겨 버린 땅이 많은 데다 아파트에 거주하는 사람이 많아서 집터가 큰 영향을 미치지 못하는 경우도 있다.

음택은 오늘날 더욱 영향력이 없어졌다. 화장이 대세로 자리 잡았기 때문이다. 화장은 해도 없고, 득도 없는 일이다. 뼈를 불에 태워 버리면 뼈에 있는 백(魄)이 사라지기 때문이다. 예부터 혼은 사람이 죽기 전에 하늘로 날아가고, 백은 남아서 망자와 후손의 교신 역할을 한다고 했다. 하지만 화장을 하면 이 교신 매개체가 사라져 버리기 때문에 큰 영향이 없다고 할 수 있다.

┃ 자신의
┃ 사주팔자를 알아라

재물복이 없는 사람은 월급쟁이를 하면서 안정적으로 돈을 버는 게 최고

다. 괜히 사업을 한다고 뛰어들었다가는 망하기 십상이다. 반면, 재물복이 있는 사람은 도전을 해 보는 편이 좋다. 재물복이 있는지 없는지 알기 위해서는 먼저 자신의 사주팔자를 알아야 한다.

관운이 있는 사람이 장사를 하면 아무런 소용이 없고, 물이 많은 팔자를 가진 사람은 유흥업이나 요식업에 종사하면 성공을 거둘 가능성이 크다. 이런 사주팔자는 주역이나 동양 사상 등을 통해 어느 정도 짐작할 수 있다. 아무것도 모르는 사람과 조금이라도 자신에 대해 아는 사람은 무엇을 할지 결정하는 단계부터 차이가 날 수밖에 없다.

더 공부하고 싶을 때 읽어 볼 만한 책들

1. 조용헌의 사주명리학 이야기
조용헌 지음 | 알에이치코리아 | 2014
30년간 한국, 중국, 일본을 다니며 수집한 자료를 바탕으로 사주명리학과 관련된 지식을 집대성한 책. 오랫동안 미신으로 오해받아 온 사주명리학을 철학과 인문학적 시각으로 풀었다. 사주명리학을 좋은 삶을 살기 위한 방법으로 제시하며, 정치적 · 사회적 의미, 역사적인 인물과 현대 정치인들의 관상과 운명, 일상에서의 활용법 등 다채로운 내용을 담았다.

2. 방외지사 1 · 2
조용헌 지음 | 정신세계원출판국 | 2005
속세를 떠나 은둔의 삶을 사는 도인을 가리키는 방외지사의 의미를 현대적으로 재해석하여 고정 관념과 경계선을 벗어난 삶을 사는 사람들로 정의하고, 오늘날의 방외지사 13인을 만나 그들의 삶을 진지하게 탐구했다. 사회적 규범에서 벗어나 살고 싶은 대로 사는 사람들, 자신의 신념을 실행에 옮긴 사람들의 이야기를 통해 진정으로 가치 있는 것의 의미를 생각해 볼 기회를 제공한다. 출간 당시 사회적으로 큰 반향을 일으킨 역작이다.

3. 방외지사 열전 1 · 2
조용헌 지음 | 알에이치코리아 | 2015

고정 관념과 경계선 너머의 삶을 추구하는 사람을 소개한 《방외지사》의 개정 증보판. 10년간 새롭게 발굴한 방외지사를 포함해 진정으로 가치 있는 삶을 추구하는 방외지사 25인의 이야기를 담고 있다.

4. 조용헌의 휴휴명당
조용헌 지음 | 불광출판사 | 2015

명당은 묫자리로 알려져 있지만 원래 뜻은 '밝은 기운으로 가득 찬 땅'이다. 예로부터 선조들은 풍광 좋고 기운이 가득한 땅에서 쉬고 배우며 삶의 에너지를 채웠다. 30여 년 넘게 우리나라 강산을 누비며 답사한 역사적인 명당 스물두 곳에 대한 자세한 정보가 담겨 있다. 마음의 에너지를 얻기 위해서 가 봐야 할 곳들이다.

삼성과 중국

　　삼성 수요 사장단 회의 강의 내용을 분석해 보면 가장 많이 등장하는 국가는 단연 중국이다. 삼성 사장단은 '중국은 제2의 내수 시장'이라는 말을 입에 달고 산다. 내수 시장은 한국을 말한다. 제2의 내수 시장이란 말은 중국을 제2의 고향으로 삼겠다는 의미다.

　삼성의 중국에 대한 사랑과 관심은 뿌리가 깊다. 이건희 회장은 지난 2001년 중국을 방문했을 때 임원들에게 "중국을 더 이상 저가품 생산 기지로 보지 말고 그룹의 생존이 달린 전략 시장으로 보고 접근하라"고 말했다. 사실 그 전에도 이 회장은 직원들에게 중국에 더 큰 관심을 기울일 것을 주문했다. 1997년에 이미 삼성그룹 자사 제품과 해외 선진 제품을 비교하는 첨단 제품 전시회에 반드시 중국 제품을 전시하라고 말해 실무자들을 당황하게 만들기도 했다. 첨단 제품 전시회는 삼성이 자사와 경쟁 업체의 첨단 제품을 비교 전시하는 자리다. 중국 제품을 굳이 가져다 놓을 필요가 없다고 생각했던 실무자들은 전시회 직전 부랴부랴 중국 제품을 공수해 왔다.

　2000년대 후반 삼성은 중국에 확실히 자리를 잡았다. 2009년 중국삼성 대표였던 박근희 삼성사회봉사단 부회장은 "중국삼성이 중국 정부에 내는 법인세가 중국 전체 기업이 내는 법인세의 약 1%"라고 말했다.

　삼성의 중국 사업은 이후에도 폭발적으로 성장했다. 아울러 삼성의 중국 내 위상도 같이 커졌다. 삼성이 중국에 기울인 정성이 마침내 꽃을 피운 것은 2013년이다.

　삼성전자는 2013년 사상 처음 한국보다 중국에서 더 많은 매출을 냈다. 중국 매출이 2012년 28조 2000억 원에서 2013년 40조 1000억 원으로 42.2% 급증한 것이다. 2012년까지만 해도 한국 매출보다 적던 중국 매출은 2013년 한국 매출을 압도하기 시작했다. 2013년 한국 매출은 22조 8000억 원이다. 2013년 삼성전자 전체 매출(228조 7000억 원)의 약 17.5%가 중국에서 나왔다. 반면 한국 매출이 전체 매출에서 차지하는 비중은 약 10%로 하락했다. 2014년 중국 대 한국의 매출 비중 역시 비슷한 수준을 유지했다.

이제 중국삼성은 중국에서 가장 존경받는 기업 중 하나다. 중국 유력 경제지인 〈경제관찰보〉가 2015년 선정한 '중국에서 가장 존경받는 기업'에 이름을 올렸다. 중국삼성은 이 신문이 처음으로 존경받는 기업을 선정한 2001년 이후 열 번이나 이름을 올렸다. 이 가운데 외자 업체는 중국삼성을 비롯해 9개(IBM, BMW, 폭스바겐 등)다. 중국 기업 중에서는 바이두, 알리바바, 레노버, 화웨이 등 24개 업체를 선정했다. 또 중국사회과학원이 2013년 발표한 '중국 기업 사회 책임 발전 지수'에서 중국삼성은 70.5점을 받아 중국 내 전체 기업 가운데 21위, 외자 기업 가운데는 1위를 차지했다. 2014년에는 78점을 받아 14계단 상승한 전체 7위에 당당히 이름을 올렸다.

앞으로 삼성의 중국 매출은 더 큰 폭으로 증가할 가능성이 크다. 삼성은 2014년 5월 산시 성 시안 시에 첨단 메모리 반도체 공장을 완공하고 가동하기 시작했다. 산업의 쌀이라 불리는 반도체는 한국의 대표적 전략 상품이다. 삼성은 과거 하이닉스가 중국 우시에 반도체 공장을 설립할 때 기술 유출 위험성이 있다며 국익을 위해 반대한다는 입장을 보였다. 그런 삼성전자가 중국에 최첨단 반도체 공장을 만든 것이다. 삼성이 지금 중국을 어떻게 생각하는지를 보여 주는 대목이다.

삼성은 시안 반도체 공장 건립에 7조 원 이상을 쏟아부었다. 외국 기업의 중국 단일 공장 설비 투자 가운데 가장 큰 규모다.

중국 정부도 전례가 없을 만큼 적극적으로 반도체 라인 설립을 도왔다. 그것을 상징하는 단어가 '산시 스피드(陝西速度)'다. 삼성전자가 시안 공장 설립 신청을 한 후 설립 허가증을 받을 때까지 걸린 기간은 88일. 삼성은 "1년씩 걸리기도 하는 행정 절차가 석 달 안에 끝난 첫 사례일 것"이라고 밝혔다.

시안 공장이 있는 첨단 개발구 당국은 5~6명을 투입해 공장 건립을 위한 행정 문제를 해결해 주는 '삼성 전담반'을 만들었다. 시안 공장과 서한 고속도로를 잇는 5.6킬로미터 길이의 도로에는 '삼성로(三星路)'란 이름을 붙이기도 했다. 앞으로 삼성의 중국 매출이 더 늘어나면 자연히 중국 내 위상도 커질 수밖에 없다.

2013년 중국은 미국을 제치고 세계 1위 무역 국가로 떠올랐다. 이미 중국은 미국과 더불어 세계 경제에 지대한 영향력을 행사하는 2대 경제 강국이다. 최근 급성장에 따른 성장통을 겪고 있기는 하지만 중국은 여전히 무한한 잠재력을 지닌 가능성의 나라다. 삼성뿐 아니라 전 세계 주요 글로벌 기업의 미래가 모두 중국에 달려 있다고 해도 과언이 아니다. 문제는 외자 기업을 보는 중국의 시선이 점차 차가워진다는 것이다.

중국 경제 발전의 원동력이었던 외자 기업들에 대한 중국 정부의 지원이나 관심이 예전과 같지 않다. 게다가 중국 기업들이 외자 기업과 경쟁을 시작했다. 팔은 안으로 굽는다. 글로벌 기업과 자국 기업 간 경쟁이 벌어지면 중국 정부는 자국 기업을 옹호할 수밖에 없다.

향후 과거 삼성이 한국 시장에서 LG전자와 벌였던 싸움을 이제 중국 스마트폰 제조 업체 샤오미나 PC 제조 업체 레노버, 통신 장비 업체 화웨이와 벌여야 한다는 이야기다. 한국에서 LG전자와 벌인 대결은 치열했지만 공정했다. 그러나 중국에서는 편파적인 환경에서 경쟁해야 한다.

삼성의 CEO들은 무엇을 공부하는가

초판 1쇄 발행 2015년 9월 8일
초판 12쇄 발행 2021년 12월 13일

지은이 백강녕, 안상희, 강동철

발행인 이재진 **단행본사업본부장** 신동해 **책임편집** 이우영
디자인 이석운, 김미연 **일러스트** 이익선 **교정·교열** 신윤덕
마케팅 문혜원 **홍보** 최새롬 권영선 최지은
국제업무 김은정 **제작** 정석훈

주소 경기도 파주시 회동길 20 웅진씽크빅
문의전화 031-956-7208 (편집) 02-3670-1024 (마케팅)
홈페이지 www.wjbooks.co.kr
페이스북 www.facebook.com/wjbook
포스트 post.naver.com/wj_booking

발행처 ㈜웅진씽크빅
브랜드 알프레드
출판신고 1980년 3월 29일 제406-2007-000046호

ⓒ 백강녕·안상희·강동철, 2015(저작권자와 맺은 특약에 따라 검인을 생략합니다.)
ISBN 978-89-01-20514-4 03320

알프레드는 (주)웅진씽크빅 단행본사업본부의 브랜드입니다.
이 책은 삼성언론재단의 지원을 받아 출간된 책입니다.
이 책은 저작권법에 따라 보호받는 저작물이므로 무단 전재와 무단 복제를 금지하며, 이 책 내용의 전부 또는
일부를 이용하려면 반드시 저작권자와 (주)웅진씽크빅의 서면동의를 받아야 합니다.

· 잘못된 책은 구입하신 곳에서 바꾸어 드립니다.
· 책값은 뒤표지에 있습니다.